KAROLIN JÄGER

W0286169

Buen Camino

... DU MICH AUCH

Topicus

Deutsche Erstveröffentlichung bei
Topicus, Amazon Media EU S.à r.l.
38, avenue John F. Kennedy, L-1855 Luxembourg
Juni 2020
Copyright © der deutschsprachigen Ausgabe 2020
By Karolin Jäger
All rights reserved.

Umschlaggestaltung: zero-media.net, München
Umschlagmotiv: © Sunrise_studio / Shutterstock; © VoodooDot / Shutterstock; © You1023 / Shutterstock; © Black_Rhino / Shutterstock
Karte im Innenteil: Jelly London
Lektorat: Judith Zimmer
2. Lektorat, Korrektorat und Satz: VLG Verlag & Agentur, Haar bei München, www.vlg.de
Gedruckt durch:
Amazon Distribution GmbH, Amazonstraße 1, 04347 Leipzig /
Canon Deutschland Business Services GmbH, Ferdinand-Jühlke-Straße 7, 99095 Erfurt /
CPI books GmbH, Birkstraße 10, 25917 Leck

ISBN 978-2-49670-314-6

www.topicus-verlag.de

Ich widme dieses Buch meinem verstorbenen Großvater.

Vorwort

Im April 2017 begab ich mich auf das erste richtige Abenteuer in meinem Leben. Nur mit Rucksack für mehrere Wochen im Ausland, ganz auf mich allein gestellt. Natürlich hat jedes Abenteuer seinen ganz eigenen Ursprung, seine Geschichte. Bei mir jedoch war die Idee, den Jakobsweg zu gehen, doch eher unspektakulär und in einer Frühstückspause geboren. Ich unterhielt mich mit meinen Kollegen darüber, wie wir unsere Urlaubstage am liebsten verbrachten. Ob eher in einem Zelt auf dem Campingplatz oder aber in einem Hotel mit all-inclusive. Ich gab zum Besten, dass ich gern wandern gehe und jede Form von Landschaft, ob Berge oder Meer, genieße und die Art der Unterkunft dabei keine Rolle für mich spielt. Als Elke meinte, dass da doch der Jakobsweg genau das Richtige für mich sein müsste, erwiderte ich: »Klar! Das würde ich machen.« Linda brach daraufhin in großes Gelächter aus, verlor beim Prusten fast ihr Essen aus dem Mund, zeigte mit dem Finger auf mich und rief spöttisch: »Duuuuuh!?«

Ja, ich. Ich würde es ihr schon zeigen. Sie blieb nicht die Einzige. Es waren ziemlich viele, die nicht an mich glaubten und mir sogar von der Reise abrieten. Ich würde mich überschätzen und überfordern. Ich hätte ja keine Ahnung, worauf ich mich da einlassen wollte. Das würde ich niemals schaffen. Ich solle Teilstrecken mit Bus oder Taxi fahren … Schon bald konnte ich es nicht mehr hören und war die neunmalklugen Ratschläge endgültig leid. Ihnen allen würde ich es zeigen! Und wenn ich auf allen vieren oder an Krücken nach Santiago kriechen müsste, ohne Urkunde würde ich definitiv nicht zurückkehren!

Na ja, so ganz Unrecht hatten sie nicht. Ich muss dazusagen, dass ich noch nicht einmal ungeschminkt den Müll rausbringe und dazu ein Gewohnheitsmensch und eigentlich eher ängstlich bin – und manchmal auch etwas bequem sein kann. Aber Linda und all die Zweifler weckten den Kampfgeist in mir. Und prompt war der Jakobsweg von meiner To-do-Liste nicht mehr wegzudenken. Mein Interesse war geweckt und ich fing an, mich intensiver mit diesem Pilgerweg zu beschäftigen, indem ich viel darüber las und recherchierte. Gut zwei Jahre schob ich das Vorhaben dann noch vor mir her. Ich fand immer wieder Gründe, es doch nicht in Angriff zu nehmen, bis ich mich Ende 2015 mit einer alles verändernden medizinischen Diagnose konfrontiert sah. Von da an begann ich, mein Weltbild und meine Lebenspläne neu zu überdenken und kam zu dem Entschluss, dass man sein Leben nicht träumen, sondern seine Träume leben sollte. Dass man nicht lebt, um zu arbeiten, sondern arbeitet, um zu leben. Dass man im Leben nur einmal jung und ungebunden ist und deswegen seine Träume nicht immerzu aufschieben sollte, weil es irgendwann einmal auch zu spät dafür sein könnte.

Von Beginn an war mir klar, dass ich diesen Weg allein gehen wollte, was weder meinen Eltern noch meinem damaligen Partner so richtig gefiel. Er brachte keinerlei Verständnis für meinen Wunsch auf, zwei Monate ganz auf mich gestellt zu sein. Vielleicht spielte auch ein wenig Eifersucht mit rein, aber jetzt mal ganz ehrlich: Was wären denn amouröse Abenteuer für fragwürdige Beweggründe, den Jakobsweg zu gehen? So erklärte er kurzerhand meinen Weg zu unserem, und es kam, wie es kommen musste: Wir gingen getrennte Wege. Das war jedoch im Grunde absehbar und ohnehin längst überfällig gewesen. Seitdem war ich Single und lebte ausgesprochen zufrieden damit.

Es war mein Wunsch, diesen Weg allein zu gehen, da ich der Ansicht bin, dass man diesen Pfad nur dann beschreiten sollte, wenn man es aus eigener Überzeugung tun möchte. Ich hätte von niemandem verlangen können, meinetwegen all diese Strapazen auf sich zu nehmen. In erster Linie aber wollte ich über mich selbst bestimmen. Die Selbstbestimmung ist in der Tat ein zentraler Begriff auf dem Camino. Ich wollte unabhängig sein und mich nach niemandem richten müssen. Viel zu oft nimmt man im Leben Rücksicht auf andere, und die eigenen Bedürfnisse werden dabei schnell vergessen und bleiben auf der Strecke. Mein Plan war es, keinen Plan zu haben und jeden Tag so weit zu laufen, wie mich meine Füße trugen. Allein unterwegs zu sein, bedeutet auch, dass man manchmal zwangsläufig über sich hinauswachsen und an seine Grenzen gehen muss, was man sich möglicherweise vorher niemals zugetraut hätte. Und allein wirkt man auch anders auf sein Umfeld und knüpft viel leichter neue Kontakte.

Ich hatte mir fest vorgenommen, dieses außergewöhnliche Abenteuer in Form eines Tagebuchs zu Papier zu bringen. In erster Linie für mich, aber im Verlauf der Reise wurde der Wunsch immer größer, auch andere an meinen Erlebnissen und Merkwürdigkeiten teilhaben zu lassen.

Nun ist es also ein Buch geworden. Ich muss mich vielleicht im Vorfeld für manche Kraftausdrücke entschuldigen. Sie sind jedoch kein Anzeichen mangelnder Intelligenz, sondern vielmehr Ausdruck purer Emotionen mit einem Schuss Selbstironie, ein paar Tropfen Sarkasmus, gepaart mit jeder Menge spontaner Tobsucht. Auch glaube ich, dass ich mich wenigstens einmal zum Titel des Buches äußern sollte. Der Gruß »Buen Camino« begleitete mich seit dem ersten Tag meiner Wanderschaft und bedeutet so viel wie »Guten Weg«. Das »… du mich auch« fügte ich nur wenige Zeit später gedanklich hinzu. Diese Worte stehen also sowohl für das Schöne als auch für das Lästige am Weg. Die zwei Monate waren die mit Abstand härtesten meines Lebens, geprägt von qualvollen Schmerzen, leidvollen Abschieden und nervenaufreibender Schlaflosigkeit in Massenunterkünften. Es war aber auch die aufregendste Zeit meines noch jungen Daseins. Ich war frei von allen Pflichten, losgelöst von allen Sorgen, umgeben von malerischer Natur, erlebte spannende Abenteuer, lernte, mit wenigen Dingen zufrieden zu sein, und machte viele wunderbare Bekanntschaften. Aus einer Begegnung wurde oftmals Freundschaft, und aus den vielen Freundschaften wurde eine Camino-Familie. Jeder, den ich dort traf, schenkte mir auf seine Weise etwas und trug damit Wesentliches zu meinem Leben bei. Diese unbezahlbaren Augenblicke werde ich nie vergessen. Ich konnte trotz Schminke natürlich sein, so wie ich wirklich bin, und wurde dennoch geschätzt.

Das Buch ist ein reiner Reisebericht über meine persönlichen Empfindungen, Eindrücke und Erfahrungen, geschrieben aus meiner subjektiven Perspektive. Jeder Tag entspricht einem Kapitel, und ich habe in jeder Überschrift meine jeweilige Tagesetappe notiert, von meinem Ausgangspunkt bis zum Ankunftsort mit der Kilometerangabe laut Reiseführer oder Karte. Von Beginn an trug ich einen recht genauen Schrittzähler bei mir und am Ende jedes Tages werden alle Angaben des Schrittzählers aufgeführt. Dabei stimmen die Kilometerangaben nicht immer zwingend mit denen der Reiseführer überein, da man bedenken muss, dass man ab und an mal vom Weg abkommt, sich verläuft, abends einen Spaziergang unternimmt oder nach einem Geschäft oder Restaurant sucht. Das treibt die

Kilometeranzahl natürlich nach oben. Fakt ist, dass wirklich alles so passiert ist wie beschrieben. Ein Großteil der Namen und Herkunftsorte wurde abgeändert, um die Privatsphäre anderer zu schützen.

Ich wünsche Ihnen beim Lesen viel Vergnügen und Freude. Bitte legen Sie nicht alles auf die Goldwaage, und nehmen Sie nicht alles zu ernst. Auch ich kann im Nachhinein über das meiste, was mir widerfahren ist, lachen, und man sollte ja ohnehin niemals den Humor in Bezug auf sich selbst verlieren!

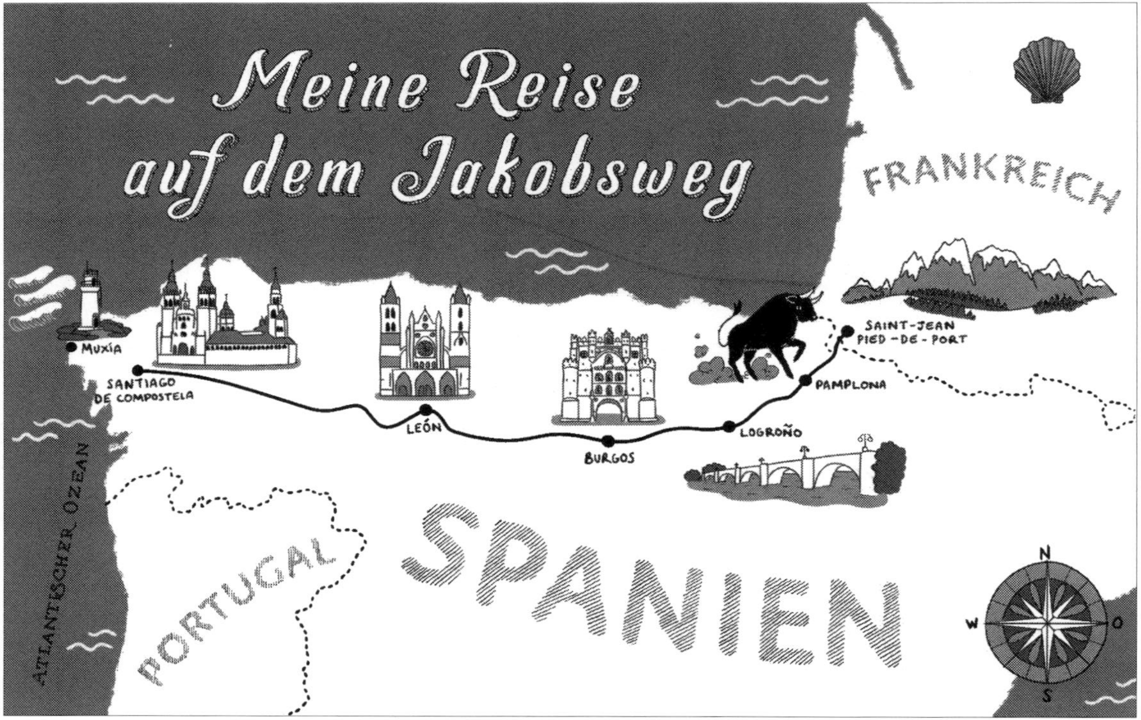
Meine Reise auf dem Jakobsweg
FRANKREICH
SAINT-JEAN PIED-DE-PORT
PAMPLONA
LOGROÑO
BURGOS
LEÓN
SANTIAGO DE COMPOSTELA
MUXÍA
ATLANTISCHER OZEAN
PORTUGAL
SPANIEN
N
O
S
W

24.04.

Von zu Hause nach Frankfurt mit dem Bus

Gerade eben glaubte ich noch, mich übergeben zu müssen, aber dann ging es wieder. Ich saß in einer Frankfurter Kneipe, um mein Smartphone wieder aufzuladen, zur Toilette zu gehen, ein letztes Mal gutes deutsches Bier vom Fass zu trinken und die Zeit von drei Stunden, bis der nächste Bus nach Paris kam, irgendwie im Warmen zu verbringen. Warum mir übel war? Es war das erste Mal, dass ich allein auf Reisen ging. So weit, so gut. Hinzu kam, dass es auch mein erstes Mal mit einem Rucksack war. Allein als junge Frau einmal quer durch ganz Nordspanien mit einem schweren Rucksack. Völlig untrainiert, mit mangelhaften Spanisch- und Überlebenskenntnissen, hatte ich mir vorgenommen, einfach mal so einen knapp 800 km langen Fußmarsch zu absolvieren. Mir wurde soeben klar, dass ich vollkommen den Verstand verloren haben musste. Warum das Ganze? Ich bin mir sicher, dass jeder etwas in seinem Leben aufzuarbeiten hat, auch ich. Ich habe mit dem Verlust von mir nahestehenden Menschen sehr stark zu kämpfen, sei es durch Tod, allmähliches Auseinanderleben oder starke Meinungsverschiedenheiten. Auch die moderne Zivilisation trägt dazu bei, dass das Miteinander schwieriger geworden ist. Alles muss immer möglichst schnell gehen. Lieber kommuniziert man ständig über soziale Netzwerke, als sich persönlich zu treffen. Ich wollte also für eine Weile aussteigen, Zeit haben und die Ruhe finden, über Wesentliches nachzudenken. Zum Beispiel über die Fragen, was ich im Leben noch erreichen will und wo ich bereit bin, stehen zu bleiben. Bin ich glücklich? Wer tut mir gut? Was tut mir gut? Wo soll es hingehen? Mit 27 Jahren wurde es langsam Zeit, all dies zu klären. Licht ins Dunkel zu bringen.

Ich bin übrigens eine Gesundheits- und Krankenpflegerin, die seit mehr als drei Jahren im gleichen Krankenhaus arbeitet und – abgesehen von ein paar Urlaubs- und Pauschalreisen – ihren Geburtsort nie wirklich verlassen hat. Leider empfinde ich meinen Job nur teilweise als befriedigend. Woran das genau liegt, kann ich selbst nicht sagen. Es herrscht eine allgemeine Unzufriedenheit in der Branche, und auch die Patienten sind nicht immer so dankbar und realistisch in ihren Erwartungen, wie man es sich manchmal wünschen würde. Menschen, die selbst in medizinischen Berufen tätig sind, wissen, wovon ich spreche. Arbeit mit Menschen ist in allen Lebensbereichen nicht einfach und kann mitunter kräftezehrend sein.

Die Diagnose eines neuroendokrinen Tumors markierte dann vor zwei Jahren einen Wendepunkt in meinem Leben. Ich hatte es satt, alles dem Dreischichtsystem unterzuordnen, am meisten mich selbst und meine Bedürfnisse. So alt war ich schließlich noch nicht. Jetzt war endlich einmal ich an der Reihe! Ich wollte etwas im Leben erreichen, worauf ich stolz sein kann. Schließlich gibt es so vieles, wovon ich träume. Work & Travel in Australien, als Krankenschwester in Uganda oder auf einem Kreuzfahrtschiff arbeiten, einmal beim Burning Man in Nevada oder in Tschernobyl gewesen zu sein, endlich mal einen Paragliding-Tandemflug zu wagen – um nur ein paar der Dinge zu nennen. Und man wird ja bekanntlich nicht jünger. Also wenn nicht jetzt, wann dann? Augen zu und durch. Ich war Single und wollte den Jakobsweg allein gehen, weil ich mein Leben von keinem Partner oder anderen Leuten abhängig machen will. Das Wort »allein« wird oftmals mit Einsamkeit assoziiert, obwohl Alleinsein nicht zwingend schlecht sein muss. Äußerlich allein zu sein, bedeutet nicht unbedingt, dass man sich innerlich einsam fühlt. Man hat seine Ruhe. Man hat Zeit zum Nachdenken. Ich kann über mich selbst bestimmen und mein eigenes Tempo finden. Ich bin dadurch offener und leichter zugänglich für mein Umfeld. Ich kann unbefangen neue Leute aus aller Welt kennenlernen. Vorteile über Vorteile. Ich wollte jetzt anfangen, meine Ängste allein zu bewältigen und mir selbst zu vertrauen.

Egal, was man sich vornimmt, Vorbereitung ist alles! Womit ich gleich zum nächsten Kapitel komme, das ich stark ausdehnen könnte, es aber nicht tue, da ich niemanden langweilen will. Wichtig bei den Vorbereitungen ist im Prinzip nur, dass man bei den Wanderschuhen, dem Rucksack und dem Schlafsack nicht sparen sollte! Meine wunderschönen grau-blau-grünen Schuhe waren demzufolge der absolute Oberhammer – federleicht, wasserdicht und superbequem. Damit konnte ich nichts falsch machen. Allerdings kamen für die komplette Pilgerausrüstung, Outdoor-Utensilien, Kosmetika und Bustickets fast tausend Euro zusammen. Das ist nicht ganz ohne, und das sollte man vorher wissen.

Auch bestellte ich mir bereits im Voraus von zu Hause aus einen Pilgerpass bei der Fränkischen St. Jakobus-Gesellschaft in Würzburg. Neben dem Pass wurden mir auch diverse Flyer zugeschickt. Darunter ein blaues Blatt Papier, auf dem wirklich alle Dörfer und Städte des Camino Francés (die

Hauptroute des Jakobswegs von Saint-Jean-Pied-de-Port nach Santiago de Compostela) aufgelistet waren, mit der jeweiligen Kilometerentfernung dazwischen und den Möglichkeiten zum Essen und Übernachten in den jeweiligen Ortschaften. Dieser Zettel schien Gold wert zu sein.

Da ich vorher noch nie eine Wanderung dieser Art gemacht hatte, las ich so viel wie möglich darüber. Beispielsweise hatte ich nicht gewusst, dass es Hirschtalg gibt, der Blasen und Schwielen vorbeugen soll. Darauf schwören eingefleischte Wanderer. Auch Pferdesalbe gegen Muskelkrämpfe wurde hoch angepriesen. Ich wog natürlich genau ab. Versuchte es zumindest, um Gewicht zu sparen. Es stellte sich demnach die Frage: Hirsch oder Pferd? Es wäre jetzt nicht unbedingt meine erste Wahl gewesen, mich mit einem von beidem einzuschmieren. Schlussendlich hatte ich doch beides eingepackt. In Bezug auf die Frage, ob man besser ein Paar Socken oder zwei Paar Socken übereinander tragen sollte, hatte ich mich nach vielen klugen Ratschlägen für die erste Variante entschieden. Mal sehen, ob mir das noch zum Verhängnis werden würde.

Eine weitere Problematik, die mich vor fast unlösbare Aufgaben stellte: das Thema Bettwanzen. Vor kläffenden und bellenden Hunden habe ich zwar auch Angst, aber im Gegensatz zu dem Viehzeug im Bett kann ich die Hunde sehen und ihnen gegebenenfalls ausweichen. Ich hegte keinerlei Interesse daran, meine 1 000-Euro-Ausrüstung nach gerade einmal zwei Monaten wegen Bettwanzenbefall verbrennen zu dürfen. Was tun? Stellt man Nachforschungen an, findet man Folgendes heraus: Es gibt viel unnützes Zeug zum Imprägnieren und/oder Eincremen. Es ist schwer, teuer, umständlich, und niemand gibt einem wirklich die Garantie, tatsächlich gegen diese Insekten geschützt zu sein. Was sollte ich also tun? In die Apotheke gehen und in aller Öffentlichkeit nach einem Mittel gegen Bettwanzen fragen? Das war genau mein Ding. Neben mir würden sich alle anfangen zu kratzen. Ganz zu schweigen von den Blicken, die ich ernten würde. Ich war ja durchaus bereit, vieles für den Jakobsweg auf mich zu nehmen, aber Rufmord gehört sicherlich nicht dazu.

Der Mitarbeiter eines Sportladens brachte mich auf die glorreiche Idee, ein spezielles, insektendichtes Laken unter meinen Schlafsack zu legen. Sein Outdoor-Kumpan hatte wohl sehr gute Erfahrungen damit gemacht. Nur gab es solche Tücher irgendwie nirgendwo zu kaufen oder zu bestellen. Not macht ja bekanntermaßen erfinderisch. Zuerst dachte ich noch an ein Latexlaken, erhältlich in wahrscheinlich jedem Sexshop in den Farben Rot oder Schwarz. Wären die nur nicht so auffällig. Nein, danke.

Am Ende glaubte ich, dass die vier Meter breite Abdeckplane, die ich im Baumarkt erwarb, mein treuer Begleiter sein würde. Ich schnitt sie sogar liebevoll ganz individuell auf mich zu, um Gewicht zu sparen. Da würden garantiert keine Bettwanzen durchkommen. Doch an meinem letzten Arbeitstag schenkten mir meine Kollegen ein kleines Überlebenspaket zum Abschied. Darin war unter anderem ein Regenponcho, der sich an den Seiten aufknöpfen ließ und so zu einer Größe von stattlichen zwei mal zwei Metern heranwuchs. Damit diente er nicht nur als Regenschutz, sondern war auch ideal als Unterlage zum Schlafen geeignet. Multifunktional eben.

Die Fahrt von Frankfurt am Main nach Paris war meine erste Nacht seit Langem, die ich in einem Bus verbrachte. Ich hatte ganz vergessen, wie unbequem es ist, im Sitzen an einer ratternden Scheibe zu schlafen.

25.04.

Von Frankfurt nach Paris und weiter nach Bayonne mit dem Bus

Nach ein paar Stunden mehr oder weniger erholsamen Schlafs tat mir der Rücken weh. Und da hatte ich meinen Rucksack noch nicht einen Tag getragen. Planmäßig sollte der Bus um 6.50 Uhr in Paris ankommen, sodass ich den nächsten Bus Richtung Bayonne problemlos um 8.20 Uhr hätte besteigen können. Dort wollte ich übernachten. Allerdings hatte niemand mit einem derartigen Berufsverkehr in der Pariser Innenstadt gerechnet. Wir waren in einem sechsspurigen Kreisverkehr mit acht jeweils fünfspurigen Zu- und Abfahrten. Das war der reine Wahnsinn und wirkte katastrophaler als die Verkehrszustände in Mittelostasien. Natürlich kam es, wie es kommen musste. Der Bus hatte mehr als neunzig Minuten Verspätung und wir trafen erst um 8.30 Uhr am großen Busparkplatz ein. Durch die Scheibe sah ich von Weitem, wie mein nächster, bereits bezahlter Bus langsam aus der Ausfahrt fuhr. Ich war so hilflos und die Glasscheibe fühlte sich an wie eine schwedische Gardine. Ich war dem Bus so nah, und dennoch war er unerreichbar für mich. Wie gelähmt saß ich da und konnte es nicht fassen. Ich war allein in Paris, ohne auch nur ein Wort Französisch zu sprechen, wusste nicht, wohin, und hatte keine Ahnung, wie es in der klirrenden und verregneten Kälte da draußen nun weitergehen sollte.

Ich ging zu den zwei Busfahrern, um ihnen mein Leid zu klagen, aber ich bin so nah am Wasser gebaut, dass ich aufgrund des dicken Kloßes in meinem Hals kaum ein Wort hervorbrachte. Jetzt war mir sowieso alles egal. Mich kannte hier ja ohnehin niemand, also konnte ich auch heulen, was die Drüsen hergaben. Die Busfahrer telefonierten mit der Zentrale und ich mit meinem Vati, der selbst gerade auf Montage in Madrid war. An die Kosten der vielen Telefonate von Frankreich nach Spanien verschwendete ich kaum einen Gedanken. Letztendlich verhielt es sich so, dass ich bei einer derart »kurzen« Umsteigezeit keine Garantie dafür hatte, den nächsten Anschluss wirklich zu bekommen. Erst bei einer Umsteigezeit von mindestens zwei Stunden übernahm das Unternehmen die Verantwortung. Kurzum, es war jetzt also mein persönliches Pech, für das niemand anderes aufkommen würde, obwohl ich selbst am wenigsten dafür konnte. Welch kundenfreundlicher Konzern.

Der nächste Bus mit demselben Ziel fuhr an diesem Tag erst wieder um 23.15 Uhr. Doch was bitte sollte ich jetzt vierzehn Stunden lang hier anfangen? So viele Taschentücher hatte ich nicht eingeplant. Mit einem derartigen Desaster rechnet ja auch keiner. In diesem Moment war ich leider auch keinesfalls dazu in der Lage, mir die Stadt der Liebe anzuschauen.

Vollkommen verheult und mit verwischter Mascara stellte ich mir die Frage, wie ich ein verdammtes Ticket ohne App buchen sollte. Hier gab es kein WLAN, also musste ich mir bei vollem Daten-Roaming die App herunterladen. Und wie sollte ich so kurzfristig die Hotelübernachtung in Bayonne stornieren?

Ich war fertig mit mir selbst, meinen Nerven und der Welt, dass ich mich gar nicht mehr beherrschen konnte. Völlig hysterisch und verzweifelt japste und heulte ich beim Versuch, etwas zu sagen.

Auch die Busfahrer waren nunmehr am Ende ihrer Geduld und ertrugen es nicht länger, mich so leiden zu sehen. Sie flehten mich an, mich endlich zu beruhigen. »Ich tue alles, was du willst! Nur bitte, bitte, hör auf mit Weinen! Ich ertrag das nicht, wenn du weinst! Bitte hör auf! Ich tue alles für dich!« Fast hätte ich sogar darüber gelacht, wenn mir in diesem Moment nicht alles so schrecklich ausweglos erschienen wäre.

Am liebsten wäre ich gleich wieder zurück nach Frankfurt gefahren, wenn das hier alles schon so unglücklich anfing, aber David und Erkan – die beiden Busfahrer – schafften es tatsächlich, mich zu beruhigen, indem sie mich mit in ihr Hotel nahmen. Zumindest hatte ich da ein Dach über dem Kopf und war nicht allein. Ich dachte zunächst, dass ich die vierzehn Stunden im Foyer verbringen würde, aber David nahm mich mit auf sein Zimmer, und ich durfte in einem separaten Raum auf der Couch Schlaf nachholen. Später versorgte er mich mit einem üppigen Frühstück und Wasser und ließ mich sein Badezimmer benutzen, sodass ich mich richtig waschen konnte. Dafür wollte er keinen müden Cent von mir, seine Gastfreundlichkeit war unglaublich!

Nachdem wir circa vier Stunden geschlafen hatten, probierte ich das erste Mal meine batteriebetriebene Reisezahnbürste aus und war mehr als enttäuscht. Sie besaß nicht einmal annähernd die Kraft, mir ein Frischegefühl im Mund zu verschaffen. Da hätte ich mir den Belag auf den Zähnen genauso gut mit der Zunge ablecken können, das wäre effizienter gewesen.

Danach machten wir noch gemeinsam eine kleine Sightseeingtour durch Paris. Wir sahen zwar keine wirklich bekannten Sehenswürdigkeiten, dafür lernte ich aber ein paar nette Ecken der Stadt kennen. David lud mich noch auf ein gutes französisches Bier ein und wir ließen den Tag ausklingen.

Mit derartiger Freundlichkeit konnte ich anfangs nicht umgehen. Irgendwie traut man den Menschen so viel Selbstlosigkeit gar nicht zu, sondern mutmaßt sofort, dass irgendwelche Absichten dahinterstecken müssen. Wieso sind wir immer gleich misstrauisch, nur weil jemand sehr nett zu uns ist?

Irgendwann neigte sich dieser doch noch sehr schöne Tag dem Ende zu. Leider. Wahrscheinlich hatte die Stadt gewollt, dass ich ihr mehr Aufmerksamkeit schenke als nur einen fliegenden Wechsel von Bus zu Bus. Es war, als spräche Paris selbst zu mir: »Sieh mich an! Schenke mir ein wenig Aufmerksamkeit! Ich bin es wert!«

Auf der Rückfahrt konnte man im Dunkeln von Weitem den hell erleuchteten Eiffelturm sehen. Da wir allein auf der Straße waren, hielt David an, sodass Erkan noch ein paar Bilder für seine Lebensgefährtin machen konnte.

»Ich bin in der Stadt der Liebe. Frau will Fotos! Von Stadt der Liebe. So ein Quatsch. Paris nur Eiffelturm. Alles dreckig hier.«

Womit er aus meiner Sicht recht hatte. Vieles wird eben einfach überbewertet.

Gegen 22 Uhr trafen wir auf dem Parkplatz ein und verabschiedeten uns sehr herzlich voneinander. Obwohl mir das Schicksal anfangs nicht gerade wohlgesonnen gewesen war, hatte ich dadurch einen wundervollen Menschen kennengelernt, der sich wirklich liebevoll um mich sorgte. David und ich blieben weiterhin in Kontakt. Ich war ihm unendlich dankbar für seine Hilfe, und er wollte unbedingt auf dem neuesten Stand bleiben, was meine Pilgerreise betraf.

Die beiden fuhren um 22.45 Uhr wieder zurück nach Deutschland und für mich ging es eine gute halbe Stunde später weiter nach Südfrankreich. Mein Bus war gut gefüllt; es waren kaum noch Plätze frei. Instinktiv setzte ich mich neben eine Frau meines Alters und wir kamen sofort ins Plaudern. Sie hieß Nina, war 29 Jahre alt und eine Modedesignerin aus Slowenien. Auch sie hatte vor, den Jakobsweg zu gehen. Was für ein Zufall! Bis ich wenig später feststellte, dass mehr als die Hälfte der Businsassen ebenfalls dieses Ziel vor Augen hatte. Meine unbegründete Angst vorm Alleinsein war wie weggeblasen. Was sollte nun noch groß schiefgehen, ich hatte ja zudem das beste Schuhwerk, das man sich vorstellen konnte!

26.04.

Von Bayonne nach Saint-Jean-Pied-De-Port mit dem Bus

Wir kamen pünktlich in Bayonne an und liefen dann ungefähr 2 km zum nächstgelegenen Busbahnhof. Dort trafen Nina und ich auf viele weitere junge Pilger. Aufgrund der Wartezeiten kam man mit allen recht schnell in unverfängliche Gespräche. Wir lernten viele Koreaner kennen und Elsa aus Rostock. Eine Koreanerin hieß Hyunjin und war mir sogleich sympathisch. Sie war kaum größer als 1,50 m und trug Gepäck für eine halbe Fußballmannschaft bei sich – dennoch verging ihr niemals das Lächeln. Ich schätzte sie auf Ende zwanzig und war überrascht, als ich erfuhr, dass sie die vierzig bereits deutlich überschritten hatte. Ich war sofort ein großer Fan von ihr.

Nina und ich putzten uns auf der einzigen Bahnhofstoilette die Zähne. Die Toilette war verstopft und lief fast über, alles war braun besprenkelt. Was für ein Feeling und ein erster Vorgeschmack aufs Pilgern. Bloß nicht die Zahnbürste irgendwo ablegen! Lieber hielt ich sie zwischen meinen ungewaschenen Beinen fest. Auch die nach Notdurft riechenden

Papierhandtücher rührte ich nicht an und ließ mich stattdessen lufttrocknen. Das konnte ja heiter werden.

Endlich in Saint-Jean angekommen, gab es im offiziellen Pilgerbüro sogleich den ersten Stempel in den Pilgerpass. Dort kaufte ich mir meine Jakobsmuschel, die ich an den Rucksack fädelte, und wog meinen Ranzen. Ich trug satte elf Kilogramm mit mir. Nina, Elsa und ich campierten vor einer Pilgerherberge, die erst um 14 Uhr öffnete. Eigentlich war das nicht mein Plan gewesen. Ich wollte lieber ein Einzelzimmer in einer Pension, ließ mich aber von den beiden überreden. Nun würde ich also gleich am ersten Tag in einer der mir so schauderhaft erscheinenden Massenunterkünfte schlafen. Ich wusste nicht, ob ich dafür wirklich bereit war, aber die Einzelzimmer waren überteuert und zum Teil schon ausgebucht.

Wir erkundeten das kleine, wunderschöne Städtchen und setzten uns in ein Café am Straßenrand. Dort kam ich mit einem jungen Mann aus Deutschland am Nachbartisch ins Gespräch, während sich Nina und Elsa auf Englisch miteinander unterhielten. Thorsten war 36 Jahre alt und schauspielerte in Berlin. Er war mir direkt sympathisch und wir hatten viel zu lachen. Ich war ausgesprochen zufrieden mit seiner Gesellschaft. Die zwei Mädels kapselten sich derweil von unserer Konversation ab; sie hatten wohl ernstere Themen zu besprechen. Umso erfrischender waren die lustigen Geschichten von Thorsten.

Er war knapp 2,5 km von Saint-Jean entfernt in einer Pension einquartiert und erzählte, dass er für die nächsten Tage bereits Zimmer reserviert oder gebucht habe. Allerdings gab es in dem beliebten Zwischenstopp in den Pyrenäen, wo er eigentlich hatte übernachten wollen, schon seit Monaten keine freien Betten mehr, sodass man ihm angeboten hatte, ihn dort abzuholen und zu einer anderen Unterkunft zu bringen. Als er heute diese Unterkunft gegoogelt hatte, stellte er ernüchtert fest, dass sich diese gerade einmal zweihundert Meter von seinem Ausgangspunkt entfernt befand. Das Szenario sah also wie folgt aus: Er würde morgens loslaufen, sich unzählige Kilometer über die Pyrenäen quälen, bis man ihn schließlich in ein Auto verfrachten – weswegen ihn alle für einen Hochstapler halten würden, der sich fahren ließ – und fast den ganzen Weg zurück zu seinem Ursprung karren würde. Selten hatte ich etwas Deprimierenderes und Lustigeres zugleich gehört, sodass es um mich geschehen war. Mein Gelächter muss den Lärm der Straße meilenweit übertönt haben. Mir liefen die Tränen über die Wangen und ich bekam fast keine Luft mehr. Die Mädels hingegen lächelten höflich über seine Schilderungen und verabschiedeten sich bald von uns.

Wir saßen noch eine Weile in dem Café und genehmigten uns eine Henkersmahlzeit nach der anderen. So hatte man einen guten Vorwand, noch länger die Gesellschaft des anderen zu genießen und lecker war es obendrein. Und wer wusste schon, was man uns ab morgen in den Herbergen vorsetzen würde? Ich war froh und erleichtert darüber, eine so unterhaltsame und aufregende Person getroffen zu haben. Hoffentlich würden wir uns gleich morgen wieder auf dem Weg begegnen.

Zurück in der Herberge, wollte ich mir noch eine entspannte und ausgedehnte Dusche gönnen. Ich hatte gelesen, dass man all sein wertvolles Hab und Gut, wie Bargeld und wichtige Karten, in eine wasserdichte Hülle packen und zum Duschen mitnehmen sollte, wenn man sein Gepäck unbeaufsichtigt ließ. Schon während ich minutenlang nach all meinen Geldscheinen kramte, kam ich mir bescheuert vor. Dieses aufwendige Verfahren nahm so viel Zeit in Anspruch, und ich zog mit diesem mehr als auffälligen Verhalten erst recht alle Blicke auf mich. Es schrie förmlich: »Bitte klaut mir nichts. Es lohnt sich, weil es bei mir viel zu holen gibt.«

Das würde ich definitiv kein zweites Mal tun, schwor ich mir. Später spazierte ich noch mit Elsa und Nina durch Saint-Jean, hinauf auf eine kleine Burg, von wo aus man einen herrlichen Ausblick auf die Berge und Täler hatte.

27.04.

Von Saint-Jean-Pied-De-Port nach Roncesvalles

27 km

Die erste Nacht in einer Pilgerherberge war durchaus okay. Acht Doppelstockbetten. Das Zimmer und die Dusche waren sauber und akzeptabel. Ich schlief in dem mir zugeteilten oberen Bett, was mir ganz recht war. Denn ich hatte mir sagen lassen, dass sich die Bettwanzen zuerst in den unteren Betten einnisten. In der Nacht schnarchte nur eine Person, was bei einer Anzahl von sechzehn Leuten bemerkenswert ist. Nur der Morgen zeigte sich nicht von seiner besten Seite. Es raschelte unaufhörlich und ständig hörte ich etwas poltern. Ich bemerkte, dass bereits zwei Leute aufgestanden waren und sich im Finsteren fertig machten. Als ich völlig erschöpft auf mein Handydisplay blinzelte, war ich fassungslos und wütend zugleich. 4.15 Uhr! Ja, waren die denn von Sinnen? Mein Wecker hätte erst in anderthalb Stunden geklingelt! So wurde mir die erste Nacht, die ich seit Tagen endlich wieder in einem richtigen Bett verbrachte, zunichte gemacht. Immer wenn ich kurz davor war, wegzunicken, ratterte und scharrte es irgendwo in einer anderen Ecke. Im unruhigen Dämmerschlaf ordnete mein Gehirn die Geräusche zunächst Albträumen zu, bis ich schließlich wutentbrannt das Licht anmachte und völlig schlaftrunken die Bettleiter herunterstampfte. Bei dem nervigen Lärm würde sich ja nun wohl kaum jemand mehr an der Helligkeit stören.

Dann machte ich mich in aller Ruhe zurecht. Ich hatte ja nun alle Zeit der Welt. Gleich vorbeugend schmierte ich mir die Füße großflächig mit Hirschtalg ein. Das war vielleicht eine eklige, glitschige Paste, die man hinterher kaum von den Händen abgewaschen bekam, aber in jedem Ratgeber wurde Hirschtalg als *das* Wundermittel gegen Blasen angepriesen.

Das Frühstück war ziemlich mager und auch von der Auswahl her eher spärlich. Aber die Herzlichkeit der Herbergsmutti berührte mich zutiefst. Sie war schon etwas älter und nicht mehr so gut zu Fuß. Sie wollte uns Pilgern aber in jedem Fall einen netten Morgen und angenehmen Start in den Tag bereiten. Es war das erste Mal, dass ich die Worte »Buen Camino!« hörte. Das fühlte sich toll an, und mir wurde bewusst, dass es nun wirklich ernst wurde.

Um 7 Uhr ging es los. Ich machte mich mit den Mädels Nina und Elsa auf den Weg. Ich war vorbereitet. Durch ausführliche Recherchen hatte ich in Erfahrung gebracht, dass es in den Bergen wohl so gut wie immer regnete und stürmte. Also zog ich schon prophylaktisch meine Regenausrüstung an. Die Mädels legten ein Mordstempo vor. Zu Beginn fiel es mir nicht schwer, mit ihnen Schritt zu halten. Sie redeten über Gott und die Welt in einem durchaus vorzeigbaren Schulenglisch. Aber was hatten die denn bitte für eine Kondition? Solange ich nicht dazu genötigt war mitzureden, konnte ich den Laufschritt beibehalten. Allerdings nur dann.

Wir begegneten den ersten gelben Pfeilen, jenen berühmten Markierungen auf dem Camino, und es bereitete regelrecht Freude, diesen Wegweisern zu folgen. Ebenso war der erste Camino-Gruß eines Mitpilgers spannend für mich. Ich begriff, dass diese Art des Grüßens auf dem Jakobsweg gang und gäbe war. Es fühlte sich alles noch so unwirklich an. Die gelben Pfeile, der Camino-Gruß, die unzähligen Jakobsmuscheln an den Rucksäcken. Mein Abenteuer hatte nun so richtig begonnen.

Die Sonne ging langsam auf und mit ihr scheinbar auch die Berge. Ein Berg folgte dem nächsten, immer höher erhoben sie sich in Richtung Himmel. Jedes Mal, wenn wir ein paar Pilger im Eilschritt überholten, wünschten sich alle Beteiligten einen »Buen Camino«. Das konnte doch nicht ihr Ernst sein! Musste man hier wirklich jeden Unbekannten grüßen? Bei den Massen an Pilgern und den steilen Wegen blieb mir dafür kaum noch Luft. Daher hielt ich es für sinnvoller, mich zumindest vorübergehend als unhöflich und ignorant zu präsentieren, als meine wertvolle Puste für diese nun schon wieder fast bedeutungslosen Worte zu verschwenden. So schnell ging das.

Nach etwa einer Stunde hielt ich meinen Kleidungsstil nicht mehr aus. Die Sonne lachte mich förmlich aus in meiner Regenhose. Es regnete zwar nicht vom Himmel, dafür aber reichlich Schweißtropfen in meiner Hose. Und ja, sie war tatsächlich zu einhundert Prozent wasserundurchlässig und zu null Prozent atmungsaktiv. Der Treibhauseffekt unter meiner Kleidung war sagenhaft.

Eigentlich wollte ich mich bei Nina und Elsa abmelden oder besser gesagt, mich von ihnen verabschieden, aber sie waren so in ihre Gespräche vertieft und so sehr damit beschäftigt, einen Rekord im sinnlosen Grüßen aufzustellen, dass sie mein Zurückbleiben gar nicht bemerkten. War mir jetzt auch egal. Ich stellte mich hinter einen Busch und hatte mit einem Mal kein Problem mehr damit, mitten in der Prärie, umzingelt von massenhaft Pilgern, die Hosen runterzulassen. Und wenn ich gerade schon dabei war, konnte ich auch gleich noch austreten gehen. »Buen Camino« hätte ich dazu bloß gesagt. Meine engen Windstopper-Laufleggings bekam ich danach kaum wieder angezogen, weil meine Beine so verschwitzt waren, dass alles nur noch klebte. Und der Tag hatte gerade einmal begonnen.

Ich machte mich wieder auf den Weg, aber die Mädels waren längst über alle Berge. Nicht weiter schlimm. Sie waren mir einfach zu schnell und schnatterten zudem zu viel. Schließlich wollte ich die Landschaft und die Ruhe genießen. Und vielleicht auch mit anderen Menschen in Kontakt treten.

Ich war kaum fünfhundert Meter gelaufen, als ich mich entschloss, auch noch meine Regenjacke abzulegen. Die hätte man ohne Weiteres auswringen können. Ich fühlte mich wie das letzte Ferkel, was jedoch umgehend vergessen war, als sich die weiteren Aufstiege und Berge vor mir auftaten. Das würde ja niemals ein Ende finden! Und es war gerade erst 9 Uhr. *Was zum Teufel mache ich hier eigentlich? Geht es mir noch ganz gut? Ich muss doch völlig irre geworden sein. Und das soll jetzt mein Jahresurlaub sein?* Schnell ein Gedankenwechsel!

Der asphaltierte Weg fand bald darauf ein jähes Ende; nun ging es über einen Kilometer auf einer Schotterpiste mit geschätzt zwanzig Prozent Steigung weiter. *Bloß nicht ohnmächtig werden. Bloß nicht umknicken. Bloß nicht den Fuß schon auf der ersten Etappe brechen. Und bloß nicht das Atmen vergessen …*

Aber zu meiner großen Erleichterung stellte ich bald fest: Ich war nicht die Einzige, der das so zusetzte. Bei meinen unzähligen kleinen Pausen kam ich mit vielen Menschen ins Gespräch: Australiern, Amerikanern, Südafrikanern. Wie faszinierend, wie bereichernd! Die Angst, all die Anstrengungen allein bewältigen zu müssen, war wie verflogen, und genau so hatte ich es mir auch auf dem Jakobsweg vorgestellt.

Bald entdeckte ich auch den ersten Trinkwasserbrunnen auf dem Weg. Wie wundervoll, dachte ich noch, bis mich der chlorhaltige Nachgeschmack eines Besseren belehrte.

Ich lief weiter und versuchte, mein eigenes Tempo zu finden. Mit der Zeit gewöhnte ich mich sogar ein wenig an die Anstrengung. Ich fing wieder an, meine Umgebung wahrzunehmen. Die Pyrenäen waren unbeschreiblich schön und tiefgrün. An diesem Grün konnte ich mich nicht sattsehen. Und dieser strahlend blaue Himmel dazu. Es war unfassbar, was wir heute für ein Glück mit dem Wetter hatten.

Vor mir lief ein Italiener, der in seiner Sprache sang. Ich versuchte gar nicht, ihn zu überholen, weil sein Gesang zusammen mit der Umgebung in diesem Moment einfach zu berauschend war. Auch Hyunjin, die Koreanerin aus Bayonne, holte ich ein. Sie strahlte wie immer über beide Ohren, obwohl sie zwei Rucksäcke, davon einen um den Bauch geschnallt, und eine große Tüte in jeder Hand mit sich trug. Was schleppte die bloß alles mit? Kein Wunder, dass Pilger wie sie schon um 4 Uhr morgens mit dem Packen anfangen mussten, wenn das Gepäck knapp dem Körpergewicht entsprach.

Nach etwa 10 km stellte ich fest, dass ich mich bereits mit den Wolken auf Augenhöhe befand. Das war der Wahnsinn! Neben dem Weg stiegen aus dem Abgrund dicke Nebelschwaden empor. Man hätte annehmen können, irgendwo in der Nähe sei ein Vulkan ausgebrochen. Doch man lief einfach nur durch Wolken hindurch.

Nach einer Weile beschloss ich, an einem ausgesprochen hübschen Fleck Rast zu machen. Man sah von dort eine kleine Felsaufschüttung mit einer Statue der heiligen Maria. Ich glaubte zumindest, dass es Maria war. Ich setzte mich auf das butterweiche, flauschige Gras und wollte gerade meine Riesensalami mit Walnüssen und eine Banane dazu vertilgen, als ich registrierte, dass Thorsten neben mir saß. Die Freude meinerseits war grenzenlos. Mit seiner Sonnenbrille und dem Hut hatte ich ihn zunächst nicht erkannt. Neben ihm saß Tim. Sie hatten sich erst heute auf der Etappe kennengelernt. Von da an liefen wir zu dritt weiter, weil wir alle das gleiche Ziel hatten: Roncesvalles. Thorsten hatte nach reiflicher Überlegung die Übernachtung und den Pkw-Transport storniert.

Die Berge wollten einfach kein Ende finden und wir hatten gerade einmal die Hälfte des Tagesziels geschafft. Wir bauten uns gegenseitig immer wieder auf, um uns anschließend wieder zu demotivieren. Wir waren ein lockeres und lustiges Gespann von Persönlichkeiten, wie sie unterschiedlicher nicht hätten sein können. Alles konnte, aber nichts musste. Immer wieder nahm ich die gelben Pfeile am Wegrand wahr, aber bei der Vielzahl an Pilgern war ich nicht wirklich auf sie angewiesen. Man brauchte nur den Massen mit der Muschel am Rucksack zu folgen.

Irgendwann wusste ich nicht mehr, ob es die herrliche Landschaft war, die mir den Atem raubte, oder ob es einfach nur an meiner Erschöpfung lag. Meine Füße waren mittlerweile müde geworden und fühlten sich ganz platt an. Die Oberschenkel glühten und die Waden brannten. Jedes Mal, wenn wir in unserem – nach meinem Empfinden immer noch viel zu hastigen – Schneckentempo einen der steilen Aufstiege erklommen, sehnten wir uns den Abstieg herbei, denn dieser würde Entlastung und eine baldige Ankunft am Ziel bedeuten. Aber Pustekuchen! Wir würden wohl noch Stunden bergauf gehen müssen.

Wir liefen weiter und es kam, wie es kommen musste. Ich sah mich genötigt, dringend austreten zu gehen. Aber wo? Man konnte kilometerweit über die Gipfel blicken und es gab weit und breit nichts als asphaltierte Straßen, flaches Gras und jede Menge Pilger. Ich meldete mich bei Thorsten und Tim ab. Das konnte jetzt ein Weilchen dauern, da ich eine Abzweigung vom Hauptweg nehmen und circa dreihundert Meter vom Pfad abweichen musste, um wirklich ungestört und unbeobachtet meine Blase zu entleeren. Lebensnotwendige Dinge, über die ich allerdings nie in einem Pilgerratgeber gelesen hatte.

Bevor ich die Toilettenpapierrolle aus dem tiefsten Inneren des Rucksacks kramen musste, griff ich doch lieber zur Taschentuchpackung in meiner Jackentasche. Wieder ein unnützes Gadget entlarvt! Wer braucht schon eine Rolle Toilettenpapier, wenn die Performance möglichst unauffällig vonstattengehen soll?

War es unten im Tal noch so heiß gewesen, dass man in seinen eigenen Ausdünstungen hätte baden können, wurde es Richtung Gipfel immer kühler und der Wind frischte auf. Zahlreiche freilaufende Pferde kreuzten unseren Weg.

Es war ein paradiesisches Idyll.

Wir liefen über ein Meer aus bunten Laubblättern durch kurze Waldstücke. Balsam für die geschundenen Fußsohlen und ein Gefühl, als liefe man auf Wolken. Nicht viel später waren die nackten Äste der Bäume mit einer hauchdünnen Schicht von Reif bedeckt. Nachdem wir fast alle Jahreszeiten durchlaufen hatten, kamen wir an der berühmten Rolandsquelle vorbei. Endlich Wasser, das schmeckte! Ich schüttete all meine Wasserflaschen aus, um sie mit dem kostbaren Wasser aus dieser Quelle wieder auffüllen zu können. Das Wasser war unglaublich klar und rein im Geschmack. Herrlich.

Am schneebedeckten Gipfel angelangt, stellte uns eine Tafel vor eine wichtige Entscheidung. Wie würden wir den Abstieg angehen? Nahmen wir den längeren, gut asphaltierten Weg, der durch seine geringfügigen Umwege nicht ganz so steil war, oder liefen wir den kürzeren und vermutlich gefährlicheren Spaß-Pfad über Stock und Stein. Tim und mir war es im Grunde egal. Thorsten hingegen bestand aus Angst vor Knochenbrüchen am ersten Tag auf dem Spielverderber-Pfad. Also entschieden wir uns, um Thorsten ein bisschen zu ärgern, doch für die aufregendere Variante und durften uns daraufhin Predigten von ihm anhören, dass im Falle eines vorzeitigen Ausscheidens seinerseits wir die Schuld daran tragen würden. Es war einfach zu komisch, denn Thorsten verlor mit der Anstrengung und der Länge des Tages zunehmend an Humor, bis wir irgendwann einfach nicht mehr zuhörten. Alle paar Meter hatte man die Möglichkeit, den Pfad zu wechseln, was wir dann um des lieben Friedens willen auch taten. Mit der Zeit fiel uns auf, dass wir fast die Einzigen auf der Strecke waren und wir fragten uns, wo die Scharen von Menschen geblieben waren. Waren sie ins Tal geflogen oder gar vom Gipfel gestürzt? Oder gingen wir einfach so unfassbar langsam? Eigenartig war das schon. Jetzt mussten wir uns wirklich auf die gelben Pfeile konzentrieren.

Nun ging es endlich bergab, doch leider fühlte sich das nicht so gut an, wie wir uns erhofft hatten. Sosehr wir zuvor den Abstieg herbeigesehnt hatten, sosehr revidierten wir das auch wieder. Ich hätte es nie für möglich gehalten, dass dieser unendlich lange Anstieg an Anstrengung noch überboten werden könnte. Nach den gut 500 Höhenmetern Aufstieg über 20 Kilometer ging es nun über knapp fünf Kilometer mehr als 1 300 Höhenmeter steil bergab. Mit jedem Schritt drückten das Gewicht des Rucksacks und das Eigengewicht mehr auf die Kniescheiben. Es war, als wollten sie gleich nach vorn herausspringen. Meine Güte. Diese Schmerzen! Meine Gelenke flehten mich um Erleichterung an, aber an eine Pause war bei der Kälte nicht zu denken. Der Wind brauste uns um die Ohren, und dann sah ich auch noch einige Gedenkkreuze für Verstorbene am Wegrand, was es nicht besser machte, uns aber immerhin zum Weiterlaufen antrieb.

Ich und mein Elf-Kilo-Rucksack … Was hatte ich mir nur dabei gedacht, als ich mich damals in Deutschland auf der Couch vorm Fernseher langweilte und nach Abenteuern sehnte.

Jetzt begann ich auch noch fürchterliche Schmerzen in meiner rechten Achillessehne wahrzunehmen. Man ist eben nie zu jung für körperliche Gebrechen.

Tim und ich stellten fest, dass es zum bitteren Ende hin nur noch eine Kopfsache war, durchzuhalten. Wir unterhielten uns und waren durch das Gespräch gut von den Strapazen abgelenkt. Ich erfuhr, dass er 29 Jahre alt war, aus Kiel kam und diesen Weg ging, um seinem Alltag zu entfliehen. Er hatte Lust gehabt, durch ein Abenteuer in der Natur einmal aus allem auszubrechen und neue Menschen kennenzulernen. Er war ein eher ruhiger Zeitgenosse, was ihn sehr sympathisch machte. Trotz allem schien er noch sehr gelassen und entspannt zu sein. Zudem erzählte er, dass er den Weg schon einmal vor drei Jahren angetreten hatte, aber in Pamplona aufgrund diverser Überlastungserscheinungen abbrechen musste. Er hatte es wohl mit seinen täglichen Kilometern übertrieben und wollte es diesmal langsamer angehen lassen.

Als wir fast die Hälfte des Abstiegs hinter uns gebracht hatten, lief ein junges Pärchen mit einem sonderbaren Wagen an uns vorbei. Beide ziemlich fit und athletisch gebaut. Vorneweg der Mann, der den Hänger zog, und dahinter die Frau mit Rucksack, die ihn schob. Grundgütiger! Da war ein Baby drin. Und das waren die Eltern dazu. Das wahrscheinlich erste Baby auf dem Camino. War das nicht abgefahren? Ich war fasziniert von der Idee und deren Umsetzung, von dem Gedanken, auch mit einem Baby weiterhin noch solch verrückte Abenteuer zu erleben. Nachwuchs musste nicht immer gleich die völlige Selbstaufgabe bedeuten oder dass man all seine Träume und Ziele vorerst auf Eis legen musste. Ich war so inspiriert.

Kurz vorm Ziel malten Thorsten und ich uns aus, wie schön es doch wäre, nach dieser Etappe in einer Pension in einem Einzelzimmer schlafen zu können. Mit dem Unterschied, dass Thorsten von vornherein jegliche Art von Herberge grundsätzlich ablehnte und ich dieser Art von Unterkunft aber noch eine Chance geben wollte. Wir bemerkten, dass der Weg zunehmend flacher wurde. Wir schienen wieder in der Zivilisation angekommen zu sein. Damit hatten wir die Pyrenäen bezwungen und ein für alle Mal hinter uns gelassen. Was für ein schrecklicher Wanderausflug! So wunderbar die Natur auch gewesen sein mag – nie wieder!

In Roncesvalles angekommen, konstatierten wir, dass gleich das erste Haus eine riesige Pilgerherberge war, wo man sich seinen Stempel abholen konnte. Wir stellten unser schweres Gepäck ab und sackten vor Erschöpfung erst mal für ein paar Minuten auf einer Bank zusammen. Es herrschte großer Trubel, alles war voll von müden Pilgern. Als wir uns unser wohlverdientes Signum abholen wollten, schickte uns ein schroffer Hospitalero, ein Mitarbeiter der Herberge, an einer Zwischentür zu den anderen Pilgern zurück, wie ein Türsteher, der für strenge Ordnung zu sorgen hat. Das machte die Herberge nicht gerade sympathischer. Dass sogar Security nötig war, verstärkte den Eindruck einer Massenabfertigung.

Nach langem Warten, Anstehen und Ausfüllen eines übertrieben persönlichen Fragebogens fragte man uns noch vor der Reservierung, ob wir mit oder ohne Abendessen und Frühstück buchen wollten. Tim hatte schon eingecheckt und sich für ein Abendessen entschieden, aber Thorsten verneinte. Er meinte, er wolle sich erst nach einem Hotel hier in der Gegend umsehen, und nur wenn nichts mehr frei sei, käme er wieder hierher zurück. Die Frau sah ihn zweifelnd an und erklärte, dass diese Herberge mit fast zweihundert Betten, verteilt auf drei Schlafräume, fast vollständig belegt sei. Es gäbe noch genau fünf freie Betten, und ein Blick hinter uns auf die nicht enden wollende Menschenschlange verriet uns, dass wir jetzt nicht mehr lange fackeln sollten. Derart unter Druck, erschien es selbst Thorsten attraktiv, in einem Raum mit so vielen anderen Menschen zu nächtigen. Immerhin besser, als in eine andere Herberge zu gehen, wo vielleicht hundert Betten in einem Raum standen, womöglich noch ein Dorf weiter. Wir buchten Frühstück dazu, aber das Abendbrot war uns um 19 Uhr viel zu spät.

Bevor wir die Schlafgemächer betreten durften, mussten wir unsere Schuhe ausziehen, diese in einem separaten Raum abstellen und dort unbeaufsichtigt stehen lassen. Meine Zweihundert-Euro-Schuhe! Ich hatte meine Mutti wieder im Ohr: »Nicht, dass sie dir da noch deine teuren Markenschuhe klauen.« Danke, Mutter. Ich kletterte auf die Sitzbank und stellte meine wunderhübschen Schuhe aufs oberste Regal. Meine muffigen Socken ließ ich zur Abschreckung eventueller Diebe gleich drinnen. Der Mief in diesem sehr engen Raum war narkotisierend. Man durfte sich nicht zu lange darin aufhalten.

Am Schlafsaal gab es jedoch nichts auszusetzen. Wir hatten Glück, da wir in der obersten Etage schliefen und man dort aufgrund der Dachschrägen auf Doppelstockbetten verzichtete. Wer zuletzt kommt, wird eben nicht immer vom Leben bestraft. Jeweils zwei Betten bildeten ein geschlossenes Abteil auf Augenhöhe, was die ganze Sache etwas anonymer machte. Man konnte dadurch nicht ungehindert auf die benachbarten Betten starren. Es gab sogar die Möglichkeit, seinen Rucksack in einem kleinen, abschließbaren Schrank zu verstauen, und jeder hatte seine eigene Steckdose.

Draußen begann es wie wild zu schneien, bis eine zentimeterhohe Schneedecke die Straßen überzog. Tim war durch sein früheres Einchecken in einem anderen Schlafsaal untergebracht und machte jetzt sein eigenes Ding, unabhängig von uns. Thorsten und ich begaben uns auf die Suche nach einem Abendmahl. Das klang einfacher, als es war. In Flip-Flops tapsten wir durch die eisige Kälte, aber entweder waren die Restaurants restlos überfüllt, oder sie boten Abendessen erst ab

19 Uhr an. Also stiefelten wir in unseren Badeschlappen durch den Schnee zurück zu einer der überfüllten Varianten. Ich musste die ganze Zeit über die Ironie des Schicksals feixen, aber da verstand Thorsten schon längst keinen Spaß mehr. Müde und hungrig, mutierte er zu einer waschechten Diva und wies mich sehr schroff in die Schranken. Das saß! Thorsten war wohl mit Vorsicht zu genießen, wenn er als Komödiant einem plötzlich das Lachen verbot und gereizt auf die Späße anderer reagierte. Nach dem Essen war er zum Glück wieder genießbarer.

Zurück im Lager, hatten wir keine Möglichkeit mehr, unsere Wäsche zu reinigen, da die Waschküche bereits geschlossen war. Ich duschte anschließend ausgiebig und versuchte, mir die Augenbrauen am weit entfernten Spiegel über dem Waschbecken zu zupfen. Wenn man sich nicht ausreichend bewegte, ging nach zwei Minuten das Licht automatisch wieder aus. Unter diesen Umständen verschob ich die Gesichtspflege lieber auf einen anderen Tag. Wir scherzten noch, dass es in dieser Kolonie wahrscheinlich eine Zeitschaltuhr gäbe, da niemand einen Lichtschalter entdeckte. Und tatsächlich. Um Punkt 22 Uhr war es stockduster. Zum Glück lag ich da bereits in meinem Schlafsack und saß nicht irgendwo auf einer Toilette fest. Ich war so kraftlos, ausgezehrt und erschöpft. Ich würde bestimmt die ganze Nacht durchschlafen.

35 299 Schritte
27,1 km
975 kcal
60,7 g Fett

28.04.

Von Roncesvalles nach Viscarret
11,8 km

Was für eine Vermessenheit, bei vierzig Zimmernachbarn zu glauben, man werde durchschlafen. Gegen 3 Uhr war ich wach. Geweckt von einem sechsstimmigen Schnarchorchester. Und meine schlimmste Befürchtung war gewesen, dass wieder jemand rascheln könnte, doch das wäre ja noch zu verkraften gewesen. Ich hatte verloren und würde niemals wieder einschlafen. Ich versuchte verschiedene Strategien, um die Schnarcher zu stoppen: Jetzt war ich es, die sinnlos raschelte. Ich täuschte einen Hustenanfall vor und spielte mit meinem Handy laut Musik vom Player ab. Es half alles nichts. Ich war mit meinen Nerven am Ende und hatte keine weiteren kreativen Ideen. Ich konnte ja schlecht sechs Pilgern auf einmal ein Kissen aufs Gesicht drücken, obwohl meine akute misanthropische Neigung das vielleicht sogar zugelassen hätte.

Meine Ohropax waren witzlos. Man konnte es schneien hören durch diese Schaumstoffdinger, außerdem fielen sie mir immer wieder aus den Gehörgängen. Auch andere im Raum begannen hin und wieder, auffällig unauffällig zu husten, aber nichts half. Nach etlichem Fluchen und Stöhnen gelang es mir dann doch irgendwie, noch einmal in den Schlaf zu finden.

Man könnte jetzt denken, das ließe sich nicht mehr toppen, aber weit gefehlt: Um exakt 6 Uhr morgens ging noch vor meinem Wecker das Licht von ganz allein wieder an und ein Hospitalero kam mit einer Gitarre in den Schlafraum und trällerte laut und fröhlich drauflos. Unglaublich. Er trat sogar an die Betten heran und sang: »Wake Up Little Susie«.

Mir war, als würde ich augenblicklich komplett die Fassung verlieren. Was konnte ich jetzt bitte nach diesem Armleuchter werfen? Aber in meinem Gepäck war wirklich fast alles essenziell und abgezählt, und die ausgemusterte Toilettenpapierrolle wäre nicht hart genug gewesen. Zu allem Überfluss klatschte die ältere Generation in der Gesellschaft auch noch. Wäre dieser instrumentierende Schreihals an mein Kopfende getreten, hätte er eine ganze Armee von Schutzengeln gebraucht …

Nach dem gestrigen Tag war es absehbar gewesen, dass ich mich vor lauter Muskelkater in den Beinen nicht mehr vollständig würde bewegen können. Sosehr ich es auch wollte, war es mir kaum möglich, mich in irgendeiner Form über den Toilettensitz zu hocken. Ich hätte brüllen können. Ganz zu schweigen von den Treppen. Thorsten und ich freuten uns schon auf das Frühstück, aber vorher mussten wir noch in den Schuhraum, wo ich meine Füße wieder großzügig mit dem Hirschtalg eincremte.

Im Speisesaal setzten wir uns an einen runden Tisch für acht Personen. Unsere Illusion von einer nahrhaften Morgenmahlzeit wurde uns jedoch bald genommen. Jedem Pilger standen genau eine Scheibe Brot und jeweils ein Stück abgepackte Butter und Marmelade zu. Die Spanier meinten es, was Dürftigkeit und Schlichtheit auf dem Jakobsweg betraf, wirklich ernst. Auf meine einzige Schnitte krachte ich mir daher vier Portionen

Butter und Marmelade drauf, als ich mich unbeobachtet fühlte. Irgendwie musste ich ja zu Energie kommen.

Thorsten klagte laut und bettelte in seinem dürftigen Englisch um eine weitere Scheibe Brot: »Only one bread? I give you five euros for another bread!« Ich konnte nicht mehr an mich halten und verlor vor Lachen beinahe die paar wertvollen Happen aus meinem Mund. Ich hätte niemals gedacht, dass er mit dieser Masche durchkommen würde, aber anscheinend erregte der Mann mit der kräftigen Statur tatsächlich das Mitleid der Serviererinnen, sodass diese uns mit einem leisen Psssst heimlich einen Apfel zusteckten. Genau. Einen Apfel für den großen, hungrigen Mann. Ich schnitt uns den Apfel klein und wir nagten lustlos daran herum.

Schweren Herzens und mit weitgehend leerem Magen traten wir nun in der bitteren Kälte die Weiterreise an. Überall lag noch Schnee und wir liefen schneller, um warm zu werden und auch, um den höllischen Schmerzen des Muskelkaters davonzurennen. Solange der Weg flach blieb, war dies möglich, aber jede kleine Erhebung ließ meine Schenkel zittern. Auch wenn es nur ein Tag gewesen war, hatten die Pyrenäen mir die schlimmsten körperlichen Qualen meines Lebens beschert.

Während wir durch die Natur schlichen, fielen mir zwei liegende Pferde auf einer Wiese auf. Ihre Hinterteile zeigten in unsere Richtung. So etwas hatte ich noch nie gesehen. Aber sie atmeten noch. Im Hintergrund ein eindrucksvolles Gebirgspanorama. Beim näheren Betrachten bemerkte ich die Großbuchstaben »SOS« in den Bergen. Aus der Ferne sahen sie wie riesige weiße Steine aus. Wie auch immer die dort hingekommen waren, davon musste ich ein Foto schießen.

Die Gespräche vertieften sich und plötzlich hatten wir schon den 3 km entfernten Supermarkt erreicht. Dort deckten wir uns erst einmal richtig mit Essen und Taschentüchern ein. Danach fühlten wir uns wie die Größten. Trotz der Pein in unseren unteren Extremitäten konnte uns nun nichts mehr stoppen. Die gelben Pfeile waren heute häufig schwerer zu finden. Manchmal waren sie auf einen Steinklotz gekritzelt oder versteckten sich hinter wucherndem Gebüsch. Wir mussten genauer hinschauen. Wir liefen weitere 4 km ins Örtchen Espinal. Dort hatte Thorsten eigentlich eine Übernachtung einlegen wollen, aber dafür war es noch zu früh. Wir machten am Straßenrand auf einer Mauer Pause und aßen uns erst einmal richtig satt. Jeder vorbeikommende Pilger bedachte uns mit dem bereits bekannten Gruß. Mit vollem Mund grüßten wir zurück. Langsam ging es mir wirklich auf den Keks. Ein freundliches »Guten Appetit« hätte es auch getan.

Wir fühlten uns nun gestärkt und beschlossen, den Ort Zubiri anzusteuern, aber unsere anfängliche Euphorie wurde schnell wieder von der Realität gedämpft. Immer wieder mussten wir kurze und sehr steile Aufstiege bewältigen. Und wie sollte es auch anders sein, wo es bergauf geht, muss es auch irgendwann wieder bergab gehen. Und bei diesen teilweise sehr heftigen Abstiegen meldete sich mein Körper erneut zu Wort. Den gestrigen Tag nahm er mir mehr als nur übel und würde mir das wohl auch lange nicht verzeihen. Von der Hüfte abwärts hatte ich sagenhafte Schmerzen. Bei jedem Schritt nach unten spürte ich wieder die Angst, meine Kniescheiben zu verlieren, und sah sie schon außerhalb der Gelenkkapsel umherkullern. Es war nur noch eine Qual für mich. Die Waden, die Schienbeine, die Kniekehlen, der unerbittliche Muskelkater, sowohl in den vorderen als auch in den hinteren Oberschenkeln. Ich philosophierte schon darüber, wie feminin ich wohl als Bodybuilderin noch wirken würde. Bergab konnte ich mittlerweile nur noch seitlich im Zickzackschritt gehen. Das Bild, das ich dabei abgab, war für mich irrelevant geworden. Manchmal versuchte ich, besonders breitbeinig zu laufen, nur um andere Muskelpartien zu belasten. Fakt war, dass ich jetzt sogar Thorsten ausbremste.

Wir erreichten ein Dörfchen und wurden sogleich von einer Bar mit einladender Sonnenterrasse begrüßt. Dort stand auch eine Tafel, welche uns die nächsten 11 km nach Zubiri beschrieb und zum Glück auch optisch darstellte. Auf einen weiteren Kilometer talaufwärts sollten wohl sehr lange und barbarische Kilometer bergab auf Geröll folgen. Ein Dank geht hiermit an diese warnende Tafel. Beim gemeinsamen Bier beschloss ich, in diesem Dorf zu bleiben. Ich musste auf meinen Körper hören und der wollte einfach nicht mehr. Ich genoss noch ein wenig die wärmende Sonne im Gesicht und beobachtete das Treiben um mich herum.

Tim kam eine gute halbe Stunde nach uns an dieser Terrasse vorbei und zog festentschlossenen Schrittes weiter, mit dem Ziel, Zubiri heute noch zu erreichen.

Plötzlich fuhr ein Taxi auf das Gelände der Bar und lud vier Wandertouristen mit ihren Rucksäcken, an denen jeweils eine Jakobsmuschel baumelte, ein. Ich wusste nicht, was ich davon halten sollte. Sicherlich durfte man nicht alle über einen Kamm scheren. Es gab schließlich auch Ältere oder Schwerkranke, die einer derartigen Belastung nicht mehr gewachsen waren, aber prinzipiell verurteilte ich diese motorisierten Pilgertouristen, die ebenso fleißig wie die echten Wanderer ihre Stempel sammelten.

Nachdem ich mich von Thorsten verabschiedet hatte, der ebenfalls noch weiterlaufen wollte, ging ich in die Bar und fragte ganz unverblümt die Besitzerin, ob sie jemanden kenne, der ein Einzelzimmer für mich habe, da ich mit den irreführenden Angaben meines Reiseführers absolut nichts anfangen konnte. Ich hatte wirklich keinen Bedarf mehr, weiter umherzuirren. Für heute war es genug!

Ein Anruf wurde getätigt und schon war mir ein Zimmer zugesichert. Dann signalisierte mir die kräftige Frau mit Händen und Füßen, dass ich hierbleiben solle, weil ich gleich abgeholt werden würde. Wie bitte? Mit dem Auto? Gerade eben hatte ich in Gedanken noch über die Pilger gelästert, die sich kutschieren ließen und nun wurde ich selbst ganz ungefragt zu einem solchen.

Ich sagte: »No, no, no, no!« Ich würde die Pension schon zu Fuß erreichen. So groß war das Nest hier schließlich nicht. Eine Autofahrt käme gar nicht infrage!

Aber es war schon zu spät. Die Dame am anderen Ende der Leitung hatte bereits aufgelegt und war schon auf dem Weg hierher. Na toll! Keine fünf Minuten später wurde ich von einer Frau in einem Pkw abgeholt. Die Bardame verabschiedete mich zu allem Überfluss auch noch mit einem »Buen Camino«. Das hätte sie sich auch sparen können.

Beim Einsteigen versuchte ich, meine Muschel am Rucksack irgendwie zu verdecken, und betete, dass mich niemand sah. Wir fuhren über die Hauptstraße und waren nach nicht einmal dreißig Sekunden in der geschätzt zweihundert Meter entfernten Unterkunft angekommen. Diese Autofahrt schien mir doch recht lächerlich und überflüssig gewesen zu sein. Aber dass ich nur zweihundert Meter nicht gelaufen war, konnte ich gerade noch mit meinem Gewissen vereinbaren.

Meine Gastgeberin zeigte mir meinen kleinen Palast in der vierten Etage. Jede einzelne Stufe war die Hölle. Wie eine alte Frau schleppte ich mich ins Dachgeschoss und konnte mein Glück kaum fassen. Eine eigene Toilette! Eine eigene Badewanne und Dusche. Nur für mich ganz allein. Ich hätte ihr die Kleider vom Leibe reißen können, so unglaublich glückselig war ich, als ich mein großes, gepolstertes Doppelbett zu Gesicht bekam. Allerdings verlangte sie auch eine Stange Geld für den rustikalen Luxus hier. 45 Euro die Übernachtung, 12 Euro das Dinner, 5 Euro das Frühstück, und für weitere satte 10 Euro gab ich ihr meinen kompletten Rucksackinhalt zum Waschen mit. Das machte eine stattliche Summe von 72 Euro!

Ich duschte ausgiebig bei lautstarker Musik und machte anschließend ein tiefes und schnarchfreies Nickerchen von gut zweieinhalb Stunden, in Gedanken ganz bei Thorsten, der sich wahrscheinlich just in diesem Moment irgendwo im Geröll abquälte. Danach fühlte ich mich ausgeruht und wie ein neuer Mensch und bewältigte die Stufen wieder runter zur Rezeption, um das Passwort für das WLAN und den Namen des Ortes zu erfragen, der Viscarret lautete. Ich sah, dass auch andere nur noch seitlich und unter großem Stöhnen die Treppen hinuntergehen konnten.

Fast hätte ich vergessen, mir meinen Stempel abzuholen. Ich fragte an der Rezeption nach, da ich mir nicht sicher war, ob nur die Herbergen einen besitzen, aber meine Sorge war unbegründet. Jetzt hatte ich mein drittes Siegel im Heft. Das mit den Stempeln musste mir noch in Fleisch und Blut übergehen.

Es dauerte nicht lange, und ich begann fürchterlich zu frieren. Alle meine Jacken hatte ich zum Waschen mitgegeben. Zitternd wartete ich, bis es endlich Abendbrot gab, wo ein gutaussehender Spanier meine Not bemerkte und mir unaufgefordert eine Jacke in die Hände drückte. Nicht, dass ich irgendwie aktiv auf der Suche nach Kontakt gewesen wäre, aber er sah wirklich ganz entzückend aus und für ein höfliches Ablehnen war es mir dann auch einfach zu kalt. Dankend zog ich sein knallrotes Jackett über und war froh darüber, dass ich nach meiner ausgiebigen Dusche nicht mehr muffelte. An fremder Wäsche wollte ich nur ungern eine übel riechende Duftmarke setzen.

Ich war verblüfft und erstaunt darüber, dass es auf meiner Reise offenbar immer wieder zu solchen Erfahrungen kam. Es war mir zu Hause schon vollkommen fremd geworden, dass man bereitwillig jemandem etwas gibt, ohne gleich seinerseits etwas dafür zu verlangen. Das schien hier aber gang und gäbe zu sein. Der Mann konnte von mir keine Gegenleistung erwarten, da sich unsere Wege spätestens morgen trennen würden, weil er, wie ich zuvor gesehen hatte, mit dem Fahrrad auf Pilgerschaft war und damit natürlich täglich ganz andere Strecken zurücklegen konnte.

Endlich stieg mir der Duft von Essen in die Nase. Als ich an den Tisch trat, meinten plötzlich alle zu mir, ich solle mich doch direkt an den warmen Kamin setzen. Sie hatten mitbekommen, wie kalt mir war, und wieder war ich über so viel Aufmerksamkeit gerührt. Ich saß mit sechs Engländern, zwei Frauen aus den USA und Danielle aus Brasilien gemeinsam am Tisch, und plötzlich kamen ganz unerwartet die jungen Eltern mit dem Baby um die Ecke. Sie waren Kanadier und machten einen unheimlich zufriedenen Eindruck auf mich. Ich hatte die einmalige Gelegenheit, sie kennenzulernen und auszufragen. Ich weiß nicht genau, was es war, aber sie hatten etwas, wonach ich glaubte zu suchen. Sie waren weltoffen, freundlich und gelassen und schienen dabei auch unbeeindruckt von allem Schlechten zu sein. Ich wurde das Gefühl nicht los, dass sie alles, was sie zum Leben brauchten, in ihrem Familienglück fanden. Und all das erschien mir nicht beneidenswert, sondern erstrebenswert! Solchen angenehmen Menschen gönnt man gern ihr Glück.

Es war ein sehr schöner und geselliger Abend. Ich unterhielt mich hauptsächlich mit den Reisenden aus Großbritannien, die bereits Rentner waren. Sie empfahlen mir die Herberge »Last Stamp« in Santiago. Ich speicherte die Nummer ab, obwohl Santiago für mich noch ein weitgehend ungreifbares Ziel war. Aber man wusste ja nie. Mein Verstand sagte mir, dass eine konkrete Nummer im großen Pilgermekka vielleicht von Nutzen sein könnte. Die Wärme, die diese Leute im Gespräch ausstrahlten, lässt sich mit Worten nicht beschreiben.

Nach einem Salat folgte der Hauptgang. Paella mit Meeresfrüchten, also allerlei Getier aus dem Ozean. Die Riesengarnelen schienen nicht ausreichend gegart zu sein; ihre

Gesichter waren noch vollständig zu erkennen. Die meisten am Tisch gabelten diese unappetitlichen Viecher aus dem Reis heraus. Ich gab zum Besten, dass ich eine probieren wollte, was jedoch sogleich missverstanden wurde – und ehe ich mich versah, hatte ich gut zwanzig dieser gruselig dreinschauenden Biester mit ihren verkümmerten Schwänzen auf meinem Teller liegen. Sie blinzelten mir mit ihren ausgekochten Augen regelrecht zu: »Iss mich! Wofür musste ich sonst sterben?«

Der Zustand meines Gedecks war nur noch mit Wein zu ertragen. Nach dem vierten Gang schleppte ich mich dann unter Schmerzen mit meiner frisch gewaschenen Wäsche ins Zimmer hinauf.

18 812 Schritte
14,4 km
528 kcal
31,3 g Fett

29.04.

Von Viscarret nach Larrasoaña
16,6 km

Ich schlief in dieser Nacht mehr als nur hervorragend und wachte tatsächlich erst vom Klingeln meines Weckers auf. 6 Uhr. Was für ein Luxus – und das aus meinem Mund. Ich lief ins Bad und musste ernüchtert feststellen, dass mein Muskelkater kein bisschen weniger geworden war. *Körper, was ist denn los mit dir?* Hier musste ich mich ja wenigstens nicht im Schwebesitz über den Toilettensitz hocken, aber auch das Hinsetzen und Wiederaufstehen waren kein Kinderspiel. Ich packte gleich alle meine Sachen zusammen, damit ich mich kein weiteres Mal die Treppen hier rauf- und wieder runterquälen musste.

Beim Frühstück bot sich mir die Gelegenheit, dem hübschen Radpilger seine Jacke wiederzugeben. Bei seinem Lächeln verschlug es mir glatt die restlichen fünf Worte meines spanischen Vokabulars. Bevor ich gegen 8 Uhr loslief, fettete ich mir wie immer die Füße mit Hirschtalg ein, aber nach wie vor konnte ich mich einfach nicht daran gewöhnen. Es fühlte sich immer noch eklig an, und die Hände waren noch Stunden danach wasserabweisend.

Im kühlen Morgengrauen war ich dann das erste Mal wirklich ohne Gesellschaft auf dem Camino und ich genoss es. Ich, ganz allein mit mir und den gelben Wegweisern. Ich war gespannt, inwieweit ich mich auf mich selbst verlassen konnte.

Die gelben Pfeile führten mich zu einem abgelegenen Bauernhof. Dort saß ein großer Bernhardiner unangekettet auf einer kleinen Mauer. Ich hielt kurz inne und entschied mich dann, wieder zurückzulaufen und auf Verstärkung zu hoffen, aber weit und breit war ich die Einzige, die unterwegs war. Wo waren all die Massen, wenn man sie mal brauchte? Ich stellte fest, dass ich mit meinem ohnehin schon langsamen Tempo unmöglich stundenlang auf den nächsten Pilger warten konnte. Also fasste ich mir ein Herz und lief schnurstracks auf den Hund zu. Er sah eigentlich ganz friedlich aus und ich schien ihn nicht sonderlich zu interessieren. Auf Höhe des Tiers angelangt, schaute ich auf und sah, dass ich meiner eigenen Fata Morgana auf den Leim gegangen war, denn das war gar kein Bernhardiner, sondern ein ziemlich verzotteltes Schaf! Fast hätte ein gelangweiltes Schaf bei mir eine Herzattacke ausgelöst. Fassungslos angesichts meiner mangelnden Tierkenntnis reagierte ich mich innerlich wieder ab.

Während ich so durch einsame Gegenden streunte, fiel mir auf, dass einem selbst die Einheimischen »Buen Camino« zuriefen. Die Spanier waren sehr stolz auf die Pilger in ihrem Land. Nach rund 5 km mit langen, steilen Bergauf-Etappen durch verlassene Dörfer und Feldwege wurde mir so warm, dass ich meine dicke Jacke ausziehen musste. Dabei griff ich ganz selbstverständlich in die Seitentasche und fragte mich, was für einen dünnen Talisman ich da mit mir führte. Ich zog ihn heraus und war für einen Moment wie vom Donner gerührt. Ich hatte vergessen, den Schlüssel zu meinem Einzelzimmer wieder abzugeben. Ach verdammt! Das durfte doch nicht wahr sein! An ein Zurücklaufen war beim besten Willen nicht mehr zu denken. Ich hatte bestimmt schon 7 km zurückgelegt. Wenn ich in Zubiri angekommen war, würde ich ihn gleich vom ersten Postamt aus zurückschicken, so mein rasch gefasster Plan.

Plötzlich überholten mich in der prallen Sonne, in den unmöglichsten Höhengefilden und auf dem unzumutbarsten Schotterweg vier Radfahrer. Der Letzte von ihnen war der schöne Spanier. Jetzt konnten wir uns noch einmal mit einem verschmitzten Lachen und »Buen Camino« richtig voneinander verabschieden. Man sieht sich eben immer zweimal im Leben, wobei dies relativ früh für das zweite Mal war. Bloß dieser Schlüssel bereitete mir unaufhörlich Kopfzerbrechen. Ich lief weiter über Stock und Stein durch unbeschreiblich schöne Landschaften. Durch die Bäume konnte man weit über die tiefen, sonnenbeschienenen Täler blicken.

Als ich Fotos von der Umgebung schoss, überholte mich immer wieder ein indianisch aussehender Mann. Wenn er verschnaufte, holte ich ihn wieder ein. Er war ungelogen das Ebenbild von Jorge González! Irgendwann rief er ganz laut »Kathariiiina!« nach mir. Wir verständigten uns in einem eher weniger vorzeigbaren Englisch und bemerkten, dass wir uns doch noch nicht kannten. Also stellten wir uns vor. Er hieß Kim. Ich war irritiert, denn der Name passte so gar nicht zu seinem Erscheinungsbild. Vielleicht hatte ich ihn auch falsch verstanden? Schließlich lief ich allein weiter, so schnell es meine Kniescheiben hergaben und der Muskelkater zuließ.

Und wieder sah ich in der Ferne ein riesiges Tier, das meinen Weg mitten im Wald kreuzte. Der Kopf befand sich im Gebüsch und so konnte ich nicht ausmachen, ob es sich um eine harmlose Kuh, ein wirklich fettes und ungepflegtes Pferd oder aber doch um einen gefährlichen Stier handelte. Dieses Mal musste ich auf Verstärkung warten. Vor aggressiven Bullen hatte ich kurz vor Pamplona besonders große Ehrfurcht, denn die hatten bestimmt unzählige Artgenossen zu rächen, die dort in einer der größten Arenen Spaniens zum Vergnügen abertausender Menschen qualvoll zugrunde gingen. Ich filmte das gesamte Szenario, während ein Radpilger ganz unverfroren daran vorbeifuhr. Vor laufender Kamera kam dann wieder der Typ, der wie Jorge aussah, frohen Mutes um die Ecke getrabt. Er war eine riesige Erscheinung und lachte nur über meine Unsicherheit dem potenziellen Ungeheuer gegenüber. Dann realisierten wir, dass wir beide deutschsprachig waren und stellten kurz darauf fest, dass es sich bei dem Untier lediglich um eine verirrte Kuh handelte.

Wir reflektierten unsere ersten Begegnungen, und während ich noch filmte, sagte ich in die Kamera, dass ich glaubte, dass sein Name Kim gewesen sei. Er korrigierte mich sofort: »*Ihr* Name! Ich bin eine Frau!«

Uups, was für ein Fettnapf, festgehalten auf einem Video. In all der Aufregung hatte ich keine Notiz von ihrem Busen genommen. Mein Gott, war mir das unangenehm!

Kim ist allerdings auch ein geschlechtsneutraler Name, der im Zweifel keine Klarheit schafft. Und ihre tiefe Stimme machte es nicht leichter. Doch sie schien ziemlich locker damit umzugehen. Sie war knapp fünfzig und als Busfahrerin in Köln tätig. Schnell kamen wir ins Gespräch und verstanden uns auf Anhieb prächtig. Wir erzählten uns von unseren misslungenen Starts. Bei ihrem Flug ging ihr Gepäck verloren, somit musste sie knapp zwei Tage ohne Zahnbürste und Wechselschlüpfer leben und stand nun zudem unter Zeitdruck, weil sie nur begrenzt Urlaub hatte. Jeder hatte eben sein Päckchen zu tragen.

Von nun an bestritten wir gemeinsam den Weg. Die letzten schwierigen Kilometer, die ja bereits am Vortag auf der warnenden Tafel groß angekündigt worden waren, ließen nicht lang auf sich warten, und Kim erkannte schnell, dass mit mir etwas nicht stimmte. Für mein Alter humpelte ich einfach zu langsam den Abhang hinunter, dazu auch noch seitlich, stellte sie fest. Ja, ganz recht. Der Muskelkater saß mir noch immer tief im Fleisch. Sie gab mir einen ihrer Stöcke für einen besseren Halt. Dann empfahl sie mir Magnesiumbrausetabletten und steckte gleich eine in meine Wasserflasche. Was für ein grandioser Einfall! Es war so simpel! Wieso war ich nicht darauf gekommen? Das kleine Einmaleins einer Krankenschwester, sollte man annehmen. Ich schämte mich, weil ich diese Idee nicht selbst gehabt hatte. Dazu brauchte es erst eine Otto Normalverbraucherin.

Zusammen meisterten wir die steilen Gefälle und Felsschluchten. Als Weg konnte man diese Spuren definitiv nicht mehr bezeichnen. Wir waren nur damit beschäftigt, hochkonzentriert auf unsere Füße zu schauen und jeden Schritt genau im Auge zu behalten, um nicht vor Erschöpfung umzuknicken und in die Tiefe zu stürzen.

Als wir in Zubiri ankamen, war es gerade einmal 11 Uhr. Thorsten, der einen Tag hier pausierte, meinte zwar, dass er noch ein Einzelzimmer für mich organisieren könne, aber wir liefen nach einer Pause kurzerhand weiter.

Auf einer Tafel stand, dass es bis nach Pamplona nur noch einen nennenswerten Abstieg geben sollte – während wir allerdings gerade einen hässlichen Aufstieg vor uns hatten. Wir fühlten uns ein wenig an der Nase herumgeführt. Man wurde das Gefühl nicht los, dass nur auf wirklich gefährliche und sehr anstrengende Etappenstücke hingewiesen wurde und alles andere für nicht erwähnenswert gehalten wurde. Was musste das dann erst für ein perverser Berg sein, wenn er es sogar wert war, auf einer Tafel verewigt zu werden?

Ich erzählte Kim von meiner Misere mit dem Schlüssel. Wir stellten fest, dass heute Samstag war und ich somit wenig Chancen hatte, auf ein geöffnetes Postamt zu treffen. Morgen war Sonntag, am Montag nationaler Feiertag, und am Dienstag würde sich die Zimmerwirtin sicher schon anderweitig beholfen haben und nicht mehr mit diesem Schlüssel rechnen, so versuchte ich, mein schlechtes Gewissen zu beruhigen. Zumal ich nicht wusste, wo ich am Dienstag sein würde und ob es dort eine Poststelle geben wird. Ich kapitulierte schon innerlich, da ich weder den Namen der Pension noch deren genaue Anschrift kannte.

Auf einem schmalen Weg neben einer Überlandstraße zog ich mein Handy aus der Jackentasche, wobei der Schlüssel auf den Boden fiel. Kim und ich sahen einander an und grinsten ein wenig verlegen in gegenseitigem Einverständnis, ihn einfach liegen zu lassen. Keine von uns machte Anstalten, sich mit ihrem schweren Rucksack nach dem Schlüssel zu bücken. Irgendwie schien die Sache entschieden und sich die Anstrengung dafür nicht mehr zu lohnen.

»Also ich heb ihn nicht auf!«

Wir sahen uns noch einmal an und gingen dann einfach weiter. Ich mochte Kim. Sie hatte eine bemerkenswerte Persönlichkeit und war auf ihre Art sehr unterhaltsam.

Endlich in Larrasoaña angelangt, waren wir nicht mehr in der Lage, auch nur einen einzigen weiteren Schritt zu tun. Unsere Schmerzen und unsere Lustlosigkeit waren grenzenlos. Wir irrten von Herberge zu Pension, doch es war alles ausgebucht. Damit hatten wir in diesem eigentlich unbedeutenden Dorf nicht gerechnet. Und ich dachte noch, ich sei besonders klug, den Weg Ende April zu beginnen. Bei der vielleicht sechsten Herberge müssen wir einen so bemitleidenswerten Eindruck gemacht haben, dass uns eine Dame einen Kilometer durch das Dorf zur öffentlichen Herberge begleitete. Die Herberge mit den vermutlich letzten Betten! Und da war es gerade einmal kurz nach 14 Uhr am Nachmittag.

Wir setzten uns in den Aufnahmeraum, in dem schon an die vierzig Leute warteten. Es dauerte eine gefühlte Ewigkeit, bis der Herbergsvater bei jedem Pilger den Pass abgeglichen, Stempel verteilt und Geld kassiert hatte. Es erweckte den

Eindruck, dass es viele große Schlafsäle geben musste, denn immer, wenn ein Raum voll war, führte er die Pilger in einen weiteren – und das tat er sehr oft. Wir schworen uns, dass uns heute niemand mehr abweisen würde! Zunächst wollte er uns die zwei letzten oberen Betten in einem riesigen Schlafraum zuteilen, aber da hatte er die Rechnung ohne uns gemacht! Ich würde heute bestimmt keine Bettleiter mehr hochklettern! Ich musste schon zum Überschlagen meiner Beine die Hände zu Hilfe nehmen. Die großen Schlafsäle waren nun komplett belegt, also wurden die letzten Pilger in die Vierbettzimmer im obersten Stock einquartiert, die ganze 4 € billiger waren als die anderen. Das schien doch *der* Jackpot zu sein. Uns wurde erklärt, dass es weniger koste, da sich 16 Personen eine Sanitäranlage teilen mussten.

Als wir unser Schlafgemach inspizierten, erklärte sich der Preis von ganz allein. Ein winzig kleiner, verdreckter Raum mit einem alten Holzstuhl und einem Fenster, vor dem zerfledderte Rollläden, verziert mit zermatschten Fliegenleichen, hingen. Außerdem zwei Doppelstockbetten mit furchtbar quietschblauen Matratzenschonern und an der Wand lehnte eine Bauleiter, als Ersatz für die fehlenden Leitern an den Betten. Aber das sollte jetzt nicht mehr unser Problem darstellen. Ich war so froh, meinen Regenponcho auf diesem abwischbaren Elend in Blau auslegen zu können. Nie im Leben hätte ich mich bei vollem Bewusstsein draufgelegt, vor Angst, mir irgendwelche Krankheiten einzufangen. Das ganze Zimmer war eine Krankheit!

Es gab nur eine Steckdose. Aber da zückte Kim sogleich einen Steckdosenverteiler. Interessant, was manche so mit sich herumschleppten. Das Duschen gestaltete sich als ein wahrer Drahtseilakt. Bloß nichts anfassen in dieser engen Kabine mit den schwarzen Schimmelecken. Nicht ohne meine Badelatschen. Ich entwickelte eine regelrechte Kunstfertigkeit darin, mit nichts in Berührung zu kommen.

Wir hatten die unteren Betten belegt und waren schon ganz gespannt auf unsere Zimmergenossen. Erst kam Jonny aus Belgien, der mittleren Alters war, und dann der 24-jährige Paul aus Irland. Auch den Männern stand der Ekel ins Gesicht geschrieben, und wir beschlossen, direkt die nächstbeste Kneipe aufzusuchen, um uns dieses Dilemma erträglich zu trinken. Diese verliesähnlichen Zustände konnte man unmöglich nüchtern aushalten. Doch zuerst suchte ich nicht weit von der Herberge eine Apotheke auf, um mich mit ausreichend Magnesium auszustatten.

In einer gemütlichen Bar gleich ums Eck saßen wir draußen, als sich eine Kanadierin namens Carol völlig erschöpft bei uns nach freien Betten erkundigte. Sie hatte noch ihren Rucksack aufgesattelt und sah ziemlich fertig aus. Da bereits alles restlos überfüllt war, bot man ihr in der Kneipe an, auf ihrer Isomatte auf dem nicht überdachten Balkon zu nächtigen. Ihr war alles recht, solange sie nicht mehr weiterlaufen musste. Doch der Himmel zog sich deutlich zu, mit gelegentlichen Regenschauern und starken Böen. Wir schlugen vor, dass sie dann doch genauso gut bei uns im Zimmer auf dem Boden schlafen könne. Dann hätte sie wenigstens ein Dach über dem Kopf und die Möglichkeit, auszutreten. Ob nun sechzehn oder siebzehn Personen die Toilette benutzten, machte das Kraut auch nicht mehr fett.

Der Abend nahte und das wohl einzige Restaurant am Ort füllte sich zunehmend. Es wurde Bier getrunken. Man verstand sich. Egal, ob jung oder alt, man kam ins Gespräch. Lange Zeit unterhielt ich mich nett mit Andrew aus Schottland, als er nach meinen Beweggründen, diesen Weg zu gehen, fragte. Ich hatte viele Gründe. Unter anderem, dass ich mir karrieretechnisch noch nicht ganz sicher war. Er hakte nach. Mit meinen eher simplen Englischkenntnissen gab ich Folgendes zum Besten: »Sometimes I hate my job because I hate people.« Ich bin mir sicher, dass man dies auch charmanter hätte formulieren und umschreiben können. Seine Antwort war, dass er pensionierter Polizist sei. Weltklasse! Würde er mir jetzt gleich Handschellen anlegen?

Er beschwichtigte mich: »I know what you mean. I understand!« Da hatte ich ja noch einmal Glück gehabt. Ich glaube, Gesundheits- und Krankenpfleger haben es ähnlich schwer wie Polizisten. Und das weltweit. Arbeit mit Menschen eben …

Nach einem üppigen Pilgermenü schwankten wir deutlich angeheitert in die Unterkunft des Grauens zurück. Das war ja auch der Sinn der Sache gewesen: gut betäubt in diese Ekelanlage zurückzukehren. Ich konnte fast nicht mehr vor Lachen, als sich Jonny und Paul mit athletischen Sprüngen in ihre Betten schwangen. Es war alles so unfassbar widerlich hier! Kim blieb ständig mit ihren krausen Locken im Maschendraht des Bettgestells über ihr hängen. Es war einfach nicht mehr zu toppen. Dann noch Carol in der Mitte auf dem Boden in dem ohnehin schon beengten Raum. Draußen stürmte es wie verrückt und mir war schon wieder so kalt. Also schalteten wir die mobile Heizung ein, die mutmaßlich aus dem siebzehnten Jahrhundert stammte, und sie blies uns warme, modrige Luft um die Schlafsäcke. Unsere Telefone hingen am Steckdosenverteiler, wir wünschten uns alle gegenseitig eine gute Nacht und das Licht wurde ausgeknipst.

26 407 Schritte
20,3 km
756 kcal
45,4 g Fett

30.04.

Von Larrasoaña nach Pamplona
16,7 km

Kurz nach Mitternacht wurde ich von einem ohrenbetäubenden Lärm aus dem Schlaf gerissen. Es war ungeheuerlich laut und nervtötend, dass er mich sogleich höchst aggressiv machte. Doch es waren nicht die klappernden Rollos am Fenster, sondern Kim, die schnarchte wie ein knatternder Rasenmäher, der gerade an mir vorbeifuhr! Es war mir unbegreiflich, wie ein Mensch solch entsetzliche Laute ausstoßen konnte. Ich sah mich um und bemerkte, dass alle anderen ebenfalls wach waren. Jonny blickte mich verzweifelt an und zuckte mit den Schultern. Paul spielte an seinem Handy und Carol wälzte sich auf dem Boden hin und her. Ich konnte das keine drei Minuten aushalten und verließ daher das Zimmer, um mich nach einer Alternative umzusehen. Überall herrschte Totenstille. Wieso nicht bei uns? Wenn man mich um den Schlaf bringt, ist wirklich nicht gut Kirschen essen mit mir. Kurz dachte ich an meinen Ex zurück und gestand mir ein, dass ich ihm vielleicht doch Unrecht getan hatte. Es gab allem Anschein nach tatsächlich Menschen, die noch lauter schnarchten als er!

Frustriert ging ich ins Zimmer zurück und verstand sogleich mein eigenes gefluchtes Wort nicht mehr. So konnte ich die Nacht unmöglich überstehen, doch ich hatte Kim zu liebgewonnen, als dass ich ihr etwas antun könnte. Einem spontanen Impuls folgend, griff ich nach meinem blauen Ungetüm und zerrte die Matratze aus dem Bettgestell heraus. Ich wusste noch nicht genau, was ich vorhatte, nur dass ich dringend woanders hinmusste. Ich zog die Matratze über den Boden und direkt über die wieder schlafende Carol. Sie wusste vermutlich nicht, wie ihr geschah, als sie aufwachte und den blauen Pestfetzen im Gesicht hatte.

Wäre mein Gesicht mit diesem verkeimten Ungeheuer in Kontakt gekommen, hätte ich aller Voraussicht nach die Fassung verloren. Aber das war mir in diesem Moment egal. Alle im Raum kringelten sich inzwischen über mich und meinen Entschluss, mit der Matratze woanders zu nächtigen. Auch Kim war aufgewacht, sah mich an, wieherte und hatte nichts Besseres zu tun, als ein Foto davon zu schießen. Ich drohte ihr mit der Faust, doch dann musste ich über mich selbst lachen, weil ich mit diesem grauenhaften Albtraum aus blauem Plastik im Türrahmen festhing.

Irgendwie gelang es mir trotz des Muskelkaters dann doch noch, das sperrige Teil in den nebenan liegenden Waschraum zu verfrachten. Dort hing die Wäsche anderer Pilger zum Auslüften. Im Vergleich zu dem Krawall im Schlafraum konnte ich ganz gut mit der Luftfeuchtigkeit und dem Mief leben. Ich stellte noch sicher, dass nirgendwo Spinnen waren und verbarrikadierte sämtliche Türen zwischen mir und Kim. Hier gab es keine Heizung und ich zitterte mich in den Schlaf. Hauptsache Ruhe! Und letztendlich hatte ich auf diese Weise ein Einzelzimmer zu einem unschlagbaren Preis von 6 €!

Am nächsten Morgen wurde ich wieder lange vor dem Weckerklingeln mehrfach mit einem »Huch!« von übereifrigen

Pilgern überrascht, die sich ihre Wäsche holten. Gegen 6 Uhr begab ich mich dann zurück in unser Zimmer und dachte, ich läge noch gut in der Zeit, aber Kim war bereits über alle Berge, und auch die anderen waren fast fertig mit Packen. Ich fragte sie, wie ihre Nacht war. Ich bin mir ziemlich sicher, dass dabei möglicherweise ein kleiner schadenfroher Unterton wahrnehmbar war. Jonny und Paul sahen mich mit ihren roten, verquollenen Augen an. Sie meinten, dass es vielleicht an die zehn Minuten gewesen seien, die sie insgesamt geschlafen hätten. Wahrscheinlich die Minuten, in denen Kim ihre Atemaussetzer hatte. Eigentlich hätten wir Kim ausquartieren müssen.

Der Witz des Tages war, als Carol meinte, dass *er* nicht mehr habe schlafen können und deswegen bereits gegen 4 Uhr morgens aufgebrochen sei. Ich berichtigte sie und erklärte, dass Kim eine Frau sei. Sie schaute mich entgeistert an, als hätte ich ihr gerade zum ersten Mal erklärt, woher die Babys kamen. Sie hatte die ganze Zeit gedacht, mein Englisch sei so schlecht, dass ich den Unterschied zwischen »he« und »she« nicht kenne. Aber diese Nuancierung war mir durchaus geläufig. Ganz doof war ich dann auch nicht.

»Sind dir denn nicht ihre Brüste aufgefallen?«

Lange Rede, kurzer Sinn: Egal, ob Mann oder Frau, ich habe in Kim einen wundervollen und lebensbejahenden Menschen kennengelernt. Mir war von vornherein klar, dass ich sie sehr vermissen würde. Sollten wir uns doch noch einmal über den Weg laufen, was ich nicht glaubte, würden wir sicherlich noch einmal die Biergläser erheben und einen auf unsere Begegnung trinken. Nur in einem Raum würde ich definitiv nie wieder mit ihr schlafen! So viel stand schon mal fest.

Bevor ich in den Tag startete, löste ich zwei Magnesiumbrausetabletten in meiner Wasserflasche auf, da der Muskelkater einfach nicht nachlassen wollte, schluckte eine Schmerztablette und massierte mir den Hirschtalg in die Füße ein. An diesem

Morgen lief ich erneut allein los und war schon ganz gespannt, wen ich wohl heute treffen würde.

Es dauerte nicht lange, als sich nach knapp 1,5 km meine üblichen Beschwerden zurückmeldeten. Die rechte Achillessehne machte mir von Tag zu Tag mehr zu schaffen. Auch meine Schenkel und Waden wollten sich einfach nicht erholen, trotz des vielen Magnesiums.

Heute war es extrem windig und stark bewölkt. Ab 13 Uhr sollte es auch noch regnen. Ich machte ein paar wenige Bilder vom Weg. Meine Schmerzen nahmen mir den Sinn für das Schöne, und auch objektiv gesehen wirkte die Landschaft heute eher weniger beeindruckend. Wo man hinblickte, erspähte man die auffälligen gelben Wegweiser. Selbst wenn der Weg einfach nur geradeaus verlief, gab es allerorts die Pfeile, die mir nahelegten, nicht aus Versehen ins hüfthohe Getreidefeld abzubiegen oder eine abschüssige Böschung hinabzusteigen.

Mit der Zeit wurde ich immer langsamer. Rund zwanzig Pilger hatten mich schon überholt. Meist waren es Männer um die sechzig oder Ehepaare in den Fünfzigern – und jeder Einzelne von ihnen mit dem Gruß »Buen Camino«. Ich rang mir immer wieder ein Lächeln ab.

In einem Restaurant legte ich dann eine Pause ein. Auch hier kam eine Vielzahl an Wanderern vorbei, darunter die Engländer und die Schotten, die ich in der rustikalen Pension in Viscarret getroffen hatte, und alle grüßten mich freundlich. Es war schon erstaunlich, was man nach gerade einmal drei Tagen schon für Homies hatte, dachten sich bestimmt auch die übrigen Gäste des Restaurants. Ich raffte mich wieder auf, aber der Schmerz war kaum noch auszuhalten. Mir war nach Schreien und Weinen zumute. Womit hatte ich diese Pein eigentlich verdient?

Mittlerweile überholten mich bereits die Achtzigjährigen, und ihr »Buen Camino« begann, in meinen Ohren hämisch zu klingen. Ja, von wegen »buen«! Bitte, wo ist dieser Weg gut?

Mir war schon lange das Zurückgrüßen vergangen. Mit jedem weiteren Pilger, der mich überholte und mir diese Worte an den Kopf knallte, musste ich mehr an mich halten, um nicht mit »shut up« zu kontern. Seit Tagen war ich die mit Abstand Langsamste auf dem Weg, bedingt durch meine fürchterlichen Schmerzen. Und niemand bemerkte das, oder keinen schien es zu interessieren. Hier war wohl jeder ausschließlich mit sich selbst beschäftigt. Alle waren in Gedanken bei sich und grüßten bedeutungslos. »Buen Camino … du mich auch!«, schoss es mir immer wieder durch den Kopf!

Abermals musste ich am Wegrand rasten, um ein Schmerzmittel zu nehmen. Als Krankenschwester natürlich nur in retardierter Form, aber mittlerweile war das schon die dritte Tablette, die einfach nicht wirken wollte. Wieder wurden mir fröhlich die Grußworte an den Kopf geschmettert, ohne dass jemand mitzubekommen schien, dass ich schon ganz glasige Augen hatte. Ich würdigte sie keines Blickes, genauso wenig wie sie mich. Diese Ignoranz ließ mich einmal mehr an der Menschheit verzweifeln. Als ich wieder einmal fast zum vollkommenen Stillstand gekommen war, sprach mich eine Frau von etwa Mitte fünfzig an und fragte, ob mit mir alles in Ordnung sei und ob sie mir vielleicht helfen könne. Ich war den Tränen nahe, und so platzte alles aus mir heraus. Sie war die Erste, die mir ins Gesicht schaute und meine finstere Miene richtig zu deuten wusste. Sie war gebürtige Schwedin, Mutter von zwei Söhnen in meinem Alter und seit fast zwanzig Jahren Krankenschwester bei einem ambulanten Pflegedienst. Das konnte kein Zufall mehr sein. Ich schilderte ihr meine Leiden. Natürlich konnte sie dagegen nichts tun, erklärte sich aber gern bereit, mich in meinem Tempo zu begleiten, um mich durch ihre Gesellschaft ein wenig von den Schmerzen abzulenken. Sie meinte, sie könne mich unmöglich so hinter sich lassen.

Marie war eine aufgeschlossene und bodenständige Frohnatur. Sie verstand es, mich mit den richtigen Worten aufzuheitern. Dabei erzählte sie mir von ihrer letzten Horrornacht. Sie würde bis an ihr Lebensende Albträume von blauen, klebenden Matratzenbezügen haben. Das Schicksal hatte uns zusammengeführt. Geteiltes Leid ist ja bekanntlich halbes Leid, aber dieses Trauma ließ sich nicht wirklich halbieren.

Uns graute es aufgrund des Feiertags bereits davor, nach Pamplona zu pilgern. Es war abzusehen, dass sämtliche Unterkünfte reserviert oder belegt sein würden. Angesichts meiner Schmerzen wollte ich bereits in einer Ortschaft vor Pamplona Halt machen, in Trinidad de Arre. Dort setzten wir uns in ein Café, und für mich gab es zum Hefeweizen als Aperitif noch einen kleinen Magnesium-Cocktail.

Am Nachbartisch saßen zwei Deutsche, die uns den Flyer einer Pension in Pamplona in die Hand drückten. Ich sagte zu Marie, dass, wenn es dort noch ein freies Doppelzimmer gäbe, ich mit ihr weiterlaufen würde. Sie rief in der Pension an und konnte erfolgreich etwas für 40 € reservieren. So beschickert, wie ich vom Bier bereits war, freute ich mich unglaublich über diese Nachricht. Hätte mir jemand noch vor ein paar Wochen gesagt, dass ich mir mit einer im Prinzip völlig Fremden in einer unbekannten Stadt in einem fernen Land ein Zimmer, gar ein Bett teilen würde, hätte ich ihm aller Wahrscheinlichkeit nach den Vogel gezeigt. Aber mit Marie war es anders. So vertraut und erfrischend. Mit ihrer lebendigen Art zog sie mich in ihren Bann, als würden wir uns schon seit Jahren kennen.

Wir liefen los und ich schwankte wie auf einem Wolkenbett. Wenn es das war, was der Weg von mir wollte, dann sollte es eben so sein. Dann würde ich wohl oder übel jede weitere Etappe im Vollrausch bestreiten müssen und als medikamentenabhängige Alkoholkranke zurückkehren.

Jedenfalls würden mich die Schmerzen nicht zum Aufgeben zwingen, und da war mir jedes Mittel recht!

Nun begann es auch noch zu regnen. Der bloße Gedanke daran, meinen Regenponcho jetzt wirklich für das zu nutzen, wofür er eigentlich gedacht war, ekelte mich zu Tode, wenn ich Revue passieren ließ, auf wie vielen vermoderten Matratzen er schon gelegen hatte. Marie sah mit ihrer Regenkleidung aus wie ein entflohener Ninja Turtle. Hätte man mir eine Sense in die Hand gedrückt, wäre ich auch gut als der Tod auf zwei Stelzen durchgegangen. Endlich konnte ich wieder lachen.

Wir kamen an einem Elektrogeschäft vorbei, und ich hatte plötzlich die Idee, mir Kopfhörer fürs Handy zu kaufen, damit ich, falls wieder jemand schnarchen sollte, Musik hören konnte, ohne dabei jemanden zu stören. Wir steckten die Earbuds probehalber ins Telefon, um zu sehen, ob sie passten, bezahlten und zogen weiter. Nach etlichen Kilometern wollte ich wissen, wie spät es war, und stellte bestürzt fest, dass ich mein Handy nicht mehr bei mir hatte. Nach kurzem Suchen und Überlegen wurde klar: Ich musste es wohl in dem Laden liegen gelassen haben und war daher gezwungen, die ganze Strecke im strömenden Regen zurückzulaufen. Niemand kann sich vorstellen, wie wütend ich in diesem Moment auf mich war!

Marie ging allein weiter, und ohne sie verlief ich mich natürlich auch noch ein Stück. Rückwärts sieht man die gelben Pfeile schließlich nicht. Wenn es schon schiefläuft, dann richtig. Nach dem Weg brauchte ich nicht zu fragen, da mit höchster Wahrscheinlichkeit ein »Buen Camino« die einzige Antwort gewesen wäre. Doch zum Glück erhielt ich schließlich mein Handy unversehrt wieder und ging, so schnell ich nur konnte, weiter, da sich meine rechte Ferse wieder meldete. Ich erreichte Pamplona, und damit war dann endlich der Tag überstanden. Aufgrund des schlechten Wetters war die Stadt wie leergefegt, und ich sehnte mich nur noch nach einer warmen Dusche und einem Bett. Es dauerte eine Weile, bis ich die Pension in all den kleinen Gassen fand. Zum Glück war am späten Nachmittag noch jemand an der Rezeption, um mir meinen Stempel geben zu können.

Unser Doppelzimmer war einfach und klein, aber gepflegt und hatte sogar ein wenig königlichen Charme. Die Möbel waren rustikal, das Zimmer geschmückt mit roten Vorhängen und Kissen, verziert mit goldenen Elementen. Vermutlich aufgrund meiner Überdosis an Magnesiumbrausetabletten war mir so speiübel, dass ich es nicht mehr wagte, die Zahnbürste in den Mund zu schieben. Aus Angst vor einem Würgereiz verzichtete ich heute aufs Zähneputzen. Ich fühlte mich an diesem Abend so schwach, dass mir auch das Schreiben nicht mehr von der Hand gehen wollte. Ich schlief beizeiten ein – und wachte fast umgehend wieder auf. Konnte das denn möglich sein? Auch Marie schnarchte wie ein Fuhrwerk! Mir war aber auch gar kein Schlaf vergönnt. Ich testete gleich die Ohrhörer und hörte bis spät in die Nacht hinein stundenlang immer wieder die gleichen Lieder.

Merke: Zwanzig Lieder auf dem Player sind bei Weitem nicht ausreichend! Schlafen konnte ich dadurch zwar auch nicht, linderte aber wenigstens meine durch Schlafmangel bedingten Aggressionen.

29 956 Schritte
23 km
921 kcal
56,8 g Fett

01.05.

Pamplona

Der erste Mai ist auch in Spanien ein nationaler Feiertag, der hier vor Ort allerdings nicht sonderlich spektakulär verlief. Am frühen Morgen überlegte ich, eine Nacht länger zu bleiben und vom Doppelzimmer in ein Einzelzimmer zu ziehen, da Marie weiterlief und ich natürlich nicht für zwei Betten zahlen wollte. Bis Dienstag waren alle Geschäfte geschlossen, darunter auch die Apotheken. Da meine Schmerzmittel langsam knapp wurden und ich Drogennachschub brauchte, entschied ich mich, meinem Körper einen Tag Auszeit und Ruhe zu gönnen.

Ich begleitete Marie noch ein Stück durch Pamplona, da ich bislang keine gelben Pfeile mehr erspäht hatte und gleich für morgen herausfinden wollte, auf welchem Weg ich Pamplona verlassen würde. Wenn man in einer größeren Stadt die Strecke verließ, um irgendwo einzuchecken, gestaltete es sich oft nicht ganz so einfach, den Pfad mit den gelben Wegweisern wiederzufinden. In einer Bäckerei brunchten wir gemeinsam, und ich ließ mir erneut einen Stempel geben, da es als empfehlenswert galt, sich täglich einen zu holen, auch wenn man pausierte. Auf dem mittlerweile sehr kommerzialisierten Jakobsweg konnte man sich fast überall seinen Pass abstempeln lassen.

Es war der erste Tag, an dem ich mir die Füße mal nicht mit Hirschtalg eingerieben hatte. Ich wollte heute ja nur ein wenig herumschlendern. Ich war keine zweihundert Meter weit gekommen, als ich ein stechendes Reiben unter dem linken großen Zeh verspürte. Bingo! Das war die erste Blase und in dieser Hinsicht meine Feuertaufe! Instinktiv hatte ich Blasenpflaster mitgenommen und konnte mich gleich nach dem Frühstück verarzten lassen. Krankenschwestern unter sich sind da eher schmerzfrei. Marie machte sich Sorgen, dass ich aufgrund meiner anhaltenden Schmerzzustände vielleicht einen Fersensporn haben könnte, und ließ mich daher nur ungern in meinem Elend zurück. Schweren Herzens verabschiedeten wir uns voneinander. Innerhalb kürzester Zeit hatte ich auch sie in mein Herz geschlossen und gab ihr ein aufrichtiges »Buen Camino« mit auf den Weg. Ich würde sie sehr vermissen, denn ihre Albernheiten und ihre Unbeschwertheit hatten mich die Sorgen im Pilgeralltag auf wunderbare Weise vergessen lassen.

Nachdem ich dann in meinem Einzelzimmer etliche Stunden Schlaf nachgeholt hatte, deckte ich mich in einem kleinen Supermarkt, der trotz des Feiertags geöffnet war, mit reichlich Kalorien ein. Den Apothekenbesuch verschob ich erst mal und verabredete mich stattdessen noch mit Thorsten, der ebenfalls einen Tag länger in Pamplona verweilte. Wir hatten uns viel zu erzählen und es gab allerhand zu lachen. Meinen Tag ließ ich dann mit Schreibarbeit ausklingen. Ich hatte die letzten vier Tage aufzuarbeiten. Allein geht die schriftstellerische Tätigkeit doch leichter von der Hand als in einer Massenunterkunft. Ich entschloss mich an diesem Abend zudem, überflüssiges Gepäck zurück nach Deutschland zu schicken, wenn morgen die Postämter wieder geöffnet haben würden.

4 680 Schritte
3,6 km
107 kcal
5,9 g Fett

02.05.

Von Pamplona nach Uterga
17,5 km

Nachdem ich nun von einem Spaziergang die erste Blase an den Füßen bekommen hatte, balsamierte ich mich heute wieder besonders gewissenhaft mit Hirschtalg ein. Obwohl die Blase kaum Beschwerden verursachte und auch der Muskelkater etwas nachgelassen hatte, warf ich mir noch im Hotelzimmer prophylaktisch zwei Schmerztabletten ein, löste wieder reichlich Magnesium in meiner Wasserflasche auf und machte mich gegen 7.30 Uhr auf den Weg zur Postfiliale. Doch der dortige Beamte wies mich zurecht, als sei ich eine Terroristin! Ich war eine Stunde zu früh dran und wurde daher mein Zuviel an Gepäck einfach nicht los. Weil ich auf keinen Fall so lange warten wollte, begab ich mich wieder auf den Weg. Heute lief es sich hervorragend. Die Schmerzen in der rechten Ferse waren nur noch minimal und an jeder roten Ampel dehnte ich sie. Nun war ich wieder in Form und daher gab auch ich wieder das Tempo vor und nicht mein multimorbider Körper. Ich war so schnell wie seit vier Tagen nicht mehr.

Es nahm einige Zeit in Anspruch, endlich aus der Stadt herauszukommen, auch weil man bei all den Gebäuden und Gassen die Pfeile manchmal erst suchen musste. Mal waren sie an eine Hauswand gemalt, mal auf den Fußweg und auch Verkehrsschilder mussten gelegentlich als Wegweiser herhalten. Doch was sah ich da mit einem Mal vor mir? Eine Horde von Pilgern ohne richtiges Gepäck!? Es waren an die zwanzig Leute, die mir den Weg durch ihre schiere Masse versperrten. Pilger, die außer ihrer Jakobsmuschel nur 0,5-Liter-Wasserflaschen bei sich trugen, waren in meinen Augen keine richtigen Pilger! Ich fragte mich, wo sich wohl der dazugehörige Bus befand, der sie hier irgendwo freigelassen haben musste. Ich gab mein Bestes, sie mit meinem schweren Rucksack zu überholen und dieses Tempo auch wirklich beizubehalten, als ich die Stadt verließ.

Da ich so schnell unterwegs war, vernahm ich auch lange Zeit nicht mehr die zwei nervtötenden Grußworte. Es war fast schon schön, obwohl die Umgebung durch das Wetter getrübt und mein Rucksack aufgrund all der Fressalien schwerer denn je war. Ich setzte mich am Rand eines steinigen Pfades, der über ein Feld führte, mitten ins Gras und beschloss, etwas zu essen, um das Gewicht zu verringern. Allein in dieser Viertelstunde zählte ich rund achtzig an mir vorbeilaufende Pilger, und wirklich jeder von ihnen kam mir mit demselben bescheuerten Gruß. Nicht mal beim Essen konnten sie einen in Ruhe lassen! Mit vollem Mund mampfte ich »grapffias« zurück. Und dann hörte ich sie wieder! Die freigelassene Touristenhorde! Wie sie scherzten und frohlockten. Ich glaube, ihnen fehlte das nötige Gewicht auf den Schultern! Ich fühlte mich bei dem Versuch, den Massen schnellstmöglich zu entkommen, wie Simba in der Gnuherde.

Ich schulterte meinen Rucksack und lief auf den kleinen, losen Steinchen um mein Leben. Zumindest war das der Plan. Nach kaum einhundert Metern jedoch spürte ich an der rechten großen Zehe die nächste, wirklich sehr schmerzhafte Blase, die mich in die Knie zwang. Ich sah der Niederlage ins Auge und ließ die Meute an mir vorbeiziehen. Wieder setzte ich mich in den Dreck, zog Schuhe und Socken aus und versuchte, das kleine, fiese Ding mit einer sterilen Nadel aufzustechen. Beim näheren Betrachten waren es sogar zwei neue Blasen an den rechten Zehen. Ich klebte sie vollständig ab und lief unter diesen Umständen wieder schmerzgeplagt weiter. Im Regen, auch das noch. Ich lief und lief und wurde immer nasser. Während meine Kleidung durchweichte, dachte ich noch an meinen Regenponcho, war aber eindeutig zu faul und zu schlecht gelaunt, um ihn aus meinem Rucksack zu holen.

So zog sich der gesamte Vormittag. Ich lief ständig im Regen, auf sehr steinigen Wegpassagen und die Kapuze weit ins Gesicht gezogen, was es nicht unbedingt einfacher machte, diese blöden gelben Dinger, die einen in die unmöglichsten Gefilde schickten, ausfindig zu machen, aber zumindest verhinderte, dass ich andauernd gegrüßt wurde. Es war der erste Tag seit Beginn meiner Reise, an dem ich auf der Strecke niemanden kennenlernte. Muss wohl an meiner unwiderstehlichen Ausstrahlung gelegen haben.

Die Steine, über die ich ging, wurden immer größer, monströser und kolossaler, bis sie sich exorbitant in Form eines Abgrunds vor mir präsentierten.

Da bekam das Sprichwort »jemandem Steine in den Weg legen« eine völlig neue, sehr konkrete Bedeutung! Als ob jemand veranlasst hätte, mehrere Lastwagen voll Geröll aus einem Steinbruch dort abzuladen, nur um es den Pilgern noch schwerer zu machen.

Aus dem Weg wurde immer mehr Matsch. Es machte wirklich keinen Spaß mehr. Ach, was rede ich da. Es entpuppte sich als ein qualvoller Horrortrip! In meinem Schuhsohlenprofil setzte sich die matschige Pampe ab, sodass die Schlammklumpen an meinen Schuhen immer größer und vor allen Dingen immer schwerer wurden! Die Batzen wogen mittlerweile bestimmt an die drei Kilo. Immer und immer wieder streifte ich mir die Brocken im umliegenden Gebüsch ab. Es war zum Verzweifeln! Ich hatte es so satt!

Ich hielt kurz an und würgte die dritte Schmerzpille des Tages runter, es ging nicht anders. Meine Stimmung war auf dem Nullpunkt, und mit jedem »Buen Camino« wurde es noch schlimmer!

Neben mir liefen jetzt eine Mexikanerin und ihre Tochter in meinem Alter und stellten mir viele Fragen, aber ich antwortete nur sporadisch darauf. Ich stellte ihnen auch keinerlei Gegenfragen, da ich kein Interesse an ihnen hegte, sondern einfach nur mit mir und meinem Groll allein sein wollte. Kilometerlang beschäftigte mich der innere Konflikt, ob ich nun doch noch den Regenponcho herausholen sollte oder nicht. *Wenn ich ihn trage, ist am Ende des Tages mein Bettlaken nass, und wenn ich ihn nicht trage, dann mein Rucksack.* Aber das war er ja ohnehin schon. Alles roch inzwischen nach nassem Hund, und wieder überholten mich alle, weil die Schmerzen unaufhörlich stumpf in meinem Körperinneren pochten und meine Bewegungen lähmten. Auch meine Harnblase meldete sich wieder zu Wort, aber weit und breit gab es nichts als flaches Gestrüpp, und es waren keine Dörfer in Sicht. Ganz selten kam mal ein Baum, aber bei den Massen an Pilgern war es einem nicht vergönnt, dort mal schnell die Hosen runterzulassen. Unglaublich, was sich auf so einem Weg für ungeahnte Probleme offenbarten.

Erneut sah ich mich mit steinigen und extrem steilen Abstiegen konfrontiert. Bei jedem Schritt abwärts heulten meine Kniescheiben wieder auf. Nach einer gefühlten Ewigkeit kam ich schließlich in Uterga an und quartierte mich völlig durchnässt und verdreckt in der erstbesten Herberge mit Waschmaschine ein. Dort ließ ich meinen Pilgerausweis mit einem neuen Stempel verschönern und mir im Anschluss das Schlafgemach zeigen. Vorher musste man wieder die Schuhe ausziehen, aber diesmal konnte ich sie guten Gewissens im Erdgeschoss stehen lassen. Diese verschlammten, verdreckten und stinkenden Treter würde unter Garantie keiner freiwillig stehlen!

Der Schlafsaal mit vierundzwanzig Betten war in vier Abteile untergliedert. Ich schlief bei einer fünfköpfigen kanadischen Familie. Die Eltern waren mit ihren drei wunderschönen Töchtern unterwegs, alle ungefähr in meinem Alter. Die Familie war so weltoffen, faszinierend und abgefahren! Mit der jüngsten Tochter, der 28-jährigen Nicky, kam ich sofort ins Gespräch, und wir verstanden uns prächtig, als wir feststellten, dass wir beide Krankenschwestern waren und eine Auszeit von all den kranken Menschen brauchten, da diese manchmal ihr eigenes Wohl über alles andere stellten und wir bereits zu einem gewissen Punkt kaputtgearbeitet waren. Ich erzählte ihr von dem pensionierten Wachmann aus Schottland und mit einem Mal gesellte sich eine ältere Dame zu uns. Sie entschuldigte sich, unserem Gespräch gefolgt zu sein, und sagte, sie wolle auch gern etwas dazu sagen. Sie war Pfarrerin. Erschrocken dachte ich: »Oh nein. Erst ein Gesetzeshüter und jetzt habe ich auch noch vor einer Gottesperson über Kranke abgelästert!« Aber überraschenderweise hatte sie Verständnis für unsere Lage und erzählte, dass sie selbst diesen Weg ebenfalls gehe, weil sie eine dringende Pause von Menschen brauchte. Daraufhin war ich erst einmal sprachlos und zugleich erleichtert, dass ich mit meiner zeitweisen Verzweiflung in einem sozialen Beruf nicht allein dastand. Die Schwierigkeiten und Herausforderungen, die eine solche Arbeit mit sich bringt, sind offenbar universell, ob für Krankenpfleger, Polizisten oder Seelsorger. Allerdings gibt es natürlich auch die andere Seite mit Begegnungen, die einem Dankbarkeit und Zufriedenheit geben. Sonst würde ich den Beruf wohl schon länger nicht mehr ausüben.

Später ging ich runter ins Restaurant, wo ich mit einem sehr alten Mann ins Gespräch kam. Er war groß und hager, trug eine dicke Hornbrille und hörte nicht mehr so gut. Er hieß Harry und kam aus Los Angeles. Und er war toll! Mit seiner stoischen Ruhe und Gelassenheit stand er über den Dingen und wirkte ungemein weise. Damit verzauberte er mich sofort und zog mich richtiggehend in seinen Bann. Zaghaft fragte ich ihn, wie alt er denn sei. 87, meinte er. Nein! Wirklich? Ich war aus dem Häuschen. Als er mir erzählte, dass er hier nicht übernachten würde, sondern noch weitere 9 km vor sich habe, verschlug es mir die Sprache endgültig. Er schnallte sich sein spartanisches Gepäck auf und verabschiedete sich von mir. Er war so taff und mit 87 Jahren fitter als alle meine Patienten und ich zusammen. Es kommt eben nicht darauf an, dass man alt wird, sondern wie man alt wird. Ich hatte ihn nicht ein einziges Mal jammern hören, und ich könnte ganze Kapitel nur mit Nörgeleien füllen. Was für eine imposante Persönlichkeit! Allerdings hatte er auch 87 Jahre Zeit, um diese zu formen. Inständig hoffte ich, ihm noch ganz oft zu begegnen.

Weitere Pläne hatte ich an diesem Tag nicht. Ich wollte mir noch mit den Kanadiern eine Waschmaschinenladung teilen. Als nach meinem Nickerchen unsere Wäsche noch immer nicht in der Waschmaschine war, weil niemand die bereits fertig gewaschene Wäsche aus der Maschine holte, übte ich mich in Selbstjustiz, indem ich rotzfrech die fremde Wäsche aus der Maschine holte und sie ungeniert in irgendeinen Korb schmiss. Ein paar aufgeregte Koreaner kamen urplötzlich um die Ecke gerannt. Ihnen imponierte meine forsche Vorgehensweise nicht so sehr wie meinen schüchternen kanadischen Freunden, also mahnte ich die aufgebrachten Asiaten, die Waschmaschine nicht mehr länger zu blockieren. Es war schließlich bereits spät am Nachmittag, und auch andere wollten noch ihre vollgematschte Kleidung waschen. Danach waren die Koreaner still, und Marlin, die Mutter der kanadischen Familie, zeigte sich beeindruckt. Das hätte sie sich niemals getraut. Ein schönes Gefühl, dass es auch Eigenschaften an mir gab, von denen ich selbst nicht immer angetan war, die sich andere jedoch wünschten. Mit dem Kopf durch die Wand zu rennen ist vermutlich trotzdem keine echte Tugend.

Als ich am frühen Abend aus meinem zweiten Schläfchen erwachte, lag meine Wäsche trocken und zusammengefaltet neben meinem Bett auf einem Stuhl. Es fühlte sich an wie zu Hause, als ich noch bei meinen Eltern wohnte, und mir wurde ganz warm ums Herz. Welch nette und mütterliche Geste von Marlin. Für ihren Familiengeist und ihre Besonnenheit bewunderte ich nun wiederum sie.

Auch in dieser Nacht versuchten wieder Pilger, sich beim Schnarchen gegenseitig an Lautstärke zu übertönen. Wie sollte es auch anders sein. Ein Hoch auf meine Kopfhörer. Nach bestimmt drei Stunden schlief ich dann mit Musik im Ohr ein.

25 574 Schritte
19,6 km
804 kcal
50,9 g Fett

03.05.

Von Uterga nach Estella
31,2 km

Wie jeden Morgen warf ich mir zwei Schmerzkiller zusammen mit einer Banane ein und löste zwei bis drei Brausetabletten in meiner Wasserflasche auf. Das peppte den Geschmack sogar ein wenig auf. Nach meiner obligatorischen Hirschtalg-Orgie lief ich los. Die Schmerzen in der Achillessehne ließen nur allmählich nach, aber ich gewöhnte mich dennoch schnell an mein doch recht flottes Tempo. Auch der Muskelkater wurde Stück für Stück erträglicher. Seit sechs Tagen versuchte sich mein Körper nun schon davon zu erholen.

Den Vormittag über wanderte ich ganz allein, und auch später sah ich nur wenige Menschen. Es reichte auch, den lästigen Gruß nur an die zwanzig Mal zu hören und nicht fünf Mal so oft. Die gelben Pfeile waren in der Einöde und in den kleineren Ortschaften gut auszumachen, und auch das Wetter war erträglich. Kein Niederschlag bei angenehmen Temperaturen und bewölktem Himmel.

Ehe ich mich versah, war ich bereits im 9 km entfernten Puente la Reina angekommen und konnte nun endlich eine geöffnete Postfiliale ausfindig machen und diverse Utensilien zurückschicken, die sich als nicht besonders nützlich erwiesen hatten oder bislang noch gar nicht in Gebrauch gewesen waren. Darunter die schwere Regenhose, die mehr als unpraktisch war. Und zudem in keiner Weise bequem. Auch Pfefferspray schien mir in jeder Hinsicht überflüssig auf dem Jakobsweg. Die schwere elektrische Zahnbürste war es ebenfalls nicht länger wert, mit herumgeschleppt zu werden. Sich mit den Fingernägeln die Beläge abzukratzen, wäre da effektiver gewesen. Ich hatte mir bereits in Pamplona eine manuelle Zahnbürste besorgt. Auch das kleine Döschen Salz war der größte Schwachfug, den ich in Pilgerratgebern gelesen hatte; dort hieß es, falls man dehydriere, sollte man etwas Salz lecken, um einer Bewusstlosigkeit vorzubeugen. Ja nee, ist klar. Und ich hatte dem Blödsinn auch noch Glauben geschenkt. Aber auf der ersten Pilgerschaft seines Lebens darf man noch reichlich dazulernen.

Und ja, auch vom Reiseführer trennte ich mich. Ich hatte bisher vielleicht zweimal hineingeschaut. Die Wege hier waren eindeutig und ausführlich beschildert, und wenn man tatsächlich mal keinen gelben Pfeil erspähte, wartete man einfach auf den nächsten Menschen mit einer Jakobsmuschel am Rucksack und folgt diesem. Auch war ich gar nicht mehr so sehr daran interessiert, zu wissen, wie der Weg am nächsten Tag verlaufen würde. Lieber lief ich nichtsahnend los und ließ mich von der Natur überraschen oder eben auch mal erschrecken. Diese Methode war eindeutig besser, als mich schon am Vortag damit verrückt zu machen, was für abartige Auf- oder Abstiege auf mich warteten, denn wenn ich erst mal vor einem Berg stand, blieb mir sowieso nichts anderes übrig, als ihn zu bezwingen. Da konnte mir auch der Reiseführer nicht weiterhelfen. Und zudem hatte ich ja noch das einzelne blaue Blatt Papier dabei, auf dem alle Orte am Camino Francés mit Entfernungen sowie Unterkunfts- und Verpflegungsmöglichkeiten aufgelistet waren. Gänzlich ausreichend! Andere Pilger beneideten mich darum und einige fotografierten es sogar ab.

Das knappe Kilo schickte ich an meine Eltern nach Deutschland zurück, da unter meiner Anschrift ja derzeit niemand wohnte, und mit gefühlten fünf Kilo weniger auf dem Rücken ließ es sich gleich unbeschwerter weiterlaufen.

Im Laufe des Tages wurde es immer wärmer, sodass ich irgendwann alle Jacken verstauen musste, entweder im Rucksack oder am Körper. Die Sonne kämpfte sich durch die Wolkendecke hindurch, und immer wieder traf ich auf einen Teil der fünfköpfigen Familie aus Kanada. In Mañeru konnte ich eine Apotheke ausfindig machen, da meine Schmerzmittel nun wirklich zur Neige gingen. Zwei Blister mit Tabletten waren einfach viel zu optimistisch gedacht. Mit Händen und Füßen versuchte ich, der Apothekerin in meinem gebrochenen Spanisch zu verstehen zu geben, was mir fehlte. Eigentlich sagte ich nur »aua« und zeigte auf meine Füße. Sie händigte mir eine Schmerzsalbe und eine Schachtel Schmerztabletten mit der halben Wirkstärke aus, da nur diese rezeptfrei waren. Nun gut, dachte ich mir. Dann würde ich zum Frühstück eben künftig vier Tabletten davon nehmen.

Ich ging weiter und genoss es, allein zu sein. Bisweilen war meine Geschwindigkeit gar nicht schlecht, bis sich dann wieder die verdammte Sehne meldete. Ich nahm sogleich zwei der neu gekauften Tabletten ein. Es dauerte keine zwei Minuten und die Beschwerden waren vollständig verschwunden! Das war ja der helle Wahnsinn, dass ich nun mit einem Mal die totale Schmerzfreiheit erleben durfte. Und bald begriff ich auch, weshalb die niedriger dosierten Tabletten besser wirkten als meine alten – sie waren nicht retardiert! »Retard« bedeutet einen verzögerten Wirkungseintritt und ist auf einer Pilgerschaft wirklich alles andere als empfehlenswert! Wenn man hier ein Zipperlein hat, muss es sofort komplett betäubt werden, damit man weiterlaufen kann.

Mittlerweile brannte die Sonne hernieder, doch ich war zu faul, die Sonnencreme aus dem Rucksack herauszukramen. Mit einem derartigen Wetterumschwung hatte ich nach der gestrigen Regenkatastrophe einfach nicht gerechnet. Ich lief nur noch über weite Felder, weit und breit war kein Schatten in Sicht, nur ein paar vereinzelte Pilger wanderten vor und hinter mir.

Dann verlief ich mich auch noch, registrierte diesen Umstand aber erst, als ich vor vollendeten Tatsachen stand, nämlich am Rand der Autobahn, wo der Fußweg plötzlich sein jähes Ende fand. Na prima. Irgendwo musste ich einen gelben Pfeil übersehen haben. Kann ja mal passieren, wenn man mutterseelenallein unterwegs ist, aber das war ich nicht. Hätten die Armleuchter hinter mir nicht kurz rufen können? Hauptsache, einen »guten Weg« wünschen, dann aber jemanden ungerührt in die falsche Richtung abbiegen lassen. So was.

Auf gar keinen Fall war ich gewillt, die letzten Kilometer wieder auf demselben Weg zurückzutraben. Von Weitem erspähte ich andere Pilger auf dem richtigen Pfad und entschloss mich kurzerhand, quer übers Feld zu laufen. Sei es drum. Bis zur Hüfte stand ich nun in einem noch grünen Weizenfeld. Überall stachelte und pikste es mich. Unter Aufbietung all meiner Willenskraft versuchte ich, meine Spinnenphobie in diesem potenziellen Meer aus Insekten und anderem Getier auszuschalten. Schließlich musste ich sogar noch waghalsig über Gestein und Stämme klettern und springen, um wieder auf den rechten Weg zu kommen. Nachdem ich meinem Leiden in der Achillessehne zuvor so schön davongelaufen war, fühlten sich nun meine kompletten Fußsohlen an, als würden sie gleich aufplatzen.

Ich beschloss, im nächsten Ort Halt zu machen, um nach einer Übernachtungsmöglichkeit zu suchen. Es war mittlerweile auch einfach zu heiß zum Weiterlaufen geworden.

In dem Dorf Villatuerta traf ich Nicky wieder, die jüngste Tochter der kanadischen Familie, und sie machte mich mit ihrem deutsch-italienischen Wegbegleiter bekannt. Ein etwas älterer, sehr freundlicher Zeitgenosse. Nennen wir ihn mal Don Juan. Er schien ebenfalls ziemlich fertig zu sein und war nicht willens, Nicky noch bis nach Estella zu begleiten. Also suchten Don Juan und ich die einzige Herberge vor Ort auf, aber die war bereits ausgebucht. Wir konnten zwar nirgendwo einen Menschen sehen, doch so weit das Auge reichte, stand das Foyer voll mit unzähligen herrenlosen großen Rucksäcken mit der unverkennbaren Muschel dran. Klar! Die wurden vorab hierhertransportiert, sodass die Wandertouristen weder schweres Gepäck tragen noch sich Sorgen wegen einer Schlafmöglichkeit machen mussten. Das war doch einfach zum Kotzen! Den ganzen Tag schleppten wir unser Gepäck selbst und waren nun auch noch gezwungen, weitere 5 km bis nach Estella zu laufen, obwohl ich bereits am Ende meiner Kräfte war.

Hätte es ein Hotel gegeben, hätte ich um jeden Preis dort eingecheckt. Ich war fertig mit mir und der Welt. Ich hätte mich bei Windstärke acht immer noch selbst riechen können und von der Hüfte abwärts schrie mein gesamter Körper vor Schmerzen. Die Sonne ballerte schonungslos auf uns herab. Es war mir unbegreiflich, wie man sich im Juli oder August auf diesen Weg begeben konnte. Da musste man doch verrückt sein. Wie konnte das die Hauptsaison sein?

Beim Verlassen der Herberge rief man uns noch ein heiteres »Buen Camino« zu. Danke. Für nichts!

Nun hieß es also: Zähne zusammenbeißen, Augen zu und durch! Die letzten Meter waren die Hölle auf Erden. Gewisse Hautpartien, wo die Reibung zwischen Kleidung und der verschwitzten Pelle besonders stark war, begannen fürchterlich zu brennen und zu jucken. Hätte es jetzt noch einmal jemand gewagt, mir einen guten Weg zu wünschen, hätte ich meinen Rucksack abgesattelt und nach ihm geworfen.

Als wir endlich in Estella ankamen, waren auch dort die ersten beiden Unterkünfte bereits komplett überfüllt. Und das schon gegen 15 Uhr. Ich war einem Kreislaufkollaps nahe, bis ein Hospitalero für uns sämtliche umliegenden Herbergen anrief und telefonisch zwei Betten für uns reservierte. Ich kroch fast auf allen vieren zu dieser Unterkunft. Jeder Schritt fühlte sich in meinen Füßen an wie tausend Nadelstiche. Ich hätte Tränen vergießen und schreien können. Endlich in der Herberge angekommen, mussten wir uns zuerst unserer Schuhe entledigen, bevor wir eintreten durften und einen Stempel bekamen. Das Abstreifen meiner Stiefel musste ich sehr langsam vollziehen, da sie fast wie eine zweite Hautschicht geworden waren, die ich mir beim allzu raschen Ausziehen abgerissen hätte.

Nach dieser Folter suchte ich als Erstes die Duschen auf und stellte zu meinem Entsetzen einen grässlichen, feuerroten, heißen und erhabenen Hautausschlag an den Flanken, den Hüften, den Fußfesseln und den Oberschenkeln fest. Großflächig und pustelartig überzog er sogar meinen Allerwertesten! *Was zum Geier!?* Ich wusste mir nicht zu helfen. Was konnte ich tun? Jede Berührung brannte und schmerzte wie verrückt. So etwas hatte ich noch nie gehabt. Ich verzichtete auf ein Antihistaminikum, wohl wissend, dass es ohnehin nichts bringen würde. Zu allem Überfluss machte sich auch noch ein Sonnenbrand auf meiner linken Körperhälfte bemerkbar. Immerhin ein Anzeichen dafür, dass ich in die korrekte Richtung lief, da man ja ausschließlich nach Westen pilgert.

Ich duschte vorsichtig und wusch im Anschluss noch schnell die Sachen, die am meisten stanken. Also im Prinzip mein gesamtes heutiges Outfit. Danach begaben Don Juan und ich uns auf die Suche nach einem Supermarkt oder einem Restaurant, denn wir waren bereits am Verhungern und Verdursten. Aber das war mit Don Juan gar nicht so einfach. Er konnte ein ziemlicher Umstandskrämer sein und immer wieder passte etwas nicht. Entweder war das Licht zu grell oder es war zu dunkel. Das Straßencafé war zu laut oder die Kellnerin schaute nicht freundlich genug. Es musste alles perfekt sein. Klar, er hatte heute gut 10 km weniger auf dem Buckel, und überhaupt war er noch fitter, da sein Jakobsweg erst in Pamplona begonnen hatte. Ich war zwar geduscht und frisch eingekleidet, fühlte mich aber dennoch elend. Der Ausschlag und meine schmerzenden Füße machten mir sehr zu schaffen. Jeder Schritt war eindeutig zu viel. Nach gefühlt stundenlangem Umherirren flehte ich Don Juan an, bitte die nächstbeste Möglichkeit zu akzeptieren. Ich war zu Recht eine Mimose, aber das verstand Don Juan nicht. Sicher wollte er es nur schön für uns haben, aber der Sinn für Schönheit war mir nach fast 35 km ganz und gar abhandengekommen. Hauptsache, etwas essen und nicht mehr laufen müssen.

Schließlich wurden wir fündig. Doch das auserwählte Restaurant bot das Pilgermenü erst ab 20 Uhr an. Wie viele Hiobsbotschaften sollte ich heute denn noch verkraften? In diesem Moment wäre ich lieber allein gewesen, um einfach meinen Stiefel durchziehen zu können, aber aus Höflichkeit biss ich mir auf die Zunge. Immerhin war Don Juan sehr nett und eine schroffe Zurückweisung brachte ich irgendwie nicht übers Herz. Wir überbrückten die Zeit, indem wir in einem Supermarkt Bier und für den Gourmet eine Flasche Rotwein kauften. Wäre es nach mir gegangen, hätte ich mir den Alkohol direkt auf dem Bordstein einverleibt, aber das Ambiente war natürlich nicht fein genug für ihn, den Epikureer, also liefen wir noch einmal gut fünfhundert Meter bis zu einer Kirche. Das Bier schmeckte allerdings dort auch nicht besser. Im Gegenteil.

Der Gedanke daran, den halben Kilometer wieder zurücklaufen zu müssen, verdarb mir eher den Appetit. Als es dann so weit war, dass wir ins Restaurant gehen konnten, kam ich kaum mehr vorwärts und humpelte nur noch.

Das heiß ersehnte Essen war dann zum Glück wirklich vortrefflich und ein wahrer Gaumenschmaus! Allerdings war mir die Gesellschaft von Don Juan stellenweise etwas unheimlich und nicht ganz geheuer. Ich zählte irgendwann nicht mehr mit, wie oft er es bedauerte, dass keine romantische Kerze zwischen uns auf dem Tisch brannte. Er bezeichnete das Pilgermenü als Candle-Light-Dinner und fotografierte mich mit jedem neuen Gang. Den Fotos verpasste er dann noch unpassende Emojis. Ich ertrug es still, schließlich war das Menü schon bezahlt. Auch waren wir in derselben Herberge untergebracht und ansonsten war er ja ganz unterhaltsam.

Inzwischen war es bereits 21.45 Uhr geworden, und wir hatten Zeitdruck, denn um 22 Uhr schloss die Herberge ihre Türen. Fünf Minuten vorher erreichten wir gerade noch unser Ziel. Die Hospitaleros verbreiteten dort einen Stress sondergleichen. Punkt 22 Uhr sollte das Licht ausgeschaltet werden. Es gab außer uns noch einige andere in dem 14-Mann-Zimmer, die herumkramten, und die anderen Pilger im Raum schien das auch nicht sonderlich zu stören. Aber minütlich stampften die Aufseher herein und machten Druck, weil wir immer noch nicht fertig waren. Ich fühlte mich wie in einer Vorschulgruppe. Wir waren erwachsene Leute, die durchaus in der Lage gewesen wären, das Licht selbst auszuknipsen. Gehörte wahrscheinlich zum fragwürdigen Service. Das Ende vom Lied war, dass ich mich mit ungeputzten Zähnen, nicht verarzteten Füßen und unbehandeltem Ausschlag in ein oberes Bett hangelte. An diesem Tag hatte ich unglaublich viel gejammert und genörgelt. Ich war zu einer Diva mit Zahnbelag mutiert! Wenigstens war dies eine schnarchfreie

Nacht – oder ich war einfach nur zu müde und geschafft, um noch irgendetwas mitzubekommen.

45 242 Schritte
34,8 km
1 321 kcal
83,4 g Fett

04.05.

Von Estella nach Los Arcos

22,4 km

Don Juan kam am Morgen einfach nicht aus dem Knick. Also setzte ich mich allein raus in den Hinterhof auf eine Bank. Mein Frühstück bestand aus einer Banane, drei Schmerztabletten und zwei Allergikerpillen gegen den Ausschlag, dafür aber nur noch einer Magnesiumbrausetablette, da mein Muskelkater zwar langsam, aber spürbar nachließ.

Während ich den Hirschtalg in aller Ruhe einmassierte, kam Don Juan und sprach davon, sich erst einmal gemütlich in ein Café setzen und danach die Stadt besichtigen zu wollen, bevor wir weiterliefen. *Bitte wie war das?* Ich sagte ihm, dass er das gern tun könne, aber ohne mich! Sicherlich war er mir da mit seiner Gelassenheit um einiges voraus, aber der gestrige Tag war mir eine Lehre, nicht wieder so spät am Ankunftsort einzutreffen. Ich erklärte ihm, dass es von Vorteil sei, beizeiten loszulaufen, um am Nachmittag eine Übernachtungsmöglichkeit sicherzustellen und bei Gelegenheit auch noch die Wäsche waschen zu können. Womit wir gleich beim nächsten Thema wären, denn letztere war noch immer nicht trocken vom Vortag! War ja klar.

Ich improvisierte, indem ich die klammen Sachen mit Sicherheitsnadeln an meinen Rucksack pinnte.

Als wir loswanderten, war die Luft noch frisch, aber auch dieser Tag sollte wieder heiß werden. Doch heute war ich für alles gewappnet! Sowohl mein Regenponcho als auch meine Sonnencreme waren griffbereit verstaut. Die gelben Pfeile führten uns rasch in verlassenere Gegenden. Wir durchquerten zwei, drei kleinere Ortschaften, bei denen man sich noch nicht einmal sicher sein konnte, ob sie auf irgendeiner Landkarte eingezeichnet waren oder nicht.

Gegen Mittag stand der Feuerball am Zenit und wir machten einen kurzen Halt mitten in der Prärie, damit ich Sonnencreme auftragen konnte. Als ich mein Dekolletee einschmierte, stieß Don Juan plötzlich verstörende Mmh-Geräusche aus und stellte mit einem Mal einen nicht nennenswerten Sonnenbrand an seinem linken Unterarm fest. Er bat mich, ihn dort mit Sonnenschutz einzubalsamieren.

Ich wollte wissen, warum, schließlich erreiche er doch auch selbst die Stelle.

Er wollte keine klebrigen Finger bekommen.

Aber ich, oder was?

Und es sei doch auch nur sein Arm. Ich solle mich nicht so anstellen, schließlich sei ich Krankenschwester.

Vielleicht hatte ich mein Pfefferspray doch zu übereilt in die Heimat zurückgeschickt. Jedenfalls war das der Punkt, an dem ich zickig wurde. Ich bot ihm meine Creme mit den Worten an, dass ich nicht auf dem Weg sei, um andere verschwitzte Pilger anzufassen, nachdem ich mir selbst den Schweiß von der Stirn gewischt hatte. Ich arbeite zwar rund um die Uhr mit Menschen, aber dafür stellt mir mein Arbeitgeber auch reichlich Desinfektionsmittel und Handschuhe zur Verfügung.

Er verabschiedete sich mit »Buen Camino« und marschierte ohne mich weiter.

»Ja, du mich auch!« So einfach wäre das also gewesen, ihn loszuwerden. Ich wollte ihm noch nicht einmal eine frivole Absicht unterstellen, aber seltsam war das alles schon.

Ich beschloss, einen Ort vor dem geplanten Ziel Los Arcos haltzumachen, in der Hoffnung, dort einen Schlafplatz ohne Don Juan zu finden, und weil sich mein Körper von den gestrigen Strapazen noch nicht hatte erholen können und ich deshalb etwas kürzertreten wollte. Ich lief und lief, aber die Einöde nahm einfach kein Ende. Als ich mein schlaues Stück Papier konsultierte, stellte ich ernüchtert fest, dass das auserwählte Dorf 12,9 km vor Los Arcos lag und ich längst daran vorbeigelaufen sein musste. Na toll! Jetzt musste ich also da durch. Keine Dörfer mehr, die mich hätten ablenken, oder eine Bar, wo man hätte Pause machen können. Nur noch dieses Ödland hier. Die Büsche und Gräser schienen völlig vertrocknet und ausgedörrt zu sein, und es war weit und breit kein Brunnen in Sicht, an dem man sich hätte erfrischen können.

Es gab nichts mehr fürs Auge außer den gelben Pfeilen. Ich stellte mir vor, wie sich jemand die Mühe machte, mit einem Eimer gelber Farbe über abgelegenste Feldwege zu stapfen, um immer wieder irgendwelche Steinklötze am Wegrand zu bepinseln.

Die letzten Kilometer zogen sich wie Kaugummi. Es machte keinen Spaß mehr. Ich war völlig erschöpft, hatte großen Durst, überall Schmerzen, und ich kam in der sengenden Hitze kaum einen Schritt vorwärts. Unterwegs entdeckte ich ein großes, offenes Wasserbassin, wahrscheinlich für Bauern. Das Wasser war braun und modrig. Ich setzte mich auf den steinigen Beckenrand und übergoss mich mehrfach mit dieser Brühe, um mich abzukühlen und zu erfrischen. Kaum hundert

Meter weiter war die Nässe bereits getrocknet. Alles, was mir blieb, waren Schlieren von der Sonnenmilch und die Duftnote eines Paviangeheges.

Endlich in Los Arcos angekommen, kaufte ich mir als Erstes eine Flasche Wasser, und dann ging der ganze Ärger wieder von vorn los. Erste Herberge: voll. Zweite Herberge: leider ausgebucht. Und überall die Massen von Rucksäcken auf dem Boden, deren Muscheln ich als die reinste Verhöhnung empfand. Wenn man eincheckt, nimmt man für gewöhnlich sein Gepäck mit aufs Zimmer. Die Rucksäcke waren also ein eindeutiges Indiz dafür, dass deren bequeme Besitzer noch mit ihren Tagesrucksäcken auf dem Weg waren. Nur gut, dass sie ihren Schlafplatz schon sicher hatten.

Als ich endlich irgendwo einen Unterschlupf gefunden hatte und mein Heft abgestempelt war, sah ich Don Juan im Nebenschlafraum. Er deutete eine Umarmung an. Da war wohl wieder alles gut? Ich signalisierte ihm, dass Körperkontakt von meiner Seite aus weiterhin unerwünscht war. Die anderen sieben Pilger in meinem Zimmer waren mir unsympathisch und schienen nur mit sich selbst beschäftigt zu sein. Ich konnte mich nun duschen und meine stinkende Kleidung wurde endlich wieder in einer Waschmaschine gewaschen, für schlappe fünfzig Cent. Jeder Pilger erhielt ein Wäschenetz, sodass sich gleich mehrere eine Express-Waschladung teilen konnten, ohne dass etwas abhanden oder durcheinander kam. Andere Herbergen, andere Sitten. Bloß nicht weiter darüber nachdenken, wessen Ausdünstungen sich da in der Maschine miteinander vermischten. Nach dreißig Minuten konnte man seine Wäsche auf den winzigen Balkonen aufhängen.

Anschließend schlenderte ich auf der Suche nach einem Restaurant im Alleingang durch das hübsche kleine Städtchen und wurde am Kirchplatz, der zentral lag, fündig. Ich erblickte Don Juan und die Eltern der kanadischen Familie an einem

Tisch und gesellte mich dazu, weil ich mich so freute, die Kanadier wiederzusehen. Ich fand sie großartig, deswegen wunderte es mich umso mehr, dass sie sich offensichtlich so gut mit Don Juan verstanden. Hatten sie oder hatte ich vielleicht etwas übersehen?

Don Juan bemerkte, dass hier auf dem christlichen Pfad bisher alle Kirchen geschlossen waren. Ganz zu seinem Verdruss. Darüber konnte ich nur schmunzeln. Der fromme Lustmolch …

Ich genoss ein vortreffliches Pilgermenü, versorgte meinen aufsehenerregenden Ausschlag mit einem entzündungshemmenden Gel gegen Mückenstiche und schmiss noch eine Runde Magnesium für alle am Tisch, um die Brausetabletten endgültig aufzubrauchen.

In dem kleinen Zentrum traf man doch tatsächlich auf Hinz und Kunz. Ich war überwältigt, Harry wiederzusehen. Der Greis beeindruckte mich mit seiner freundlichen Gelassenheit und Besonnenheit immer wieder aufs Neue. Bis Ende Mai wollte er in Santiago sein. Ich wusste, dass er das schaffen würde.

Auch Thorsten war an diesem Tag in Los Arcos. Er setzte sich zu uns an den Tisch und meinte dann ganz unverblümt, dass er mich aufgrund meines offensichtlich gewachsenen Umfangs nicht sofort wiedererkannt habe. Super! Das war es also. Nach knapp 165 km Fußmarsch wurde ich nun also auch noch fetter. Zugegebenermaßen aß ich deutlich mehr aufgrund der körperlichen Beschwerden und des Frusts über die Wandertouristen, aber mir war ohnehin schon keine körperliche Gesundheit vergönnt, also weswegen sollte ich mich auch noch mit Enthaltsamkeit bestrafen und auf die leckere spanische Salami verzichten? Ich überlegte, wie komisch es doch wäre, nach dem Jakobsweg Vorher-Nachher-Bilder zu posten, mit dem Ergebnis, dass man auf dem Nachher-Foto dreißig Kilo mehr auf den Hüften hätte. Am Ende würde man mir womöglich noch unterstellen, ich sei die 800 km mit dem Bus gefahren.

Am Abend wollte ich mir noch die Zähne putzen. Zuvor ging ich noch schnell austreten und positionierte meine Zahnbürste so, dass der Bürstenkopf nicht mit der verdreckten Armatur in Berührung kam, sondern quasi im Freien hing. Als ich wieder aus der Kabine trat, sah ich, dass jemand aus lauter Sorge, meine Zahnbürste könnte herunterfallen, sie vollständig auf den Waschbeckenrand gelegt hatte. Natürlich mit den Borsten nach unten. Ich hätte brüllen können! *Welcher Einfaltspinsel war das? Kümmert euch um euren eigenen Mist, und fasst keine fremden Zahnbürsten an!* Ich wünschte, ich hätte mir in die Hosen gepinkelt, nur um die Bürste nicht unbeaufsichtigt zu lassen. Wutentbrannt schrubbte ich sie heftig unter kochend heißem Wasser, bevor ich mir die Keimschleuder in den Mund steckte.

Später schrieb mir Thorsten, dass er sich an diesem Abend im Hotelzimmer zwei seiner Blutblasen an den Füßen aufgestochen habe und deshalb die nächsten Tage außer Gefecht gesetzt sei und sich zum Arzt fahren lassen würde. Wenigstens war seine Zahnbürste noch sauber. Noch immer stinksauer, kraxelte ich in mein Bett und kam erfreulicherweise sogar in den Genuss einer weiteren schnarchfreien Nacht.

34 092 Schritte
26,2 km
1 020 kcal
68,7 g Fett

05.05.

Von Los Arcos nach Torres del Río
8 km

Wie jeden Morgen humpelte ich erst einmal eine halbe Stunde, bis die Schmerzmittel wirkten und ich überhaupt in ein vernünftiges Tempo kam, aber heute wollten mich meine Füße ohnehin nicht so weit tragen. Sie schmerzten in jeder Faser und hinzukam, dass ich mir in der linken Hüfte einen Nerv eingeklemmt hatte, was mich beim Gehen erheblich beeinträchtigte. Wahrscheinlich hatte ich aufgrund der Beschwerden in der Achillessehne meinen Körper beim Laufen tagelang falsch belastet. Nichtsdestotrotz konnte ich die ersten 5 km mit Don Juan Schritt halten. Nachdem der gestrige Abend wider Erwarten amüsant und kurzweilig gewesen war, gab ich ihm noch eine Chance. Merke: In Gesellschaft ist er ganz anständig. Morgens hatten wir das gleiche Tempo und trafen uns daher unverabredet wieder auf dem Weg.

An diesem Tag nieselte und regnete es, was mich angesichts meines Sonnenbrands erleichterte, denn der benötigte noch mindestens zwei sonnenfreie Tage, um abzuklingen.

Wenigstens mein Hautausschlag war fast vollständig abgeheilt und schmerzte nicht mehr.

Die knallpinke Regenjacke meines Begleiters lenkte mich etwas ab. Er war schon irgendwie ein Sonderling.

Wir überholten zwei junge Spanierinnen. Sie hatten offensichtlich beide arg mit ihren Knien zu kämpfen und schlurften noch langsamer voran als ich. Wie konnte es eigentlich sein, dass die Alten hier einfach so durchmarschierten, während das Frischfleisch bereits auf dem Weg zu gammeln begann? Vielleicht begingen wir in unserem Alter schlimmere Sünden, die es härter zu bestrafen galt? Tatsächlich war die nächste Plage bereits im Anmarsch. Als ich hinter mich schaute, sah ich schon wieder eine große Menschentraube von Touristen, die sich an jedem Geäst und an jedem gelben Pfeil fotografieren ließen. Eigentlich hieß es da nur noch nichts wie weg. Aber ich konnte nicht schneller, also musste ich dem Teufel ins Angesicht blicken, meine Niederlage eingestehen und sie an mir vorbeiziehen lassen. Ich ignorierte ihr hämisches »Buen Camino«. Ihr mich auch!

Und als ob das noch nicht genug gewesen wäre, fuhren just in diesem Moment zwei Radpilger, geschmückt mit Jakobsmuscheln, auf ihren E-Bikes an mir vorbei. Das brachte das Fass nun vollends zum Überlaufen! Mir verschlug es direkt die Sprache und ich fragte mich, was ich hier eigentlich noch machte. Weshalb tat ich mir all diese Pein an, wenn es doch so einfach sein konnte? Das war doch nicht der Sinn und auch nicht die Idee des Jakobsweges, ihn auf diese angenehme und zivilisierte Art und Weise zu absolvieren. Früher waren die waschechten Pilger noch auf ihren nackten Knien über all das steinige Geröll bis nach Santiago gerutscht. Je größer die Qual, desto höher die Wahrscheinlichkeit, für all seine Sünden gebüßt zu haben. Ist es denn nicht ausreichend, dass man heutzutage über eine Topausrüstung verfügt? Muss man da auch noch sein

Gepäck transportieren lassen? Sich stets in Sicherheit wiegen, wo man die nächsten sechs Wochen schläft, indem man alles im Voraus reserviert? Und sich dann tatsächlich noch auf ein E-Bike setzen und das Zeichen der Jakobsmuschel derart lächerlich machen? Wer nicht auf seinen Luxus und seine Bequemlichkeit verzichten kann, sollte seinen Sonntagsspaziergang doch lieber zu Hause erledigen.

Diese Trekkingtouristen hätten in den Herbergen erst nach 17 Uhr einkehren dürfen, wenn alle echten Pilger sicher ein Bett hatten. Und wer sich den Komfort des Gepäcktransports leisten kann, sollte zudem einen Aufpreis in den Unterkünften zahlen oder gleich in ein Hotel einchecken. Oder noch besser: Nur mit einem ärztlichen Attest sollte man luxuriös pilgern dürfen. Aber wer kontrolliert das dann? Schon allein die Begriffe »Luxus« und »Pilger« schließen sich meines Erachtens von vornherein aus.

Nach gerade einmal 7 km machte ich in Sansol eine dreistündige Pause in einem Imbiss. Draußen goss es mittlerweile in Strömen. Ich beobachtete die anderen Pilger im Regen und ergab mich meinen Schmerzen und der inneren Niederlage. Ich hatte meinen persönlichen Tiefpunkt erreicht. Don Juan war schon längst über alle Berge. Ob das jetzt schlecht war, sei mal dahingestellt. Als es aufhörte zu schütten, raffte ich mich auf, um mich in das nächste Dorf Torres del Río zu quälen, das zum Glück nur einen Kilometer entfernt lag. Sansol bestand nur aus dieser einen Herbergsbar, und hier wollte ich nicht bleiben.

Um nach Torres del Río zu gelangen, musste man noch einen steilen Anstieg bewältigen. Ich hielt an, um dafür Kraft zu sammeln und meinen Hüftschmerz irgendwie wegzuatmen. In diesem Augenblick liefen zwei Männer Mitte fünfzig an mir vorbei. Sie waren Deutsche wie ich, erkundigten sich nach meinem Wohlbefinden und boten mir an, meinen Rucksack das letzte Stück zu tragen. Wahrscheinlich habe ich geweint – ich bin mir nicht mehr ganz sicher –, und die verschmierte Mascara verriet es und erregte ihr Mitleid. Es war wirklich ausgesprochen nett, aber ich lehnte dankend ab. Diese Last hatte ich mir selbst aufgebürdet, und ich wollte das auch allein durchziehen.

Gleich nach der Anhöhe war eine Pilgerherberge, in der ich auch blieb. Es gab mehrere Räume mit jeweils fünf Doppelstockbetten. Vor der Herberge waren unter einer Überdachung Tische und Stühle aufgestellt, und man trank dort in gemütlicher Runde. Nachdem mein Pass abgestempelt worden war, setzte ich mich zwar dazu, war aber keinesfalls zum Plaudern aufgelegt. Ich war mehr als nur deprimiert. Auf die Frage, wie viel ich heute gelaufen sei, antwortete ich nur kleinlaut mit »acht«. Das war bei Weitem keine Meisterleistung, und ich schämte mich dafür in Grund und Boden, war enttäuscht und stinksauer auf mich selbst und auf meine körperlichen Schwächen. Ich bestrafte mich, indem ich an diesem Tag auf das Abendessen verzichtete.

Ich kam mit den zwei Deutschen Karsten und Theo ins Gespräch, und auch Dirk aus Belgien schien ein lebensfroher Mensch zu sein. Aber ich war weder zu tiefgründigen Unterhaltungen noch zum Scherzen aufgelegt. Ich wetterte mir einen über die fürstlich reisenden Pilger ab, ganz zur Freude von Dirk. Bei meiner Tirade gegen die E-Biker fiel er fast vom Stuhl vor Lachen.

»Ich mag deinen Humor.«

Aber das war mein voller Ernst!

Gegen 16 Uhr verkroch ich mich in meinen Schlafsack, da ich mit der Gesamtsituation einfach unzufrieden war und das niemandem länger zumuten wollte. Am wenigsten mir. Nicht einmal mit der 19-jährigen Italienerin, die ebenfalls vor der Herberge saß, mochte ich mich unterhalten, obwohl sie ganz interessant schien. Voller Enthusiasmus zeigte sie mir all ihre Blasen an den Füßen. Ich konnte mir wirklich nicht erklären, was es da zu strahlen gab. Ich hätte mich nach ihren Aufputschmitteln erkundigen sollen.

Ich dachte nach und zweifelte immer mehr an meinem Vorhaben, noch bis nach Santiago zu laufen, denn ich konnte mich leider nicht so sehr an meinen körperlichen Wehwehchen ergötzen wie andere. Nüchtern betrachtet, war das ganze Projekt ein Ding der Unmöglichkeit. Meine linke Hüfte, die rechte Achillessehne und die mittlerweile unzähligen Blasen an den Füßen machten den Weg für mich noch steiniger, als er ohnehin schon war. Und im Moment hatte ich gerade einmal 170 km auf dem Buckel – nicht sehr motivierend. Mit einer Mischung aus Selbstmitleid und Selbsthass schlief ich bis 22 Uhr durch, bis mich vier Koreaner mit ihrem Gestöber weckten. Einer von ihnen schloss das Fenster! Jawohl! Den einzigen Spalt, der Kontakt zur Frischluft ermöglicht hätte, verbarrikadierte er – bei neun Zimmergenossen, und ich lag auch noch ganz hinten. Mit acht Männern in einem Raum. Wollte der uns alle umbringen? Da konnte man nur noch darauf hoffen, in diesem Pumakäfig bald die Sinne zu verlieren, sodass einem dadurch auch noch die lautstarken Atemaussetzer der anderen entgingen.

13 421 Schritte
10,3 km
405 kcal
24,7 g Fett

06.05.

Von Torres del Río nach Logroño

21 km

Die Nacht verlief so schrecklich, wie sie begonnen hatte. Im Kanon stimmten die Männer ihr nächtliches Konzert an, und keiner von ihnen traf auch nur einen einzigen Ton. Ich war umzingelt von koreanischen Schnarchnasen! Sie waren unter mir, neben mir, vor mir, und es gab kein Entrinnen. Sie waren nicht nur unmusikalisch, sondern auch noch einer lauter als der andere! Irgendwann wurde es dann doch ruhiger, und ich war froh, endlich wieder ein Auge zumachen zu können, da rissen sie mich wieder aus dem Schlaf mit penetrantem Geraschel. Alle vier packten lautstark ihre Regensachen, Tüten und Beutel zusammen. Ein Blick auf die Uhr, und Zorn wallte in mir auf. Ich hatte die Faxen dicke und konnte mir dieses Treiben nicht länger mit anhören. Es gibt wirklich nichts Schlimmeres als das Knistern von Plastiktüten, wenn man todmüde ist und schlafen will. Ich schrie sie an, wann sie denn endlich mal mit ihrem Scheiß fertig wären, dass sie ungemein nervten, und ob sie denn nicht wüssten, dass 4.30 Uhr noch mitten in der

Nacht ist. »That sucks!« Jemandem etwas durch die Blume mitzuteilen, bringt eben manchmal nichts, ab und an muss man richtig deutlich werden und ihm die Blume direkt ins Gesicht schleudern. Aber ich erhielt keine Antwort. Unbeirrt lärmten sie weiter. Aus der anderen Ecke des Zimmers applaudierte man bereits. Mit meinem Gemecker hatte ich auch noch diejenigen geweckt, die trotz des Lärms noch geschlafen hatten. Aber das war nicht meine Schuld! Natürlich war das meine Schuld, aber wie sagen bockige Kinder so oft: »Die haben angefangen!« Als die Koreaner endlich weg waren, konnten wir noch rund eine Stunde dösen. Ich hatte vergessen, sie nach ihrem heutigen Tagesziel zu fragen, denn das würde ich ganz bestimmt nicht ansteuern.

Dirk erzählte mir später, dass ihn mein Geschrei geweckt und er von dem Lärm zuvor nichts mitbekommen habe. Einmal wach, beschloss er, zur Toilette zu gehen, und als er in den Flur trat, erschrak er, als im Dunkel der Nacht vier Koreaner in voller Montur mit Sonnenbrille, Regenjacke und Hut eine typisch asiatische Verbeugung mit aneinandergelegten Händen vor ihm machten. Da konnte er sich denken, was mich so missmutig gestimmt hatte.

Seine Ausstrahlung war so angenehm und positiv. Und Gott sei Dank auch etwas ansteckend. Er machte es sich zur Tagesaufgabe, mich zum Lachen zu bringen. Anfangs liefen wir noch gemeinsam mit Karsten und Theo, und es gab einen wunderschönen Sonnenaufgang in aller Früh.

Dirk und ich waren beide körperlich versehrt und humpelten in unserem Tempo dahin, was erstaunlich gut funktionierte. Wir unterhielten uns intensiv, was uns von den Schmerzen ablenkte, motivierten uns gegenseitig, und als die Wirkung unserer Schmerzpillen einsetzte, zogen wir auch unsere Geschwindigkeit erheblich an. Wir behaupteten, das läge an unserem guten Karma. Endlich war es wieder so, wie es sein sollte. Das Wetter war perfekt! Sonnig, aber kalt. Der Wind war so stark, dass man nicht ins Schwitzen kam. Er pfiff uns um die Ohren, und wir genossen es. Zwei Invalide auf dem Camino, die im Augenblick nicht mehr invalid waren. Überhaupt hatten wir unendlich viel zu lachen. Unter anderem auch über die fragwürdigen Annäherungsversuche Don Juans. Dirk bot sich sogleich als mein persönlicher Bodyguard an. Es war einfach zu lustig.

Ehe wir uns versahen, kamen wir nach Viana, wo wir auch Karsten und Theo wieder trafen, denen leider erst dort auffiel, dass Karsten seinen Pilgerausweis in der letzten Herberge vergessen haben musste. Das war wirklich fatal. Ohne Stempelpass keine Aufenthaltsberechtigung in den Herbergen. Karsten setzte alle Hebel in Bewegung, um mit Bus und Taxi schnellstmöglich von B nach A zurückzukommen, während Theo im nächsten Ort auf ihn warten wollte.

Dirk und ich liefen nach einer Pause weiter durch die Straßen von Viana, und mir fiel wieder ein Transportwagen mit unzähligen Rucksäcken auf. Das durfte doch nicht wahr sein! Es waren an die fünfzig Rucksäcke! Alle versehen mit der Jakobsmuschel! Fünfzig Menschen, die den einfacheren Weg wählten. Mir kribbelte es in den Fingern, dem Fahrer einen Fünfzig-Euro-Schein in die Hand zu drücken und ihm zu sagen, dass er sich doch bestimmt in der Adresse geirrt habe und unbedingt noch 65 km weiterfahren solle. Dirk hielt auch nichts von diesen bequem Reisenden, versuchte aber, mich zu beschwichtigen.

Wir zogen weiter Richtung Logroño und kamen wunderbar voran. Dirk erzählte mir von seinen Beweggründen, diesen Weg zu gehen. Er war 55 Jahre, glücklich verheiratet und Vater von drei Kindern. Er arbeitete als Streetworker und war ehrenamtlich in vielen Stiftungen tätig. Gute Bekannte von ihm hatten vor etwa zehn Jahren ihre 16-jährige Tochter durch einen Hirntumor verloren. Er zeigte mir ein Foto von ihr. Sie wäre jetzt genauso alt wie ich. Sie war sehr hübsch und wohl auch sehr talentiert. Er ging den Weg für sie. Die Eltern hatten ihm den Stressball des verstorbenen Mädchens mitgegeben, der die Form eines roten Herzens hatte. Er wollte es stellvertretend am Eisenkreuz am Monte Irago auf dem höchsten Punkt des Camino Francés ablegen, zu den vielen anderen Steinen, die Pilger aus aller Welt dort immer weiter aufschichten. Ich war zutiefst gerührt.

Vom ersten Moment an hatte ich gespürt, dass dieser Belgier ein ganz besonderer Mensch war. Er trug so viel Wärme und Aufrichtigkeit in sich. Ich vertraute ihm von Anfang an und gab alles von mir preis. Dass ich mir 2015 durch eine Tumorerkrankung meiner Endlichkeit bewusst geworden war und festgestellt hatte, dass ich mit 25 Jahren bereits fast alles an materiellen Gütern hatte, was man sich wünschen konnte, und dennoch nicht zufrieden war. Ich hatte bislang nur Geld verdient, ohne es jemals sinnvoll investiert oder ausgegeben zu haben. Was brachten mir all die Moneten, wenn sie auf dem Bankkonto verrotteten? Ich fragte mich, ob es das im Leben schon gewesen sein sollte. Ich konnte doch unmöglich schon fertig sein. Sollte ich jetzt jeden Tag arbeiten gehen und auf meinen Traumprinzen warten, der auf seinem Schimmel angeritten käme, mich überglücklich machen und irgendwann schwängern würde? Die Antwort darauf war ein klares Nein.

Ich wollte meine Erfüllung nicht von anderen abhängig machen. Ein Partner konnte nicht dafür verantwortlich sein, mich glücklich zu machen – das musste ich schon selbst tun. Auf dem Weg begriff ich, dass man auch allein verreisen und Spaß haben kann. Sicherlich macht die große Liebe das Glück im Leben perfekt, aber man sollte deswegen nicht zu Hause sitzen, Trübsal blasen und immer nur darauf warten. Man ist immerhin nur einmal jung. Ohne Partner ist man nicht einsam und allein, sondern frei und ungebunden. Es kommt immer darauf an, aus welcher Perspektive man es betrachtet. Die sicherste Grundlage einer ausgeglichenen Beziehung ist es doch, auch mit sich allein im Einklang leben zu können, denn dann ist der Partner eine Wahl und keine Notwendigkeit.

Dirk fragte mich nach geraumer Zeit, wie ich auf meine Diagnose damals reagiert hätte. Es fiel mir sehr schwer, nicht in Tränen auszubrechen, als ich erwiderte, dass ich zu dem Zeitpunkt in erster Linie gedacht hatte, wie gut es doch trotz allen Kummers war, dass mein Opa ein halbes Jahr vorher von uns gegangen war und das nicht mehr miterleben musste. Mein Umfeld hatte mehr unter meiner Erkrankung gelitten als ich. Insbesondere meine Eltern. Bis heute habe ich die Bedrohlichkeit der Erkrankung nicht wirklich realisiert, da es mir physisch nie sonderlich schlecht ging und die Diagnose für mich lediglich schwarze Buchstaben auf einem weißen Arztbrief waren. Dirk war davon sehr gerührt und meinte, dass er von nun an für zwei junge Frauen diesen Weg gehe. Ich blieb still, um nicht die Kontrolle über meine Emotionen zu verlieren.

Kurz vor dem Ortseingang von Logroño kamen wir an dem berühmten Haus von María Mediavilla vorbei, welches in keinem Pilgerführer fehlt. Viele Jahre stempelte dort Doña Felisa die Pilgerpässe. 2002 starb sie mit 92 Jahren. Seitdem drückt ihre Tochter María den schönen Stempel mit der Inschrift »Higos – agua y amor« (Feigen – Wasser und Liebe) in den Pilgerpass. Die Terrasse lag direkt am Wegrand und wir wurden herzlich empfangen von zwei sehr alten Damen und ihren vielen schmusebedürftigen, handzahmen Hunden. Natürlich trugen wir uns ins Gästebuch ein und ließen unsere Ausweise abstempeln. Es war ein Ort der Ruhe und des Friedens. Dirk hatte zu tun, mich anschließend von den Hunden loszureißen.

In Logroño angekommen, erkundeten wir unsere heruntergekommene, öffentliche Pilgerherberge, wo wir uns nach langer Wartezeit einquartiert hatten. Am Empfang händigte man uns nach dem Bezahlen und Abstempeln unserer Hefte Einmalbezüge für die Kopfkissen aus. Das schlechte Omen bestätigte sich. Es war ein Ort des Grauens. Der braune und etwas ölige Staub in den Regalen ließ sich verschmieren. Es gab ganze zwei Steckdosen in einem Raum mit über dreißig Betten. Und direkt neben mir schlief ein Typ, der seine nassgeschwitzten Wandersocken zum Auslüften über das Bettgestell gehängt hatte. Der Raum war sehr stickig und eng. Da ich aufgrund der Bettwanzen im oberen Bett nächtigen wollte und Dirk wegen seiner Knieprobleme im unteren, tauschten wir kurzerhand die uns zugeteilten Betten. So sieht Teamwork unter Pilgern aus.

Nachdem wir mit dem Duschen fertig waren, mussten wir diese Erfahrung erst mal verarbeiten. Dirk sah aus, als sei er einem Geist begegnet. Er konnte kaum in Worte fassen, in was für einem miserablen Zustand die verschimmelten Waschräume der Männer waren. Die ganze Unterkunft mit ihren zig 30-Mann-Schlafsälen war dreckig, alt und unhygienisch und stimmte uns so trübsinnig, dass wir zügig ins bunte Treiben des Stadtzentrums von Logroño flüchteten.

An diesem Samstag fühlte es sich sogar ein bisschen an wie Urlaub. Wir aßen üppig und tranken Wein in geselliger Runde mit anderen Pilgern, die wir in der Herberge kennengelernt hatten; wir genossen Theateraufführungen und Flamencotänze in der aparten Altstadt. Warum dort so viel los war, wussten wir nicht, aber das spielte auch keine Rolle. Wir ließen uns einfach mitreißen. Dirk lud mich auf ein Pilgermenü ein, da ich mein Geld in der Herberge vergessen hatte. Unsere Füße ermüdeten allerdings in Windeseile, also kehrten wir wieder in unsere Unterkunft zurück und setzten uns an den Pool. Dabei handelte es sich wohlgemerkt um ein etwa einen Quadratmeter großes Wasserbecken, in dem wirklich jeder seine verschwitzten, bepflasterten und durch Blasen zum Teil offenen Käsefüße abkühlte. Mich inbegriffen. Aber das spielte jetzt auch keine Rolle mehr. Die eiskalte Brühe tat den geschundenen Beinen einfach nur gut.

In diesem Moment erhielt ich eine Fotomessage von Don Juan, die mir augenblicklich eine Gänsehaut bescherte. Er hatte ein Händchen haltendes Pärchen an einer Bar fotografiert und kommentiert, dass wir beide das doch auch wollten, ein Bierchen trinken, versehen mit einem Zwinkersmiley. Igitt! Daran war nun wirklich nichts mehr falsch zu verstehen! So etwas lässt man am besten unbeantwortet. Auch Dirk schien sichtlich angeekelt zu sein. Ich stand auf, um den Pool zu verlassen, und vergaß dabei in einem unachtsamen Augenblick, dass ich mein Telefon noch auf dem Schoß hatte. Es fiel direkt auf den Boden des circa dreißig Zentimeter tiefen Beckens.

Erst nach einer zwei Sekunden dauernden Schockstarre konnte ich reagieren und es rausfischen. Ich hörte, wie um mich herum »Oh nein!« und »Oh Gott, wie schrecklich!« in mindestens fünf verschiedenen Sprachen ertönte, aber direkt helfen konnte auch keiner. Ich blickte mich nach etwas zum Abtrocknen um und schnappte mir ein x-beliebiges Handtuch von einem der Wäscheständer, wohl wissend, dass sich sonst wer damit den Hintern abgetrocknet haben könnte. Aber das war ein Notfall, und es galt mein Handy zu retten. Ich sah, wie der Bildschirm in allen Farben des Regenbogens aufflimmerte und sich dann komplett verabschiedete. *Oh nein, bitte nicht! Tu mir das nicht an! Ich brauch dich doch!*

Noch einmal gingen wir in die Stadt zurück, um den Aufenthalt in dieser Unterkunft zu verkürzen, aber mit mir war nichts mehr anzufangen. Ich legte mein Telefon immer wieder in die Sonne und schaltete es jedes Mal aus, wenn es wieder von allein anging. Ich war dem Wahnsinn nahe. Ich dachte an all die Fotos und Videos, die ich bereits gemacht und nirgendwo gesichert hatte. Musste ich jetzt die Strecke durch die Pyrenäen noch einmal gehen? Auch die neunmalklugen Ratschläge aller möglichen Experten trugen nicht zur Besserung bei.

»Das Ding ist tot.«

»Du musst es in den Ofen legen.«

»Mikrowelle tut es auch.«

»Reis draufschütten.«

Wo, um Himmels Willen, sollte ich bitte am Samstagabend einen Ofen oder einen Sack Reis inmitten von Kleinkleckersdorf auftreiben? Aber am Ende wurde dann doch alles wieder gut. Karsten bekam seinen Stempelpass zurück, und mein Mobiltelefon entschloss sich nach langen Stunden des Bangens, wieder zu funktionieren.

Als die Nacht hereinbrach, begann wieder die übliche Geräuschkulisse, aber das war vorhersehbar bei über dreißig Leuten. Stundenlang hörte ich immer wieder die gleichen zwanzig Titel meiner Playlist.

36 301 Schritte
27,9 km
1 138 kcal
82,5 g Fett

07.05.

Von Logroño nach Ventosa
20,3 km

Es war zum Aus-der-Haut-Fahren! Jeden Morgen das gleiche Theater! Andere Leute, aber das gleiche Theater! Um 4 Uhr begannen wieder die Ersten zu rascheln. War der eine fertig, fing der Nächste damit an. Wie eine ansteckende Krankheit verbreitete sich das geräuschvolle Zusammenpacken aller Habseligkeiten pandemisch im Schlafsaal, bis jemand um 5.30 Uhr auch noch das Licht anknipste. *Hallo!?* An jeder Ecke und in wirklich jeder Herberge konnte man auf Schildern groß und deutlich lesen, dass von 22 bis 6 Uhr absolute Nachtruhe zu herrschen hat. Jetzt war ich richtig genervt! Nicht nur, dass sie mich alle ständig durch ihre Geräuschkulisse am Schlafen hinderten, nein! Nicht einmal die Dunkelheit gönnten sie einem noch. Wie jeden Morgen kletterte ich wutentbrannt die Leiter hinunter und sah, dass auch Dirk inzwischen kein freudestrahlendes Gesicht mehr machte. Er hatte in dieser Herberge ebenfalls gelitten.

Ich humpelte eine Etage tiefer, um in den Waschraum der Frauen zu gelangen. Dabei brachte ich weder meine Augen richtig auf noch ein »Guten Morgen« über die Lippen. Ich versuchte, meine Wut wegzuatmen, und machte mich zusammen mit ein paar anderen Frauen vorm Spiegel fertig. Irgendeine von ihnen hatte beim Verlassen des Badezimmers die Tür hinter sich offengelassen, und ich bemerkte, dass man mich von der Küche aus durch den Türspalt beim Schminken beobachtete und sich ganz offensichtlich über mich mokierte, was mich nun endgültig zur Weißglut brachte. *Ja, ich schminke mich! Sogar mit Lidstrich! Auf einem Pilgerpfad! Was gibt es da bitte zu glotzen?* Mit aller Wucht, die ich aufbringen konnte, kickte ich die Tür mit meinem Fuß und einem riesigen Knall hinter mir zu. Mir egal, was die anderen Frauen jetzt von mir denken mochten. Ich hatte seit gefühlt einer Woche keinen richtigen Schlaf mehr bekommen. Die würden mich jedenfalls heute sicher nicht mehr ansprechen.

Zurück im Schlafraum, stellte ich fest, dass Dirk und ich die letzten Gäste waren. Und da war es noch nicht einmal ganz 6 Uhr.

Nach dem Überstehen der obligatorischen Schmerzen am Morgen konnte ich mein Tempo erheblich steigern. Nur Dirk hatte heute keinen guten Tag. Noch gepeinigt von der Nacht, litt er unter Schmerzen in der Hüfte und in der Achillessehne. Wir kamen nur langsam voran, als plötzlich Theo neben uns auftauchte. Aber wo hatte er Karsten gelassen? Theo erzählte, dass sie beim gemeinsamen Loslaufen eingetrocknetes Erbrochenes auf dem Asphalt gesehen hätten. Wie erwähnt, war am Vorabend buntes Treiben in der Kleinstadt angesagt gewesen. Allerdings muss ich dazu sagen, dass man sonntags in Spanien häufiger auf Mageninhalte trifft. Die Spanier wissen eben, wie man aus einer Siesta eine anständige Fiesta macht. Als dann noch Tauben an der frischen Bordsteinpizza pickten, hatte Theo dies scherzhaft mit »Na, das ist ja mal ein leckeres Frühstück« kommentiert, und da war es um Karsten vollends geschehen, erzählte er. Karsten musste innehalten, um nicht gleich daneben zu speien. Ihm wurde wohl so übel, dass er nicht mehr in der Lage war, weiterzulaufen. Männer …

Für heute war Theo mein Weggefährte, da Dirk mich nicht ausbremsen wollte. Die ersten Stunden konnte ich gut mit ihm Schritt halten, und unsere Gespräche vertieften sich. Nach außen wirkte er so, als habe er einen sehr starken Charakter. Doch innerlich war er nachdenklich, nahezu gebrochen, was er hinter seiner harten Schale verbarg. Meine Achillessehne schmerzte wieder so sehr, dass wir einen Halt in Ventosa einlegten und uns mit einem Bier abkühlten. Ich beschloss, lieber nicht mehr weiterzulaufen, sondern in dem sehr kleinen Städtchen eine Bleibe ausfindig zu machen. Theo verabschiedete sich und verschwand in den schier endlosen Weiten eines Feldes.

Ich nahm mit der Frau am Nebentisch, die mir den Rücken zuwandte, Kontakt auf. Sie hieß Wendy, stammte aus Ohio und sagte mir, dass es hier nur eine Herberge gebe, die erst gegen 13 Uhr öffnen würde. Wir überbrückten die Wartezeit mit etwas Smalltalk, bis auch Dirk um die Ecke kam. Wendy schien mir gegenüber etwas zurückhaltend zu sein, zumindest hatte ich den Eindruck.

In der Herberge angekommen, bemerkte ich eine riesige Wasserblase an einer meiner Fersen, die aber glücklicherweise nicht schmerzte. Dies sollte mich nicht von dem wunderschönen ersten Eindruck in Bezug auf die Unterkunft ablenken. Die Sanitäranlagen waren sauber und die Zimmer mit jeweils acht Betten pro Raum sehr einladend gestaltet. Direkt neben der Gemeinschaftsküche befand sich ein großer Garten, der nahezu paradiesisch wirkte. Wie in einer Wellness-Oase gab es dort kleine Wasserfälle und allerhand Möglichkeiten zum Entspannen. Eine Holztreppe führte hinauf zur Waschküche. Dieser Ort war wahrlich eine Entschädigung für den letzten Aufenthalt.

In der Grünanlage kam man mit den anderen Pilgern ins Gespräch. Da waren zum einen der noch junge und chauvinistisch wirkende Matthieu aus Frankreich, Wendy, die ich bereits kannte, sowie Inka aus Kiel und Dirk. Außerdem noch Bernd aus Holland und ein Ehepaar aus Litauen, mit dem es aufgrund ihrer mangelnden Fremdsprachenkenntnisse nahezu unmöglich war zu kommunizieren. Er wirkte herrisch, sie eher schüchtern und nachgiebig. Er zeigte uns seine Camino-App, auf der man erkennen konnte, dass die beiden täglich mindestens 35 km zurücklegten. Ach du liebes bisschen! Sein Frauchen sah aber auch nicht nur an den Füßen geplagt aus. Wir alle staunten nicht schlecht über ihre täglich absolvierten Distanzen.

Dirk war damit beschäftigt, seinen täglichen Blog auf dem Laptop zu schreiben, und Inka warf immer wieder Kommentare ein, die mir unsympathisch waren. Sie hatte einen schnippischen Unterton und rollte immerzu mit den Augen. Sie wirkte sehr selbstbewusst und hatte das Talent, einem das Gefühl zu geben, man sei unterbelichtet. Ich mochte sie nicht. Auch in unserem Zimmer gab es jemanden, mit dem es mir nicht gelang, ein normales Gespräch aufzunehmen. Der alte Mann, der unter mir schlief, war äußerst merkwürdig und verstand absolut keinen Spaß. Ich suchte zügig das Weite. Aber so ist das eben auf dem Jakobsweg. Man trifft nicht nur auf Leute, die einem sympathisch sind.

Zurück im Garten, unterhielt ich mich mit dem zunächst distanzierten Matthieu, und unser Gespräch vertiefte sich. Er war Informatiker, und ihm war auf dem Weg klar geworden, dass er lieber in der Natur arbeiten wollte. Sobald er zurückkam, würde er seinen Job unverzüglich kündigen. Eine Alternative hatte er zwar noch nicht, aber das spielte für ihn wohl keine Rolle. Nun gut. Hartz IV wäre für mich keine Alternative, aber er schien zu allem entschlossen.

Mit einem Mal zwinkerte mir Matthieu mit einem leichten Kopfnicken zu, was mir suggerieren sollte, hinter mich zu blicken. Dort lag Bernd auf dem Rücken im Gras und sonnte sich mit angewinkelten und leicht gespreizten Beinen in seinem vergilbten Schlüpfer. Und durch seinen Feinripp schimmerte eine eindrucksvolle, haselnussbraune Bremsspur. Das war so flach. Das hätte auch von Hausmeister Krause kommen können. Wir lachten uns beide schlapp.

Matthieu erzählte von seinen Startschwierigkeiten auf dem Camino, weil auch er arge Probleme mit den Achillessehnen hatte. An diesem Punkt wurde Dirk hellhörig und gesellte sich zu uns. Matthieu zeigte uns seine Einlegesohlen für die Fersen, welche ihm laut eigener Aussage das Leben gerettet hatten, und meinte, dass die Gelkissen hier in jeder Apotheke erhältlich seien. Für Dirk und mich stand augenblicklich fest, dass es einen Versuch wert war. Allerdings war Ventosa ein kleines Nest, wo es natürlich keine Apotheke gab. Hier fand sich ja nicht mal ein Lebensmittelladen. Aber am nächsten Tag sollten wir wieder größere Städte durchqueren.

Wenig später bekamen wir Hunger. Also gingen wir in die Kneipe vor Ort, um uns ein Pilgermenü zu gönnen. Zunächst waren es Inka, Dirk, Matthieu, Wendy und meine Wenigkeit. Zur Vorspeise gesellten sich dann auch der 53-jährige Hamburger Jogi sowie Bernd zu uns. Der Mann mit der Bremsspur war 45 Jahre alt. Bier und Wein flossen heute in Strömen, und wir hatten jede Menge Spaß. Dieser Abend sollte unvergessen bleiben. Wie so oft gab Dirk die Geschichte mit den raschelnden Koreanern zum Besten. Die Lacher hatten wir ganz auf unserer Seite.

Ich erzählte vom schrecklichen Erwachen in Logroño und dass ich wirklich kein Morgenmensch sei. Alle lachten, und Wendy meinte, dass sie das heute früh schon im Waschraum bemerkt habe. *Oh mein Gott! Wie bitte? Was hat sie da gerade gesagt? Sie hat doch nicht …? Sie war doch nicht etwa …?* Ich sah sie an, und mir fiel es wie Schuppen von den Augen! Sie war eine der beiden Frauen, die meinen Ausbruch mitbekommen hatten. Ich war mehr als nur peinlich berührt. Dirk fragte besorgt und zugleich belustigt, was in Gottes Namen ich denn im Bad getan hätte. Er traute mir mittlerweile alles zu. War mir das vielleicht unangenehm! Aber alle am Tisch kugelten sich vor Lachen. Ich versuchte, Wendy doch noch davon zu überzeugen, dass ich kein Monster war. Sie lächelte daraufhin und meinte, dass sie mir in Gedanken einen besseren Tag gewünscht hätte. Wendy war einzigartig und grandios. Die schlechten Dinge ließ sie irgendwie auf faszinierende Weise nicht an sich herankommen.

Noch während der Nachspeise wurde am Tisch beschlossen, mir einen wunderschönen Start in den morgigen Tag zu bereiten: mit lautloser Dunkelheit. Als ich von der Toilette zurückkam, waren alle in Aufbruchstimmung und manche schon auf der Straße, also gingen wir zurück in die Herberge. Noch auf dem Heimweg begann ich mich durchzufragen, wer denn für mein Menü aufgekommen war, um mich zu bedanken. Aber ich hätte besser die Klappe halten sollen, denn niemand hatte für mich bezahlt. Es war glatt unter den Tisch gerutscht. Doch jetzt hatte ich es an die große Glocke gehängt, und alle sprachen von Karma und dass ich unbedingt wieder zurückgehen sollte. Die Ironie an der ganzen Geschichte? Dass ich eigentlich Dirk auf ein Pilgermenü hatte einladen wollen und stattdessen mein eigenes vergessen hatte zu bezahlen. Lange Rede, kurzer Sinn: Um des Karmas und des lieben Friedens willen ging ich zurück in die Kneipe und bezahlte mein Menü. Dort starrte man mich an und wollte partout nicht verstehen, weswegen ich Geld loswerden wollte. Es wäre also noch nicht mal jemandem aufgefallen.

Als ich später zu Bett ging, war alles wie immer. Der Greis unter mir schnarchte, dass sich die Dachziegel wellten. Ich stopfte mir meine Kopfhörer ins Innerste meiner Gehörgänge und drehte die Musik bis zum Anschlag auf. Tief in mir war ich traurig, dass dieser Tag zu Ende ging. Es war erstaunlich, dass es sich mit im Prinzip völlig fremden Menschen für ein paar Stunden so familiär und vertraut anfühlen konnte. Ich konnte mich nicht mehr erinnern, wann ich das letzte Mal so viel Spaß gehabt hatte – und morgen würden wir alle schon wieder getrennte Wege gehen.

30 985 Schritte
23,8 km
960 kcal
69,3 g Fett

08.05.

Von Ventosa nach Santo Domingo de la Calzada
32,4 km

Als ich erwachte, war es bereits 6.30 Uhr! Ach du Schreck! Ich blickte mich um, und es waren alle Betten leer bis auf meines und das einer weiteren Zimmergenossin. Ich erinnerte mich, dass ihr Name Sherry war. Mit Schlafmaske und Ohrenstöpseln kapselte sie sich erfolgreich von der Außenwelt ab und schlief noch immer tief und fest. Ich begriff nun, dass die anderen ihre Sachen besonders leise zusammengepackt hatten, um mir einen wunderschönen Morgen zu bereiten, wie sie es besprochen hatten. Ach, die Süßen! Ich war zutiefst gerührt.

Beizeiten wurde mir klar, dass heute kein guter Tag zum Laufen für mich werden würde. Meine Schmerzen in der rechten Achillessehne waren kaum auszuhalten und pochten bei jedem Schritt. Auch bereitete mir die dicke Wasserblase etwas Kummer. Ich befürchtete, sie könnte beim Laufen aufgehen und meinen Fuß unter Wasser setzen. An diesem Tag war Dirk derjenige, der zur Bestform auflief und das Tempo vorgab. Also gingen wir wieder getrennt, weil ich ihm sonst ein Klotz am Bein gewesen wäre. An diesem Morgen fiel es mir besonders schwer, in die Gänge zu kommen. Die Tabletten wollten einfach nicht wirken, die Sehne heulte bis in die Kniekehle auf, und mein Schienbein gesellte sich auch noch dazu. Es war kaum auszuhalten! Mir war nach Sterben zumute, und am liebsten hätte ich mich wie ein bockiges Kind auf die Steine geschmissen und gejammert und geschmollt, bis ich entweder im Selbstmitleid ertrunken wäre oder mich jemand nach Santiago getragen hätte.

Da stand ich nun mit schmerzverzerrtem Gesicht mitten in der Prärie. Ich kann mich kaum mehr daran erinnern, wie ich es aus eigener Kraft bis hierher in die über 10 km entfernte Ortschaft Nájera geschafft habe. Dort angekommen, hielt in unmittelbarer Nähe ein Taxi am Wegrand, das meine Aufmerksamkeit auf sich zog und mich alles um mich herum vergessen ließ. Aus dem Auto stiegen drei aufgetakelte ältere Damen. Die eine komplett in weiße, dünne, langärmlige Leinensachen gekleidet, die andere mit einer schwarzen, mit funkelnden Edelsteinen bestückten Gucci-Sonnenbrille, umrahmt von einem übergroßen, stylischen Sonnenhut, und alle drei trugen riesige Klunker in den Ohren, die bis zu den Schultern baumelten. Sie ähnelten den Hauptdarstellerinnen von »Sex And The City« zum Verwechseln. Doch statt mit exklusiven und dekorativen Handtaschen von Louis Vuitton ausgestattet zu sein, zierten kleine Tagesrucksäcke ihre Hinteransicht, die nicht einmal groß genug waren, um eine 0,5-Liter-Wasserflasche zu verstauen. Als ich dann noch das Symbol der Jakobsmuschel daran erkannte, war mir mit einem Mal intensiv nach Fremdschämen zumute. Ich war so peinlich berührt davon, dass ich meine am liebsten versteckt hätte.

Als der Taxifahrer den Kofferraum öffnete, sah ich die großen Reisekoffer. Sie ließen also nicht nur ihr Gepäck transportieren, sondern auch sich selbst. Wer weiß, wo sie heute gestartet waren? Vielleicht in Saint-Jean-Pied-de-Port? Wahrscheinlich hatten sie eine Jakobswegreise mit den besten Laufabschnitten von täglich maximal 5 km gebucht. Mehr wäre in ihren Sandaletten sowieso nicht möglich gewesen. Wie einer Fata Morgana folgten meine Augen ihnen, bis sie in einem schicken Straßencafé verschwanden. Klar, es war 11 Uhr und nach drei Metern Fußmarsch Zeit zum Brunchen.

Ich war fassungslos, aber zu erschöpft, um den Kopf zu schütteln. Meine Abscheu war größer als meine Schmerzen, sodass ich die gesamte Stadt ohne Unterbrechung durchquerte. Ich holte sogar Dirk wieder ein, als er bei einem Kaffee pausierte. Vom Schicksal wieder vereint, liefen wir gemeinsam weiter. Dirk konnte mich wie immer aufheitern und motivieren, und auf dem Weg begegneten wir auch dem Ehepaar aus Litauen wieder. Ich erzählte Dirk, was ich über sie wusste, da er bei der Unterhaltung am Vortag nicht präsent gewesen war. Gestern sprachen Wendy und ich von unseren Wegen und dass wir der Ansicht waren, dass jeder seinen eigenen ging, und der Litauer erwiderte daraufhin nur schulterzuckend, dass dies der ihrige sei. Er schien genervt davon zu sein, dass seine Frau unterwegs Fotos von der Landschaft machte. Dadurch hinderte sie nämlich ihren Gatten am schnellen Vorankommen. Und genauso verlief deren Camino auch: Er war ihr immer meilenweit voraus, ohne auch nur ein einziges Mal hinter sich zu blicken. Wenn sie es wagte, ein Foto zu schießen, hatte sie zu tun, ihn humpelnd wieder einzuholen mit all ihren Blasen. Angenommen, sie würde stürzen und nicht weitergehen können, würde er es höchstwahrscheinlich erst in der 30 km entfernten Herberge feststellen. Ich mutmaßte, dass solche Szenarien in etlichen anderen Ehen zur Scheidung geführt hätten. Dirk formulierte treffend, dass dies wohl der wahre »Du-mich-auch-Camino« sei, und ich hatte zu tun, um mich von meinem Lachanfall wieder zu erholen.

In Azofra angekommen, machte ich mich auf die Suche nach neuen Schmerzmitteln und vor allen Dingen nach diesen Gelkissen für die Fersen. Ich wollte es Dirk gleichtun, der sich die Dinger bereits in Nájera besorgt hatte. Direkt neben der Apotheke, in welcher ich fündig wurde, befand sich eine Bar. Perfekt! Wir machten eine kurze Pause, und ich legte die Silikonkissen in meine Wanderschuhe ein. Zuerst fühlte es sich etwas unbehaglich an, allerdings konnte ich sofort eine deutliche Entlastung der Sehnen spüren.

Als wir Azofra verließen, sahen wir wieder das litauische Ehepaar, das an einer Bushaltestelle am Ortsausgang saß. Er versorgte sein überstrapaziertes Knie, aber sie saßen tatsächlich an einer Bushaltestelle! Das zweite Mal, dass ich an diesem Tag sprachlos war. Kein Wunder, dass sie täglich fast 40 km zurücklegen konnten, meinten wir beide empört. Ich konnte nicht umhin, ihnen einen »Buen Camino« mit sehr breitem Grinsen zu wünschen. Natürlich war das gehässig, da ich es nicht fassen konnte, dass die beiden sogleich ohne Weiteres in einen Bus steigen würden, wo sie doch nicht einmal 24 Stunden vorher noch mit ihren Erfolgen geprahlt hatten. Dirk betitelte mich als Hexe, und wir beide lachten uns schlapp, bis uns die Tränen kamen.

Wir setzten unseren Weg fort, während die Sonne wieder schonungslos auf uns herabschien. Es bot sich kein Schatten oder Brunnen weit und breit. Wie immer. Wir sangen lauthals drauflos: »Always Look On The Bright Side Of Life«. Etwas Besseres fiel uns nicht ein, und irgendwie mussten wir ja unsere Strapazen wegträllern. Immer und immer wieder stimmten wir ein und pfiffen dazu. Unsere Umwelt hat uns bestimmt als fröhliche Geisteskranke wahrgenommen.

Einmal blickte ich zurück und war völlig perplex. Das litauische Pärchen lief plötzlich wieder hinter uns. Ich war das dritte Mal sprachlos. Wir hatten ihnen das Schlimmste unterstellt, dabei hatten sie wohl nur an der Bushaltestelle gesessen, weil er sein Knie verarzten wollte. Meinen Respekt hatten sie jedenfalls wieder, auch wenn dies im Grunde ja kein Wettkampf war. Jetzt war sie es, die den Takt angab und ihren Lebenspartner hinter sich humpeln ließ. Ich möchte ja niemandem mehr etwas unterstellen, aber ich vermutete, dass sie innerlich sehr zufrieden war. Ich hätte an ihrer Stelle zumindest so empfunden.

Kurz vor Ciriñuela mussten wir einen kurzen, aber ziemlich steilen Berg erklimmen, der uns noch einmal alles abverlangte. Also stimmten wir wieder unser motivierendes Liedchen an, bis uns die Puste wegblieb. Am Gipfel tauchte dann wie aus dem Nichts ein kleiner Getränke- und Souvenirstand vor uns auf. Das dortige Radio spielte ungelogen den Song »Always Look On The Bright Side Of Life«, und Dirk und mir verschlug es die Sprache. Das war schon ein wenig unheimlich. Aidor, der Besitzer des kleinen Verkaufsstandes, musste uns mehrfach versichern, dass sein kleines Angebot nicht zum Verkauf stand, sondern gegen einen geringen Spendenbetrag erhältlich war, den wir selbst wählen durften – was wir kaum glauben konnten, da der Jakobsweg bisher so kommerzialisiert gewesen war, dass man an jeder Ecke versucht hatte, den Pilgern/Touristen das Geld aus der Tasche zu leiern. Stände wie diesen nannte man hier Donativo-Stand, wurden wir aufgeklärt. Wir aßen und tranken eine Kleinigkeit bei ihm und gaben ihm eine großzügige Spende dafür, da wir der Ansicht waren, dass vielerorts der eigentliche Gedanke des Pilgerns zugunsten der Geschäftemacherei verloren gegangen war und man daher engagierte und couragierte Leute wie Aidor unterstützen musste. Er gab uns Brief und Siegel, dass Ciriñuela nur noch einen Katzensprung entfernt liege, denn das war nach knapp 26 km unser Ziel für heute und weit mehr, als wir uns ursprünglich vorgenommen hatten.

Als wir dann endlich angekommen waren, durchquerten wir eine Geisterstadt. Alles war neu und recht pompös gebaut, aber mehr als siebzig Prozent der Gebäude standen leer. Das war der Wahnsinn. Und es waren noch mehr Apartments und stattliche Reihenhäuser im Bau. Ein riesiger Golfplatz und ein Freibad schmückten die einsame Gegend hier, aber trotzdem machte sie keinen wirklich einladenden Eindruck. Wir steuerten die erste Herberge an, aus der man uns allerdings schon aus dem Vorgarten zurief, dass sie bereits restlos überfüllt sei. Mit etwas anderem war gegen 15 Uhr auch nicht zu rechnen gewesen. Also liefen wir zu einer anderen Herberge, die tatsächlich die letzte Möglichkeit bot, in dieser Stadt zu nächtigen. Von außen sah sie ziemlich marode aus, und auch die Fassade bröckelte bereits. Aber das störte uns nicht. Das Schild informierte uns, dass ein Bett für unschlagbare sieben Euro pro Nacht zu bekommen war. Grandios! Jetzt musste der Besitzer nur noch zwei freie Betten für uns haben. Wir betraten den Flur, und was sich da unseren Riechorganen präsentierte, war einfach nur abscheulich! Meine Sinne waren von dem Gestank wie betäubt, und ich hatte Mühe, meine Umwelt noch bewusst wahrzunehmen. Im Sekundentakt überkam mich aus tiefstem Inneren ein Würgereiz, den ich kaum mehr unterbinden konnte. Ich vermochte noch nicht einmal genau festzumachen, ob es der Geruch von verwester Notdurft oder verrottetem Käsefuß war, der mich derart an meine Grenzen brachte. Als ob man im Hinterhof eine Kläranlage für ganz Spanien betreiben würde. Und das beschrieb noch nicht einmal annähernd den Dunst, dem man dort ausgesetzt war. Ich hätte schwören können, dass mir diese Pestwolke meine Nasenhaare wegätzte! Das war das mit Abstand Widerlichste und Abartigste, was mir geruchstechnisch jemals begegnet war! Und ich bin Krankenschwester!

Ich musste mich unglaublich konzentrieren, mich nicht zu übergeben. Heiliger Kuhmist, war das vielleicht eklig! Ich bekam mit, wie Dirk in die angrenzende Küche ging, um den Herbergsvater aufzusuchen. Dieser sprang plötzlich von seinem

Sandwich auf, stampfte mit vollem Mund auf uns zu und fuchtelte wie wild um sich, um uns zu bedeuten, dass wir die Küche nicht mit unseren Wanderstiefeln betreten durften. Klar, das war wohl seine größte Sorge hier! Hätte ich die Wahl gehabt, in seiner Küche oder von meinen Schuhsohlen zu essen, hätte ich, ohne auch nur mit der Wimper zu zucken, die Unterseite meiner dreckigen Latschen gewählt! Dieser Typ spiegelte das Flair seiner Unterkunft wider. Er sah nicht nur ungepflegt aus, sondern brachte noch mehr unangenehme Gerüche in den engen Vorraum. Er gestikulierte mit uns, als stünde er unter Drogen. Seine hastig gebellten Wortsilben wollten einfach keinen Sinn ergeben. Er war so unhöflich und unsympathisch, dass sich uns regelrecht die Zehennägel aufrollten. Nicht nur, weil er mit vollem Mund sprach. Sein gesamtes Auftreten war diffus, ungeordnet, herrisch und fordernd. Dirk versuchte, vernünftig mit ihm zu kommunizieren. Ich für meinen Teil war damit beschäftigt, in meine Hand zu atmen, um mein Mittagessen nicht wieder zu verlieren. Irgendwann kam dann heraus, dass er tatsächlich noch über mehrere freie Betten verfügte, obwohl es bereits später Nachmittag war. Wer hätte das gedacht …

Just in diesem Moment kamen zwei junge Burschen die Treppe herunter. Ich wunderte mich, wie sie hier schlafen konnten, da sie auf den ersten Blick gar nicht so anspruchslos erschienen. Dirk sah mich sehr eindringlich an. Mit solch einem ernsten Gesichtsausdruck hatte ich ihn noch nie gesehen. Wir gingen kurz vor die Tür, um frische Luft einzuatmen und die Situation zu reflektieren. Die Besprechung sah wie folgt aus: Dirk sagte zu mir: »It's your decision, but I come with you!«

Ja nee, ist klar. Es war meine Entscheidung, aber er würde mit mir gehen. Ich verstand schon, wie ich das zu verstehen hatte. Wir blickten in unsere vor Abscheu verzerrten Gesichter und waren uns noch nicht einig, ob wir mit Lachen oder Weinen reagieren sollten. Ich kann nicht in Worte fassen, wie müde mein Geist und meine Füße waren und wie sehr ich mich nach Erholung und einer wohltuenden Dusche sehnte, aber in diesem Punkt waren sich Herz und Verstand ausnahmsweise mal einig. Um Himmels Willen weiterlaufen!

Wir konnten beide nicht fassen, was wir auf uns nahmen, nur um diesem schrecklichen Ort zu entkommen. Klar gilt, dass man auf dem Jakobsweg seine Ansprüche herunterschrauben muss und nicht immer im Luxus schwelgen kann. Aber nur weil ich arbeitslos bin, drehe ich noch lange keine Pornos. Als wir wieder klar denken konnten, tauften wir den Herbergsvati liebevoll »The Butthead« und zogen von dannen.

Ich war ausgesprochen froh, Dirk an meiner Seite zu haben. Ohne ihn hätte ich die weiteren Strapazen wahrscheinlich nicht auf mich genommen. Eher wäre ich in eines der leerstehenden Reihenhäuser eingebrochen oder hätte auf einer Parkbank genächtigt. Aber heute war geteiltes Leid wirklich halbes Leid, und wir liefen fest entschlossenen Schrittes in das 6,6 km entfernte Santo Domingo.

Obwohl bereits später Nachmittag war, brannte die Sonne unerbittlich herunter. Dirks Halbglatze drohte ernsthaft zu verbrennen, also schenkte ich ihm meinen geliebten Hut, da er seinen irgendwo in einer Unterkunft hatte liegen lassen. Er wollte das Geschenk zunächst nicht annehmen, aber das war meine Art, ihm Danke zu sagen. Danke dafür, dass er mich die letzten Tage motiviert und mir immer wieder ein Lächeln ins Gesicht gezaubert hatte. Danke, dass er mein Wegbegleiter war.

Mein Drei-Liter-Wasservorrat ging allmählich zur Neige, da ich ihn seit geraumer Zeit mit Dirk teilte. Kurz vor Santo Domingo überholten wir im Eilschritt nahezu alle Pilger auf dem Pfad, weil wir es einfach nur satthatten und endlich irgendwo an- und unterkommen wollten.

Ich glaubte zu halluzinieren, als plötzlich wieder die angealterten Gucci-Püppchen mit ihren Sonnenhüten und übergroßen Sonnenbrillen in der sengenden Hitze vor uns auftauchten. Ihre Kleidung war noch immer schneeweiß, und sie posierten überall inmitten der dunstigen Wüste vor laufenden Kameras und machten Gruppenselfies in ihrer Hugo-Boss-Wolke, während wir vor Schweiß trieften. Dieses Szenario war kaum auszuhalten, und wir wollten sie überholen, aber es war nicht möglich, weil sie zu flink davontänzelten. Wer weiß, wo der Taxifahrer sie freigelassen hatte. Schließlich hatte ich sie bereits in Nájera überholt und seitdem nicht wiedergesehen. Gelaufen waren sie also sicher nicht.

Als wir nach einer gefühlten Ewigkeit die ersten Häuser von Santo Domingo erreichten, registrierte ich, dass sich unter meinem Sonnenbrand auf Schultern und Dekolleté schon Blasen gebildet hatten. Am liebsten hätte ich auf der Stelle losgeheult und wäre auf allen vieren weitergekrochen. Ich wollte bitte, bitte nur noch ankommen! Irgendwo! Ich flehte Dirk an, gleich die erstbeste Herberge zu nehmen. Komme, was wolle.

Auf einmal kam uns in den Gassen Santo Domingos Don Juan entgegen. Na toll, das hatte mir gerade noch gefehlt! Dirk war bereits in Alarmbereitschaft, aber es blieb nur bei einem bedeutungslosen kurzen Wortwechsel. Die Höhe war allerdings, dass Don Juan mir unterstellte, mit dem Bus gefahren zu sein oder ein Taxi genommen zu haben. Er könne sich unmöglich vorstellen, dass ich die letzten Kilometer so aufgeholt hätte. Schließlich habe er mich in einer äußerst schlechten Kondition zurückgelassen. Ha, ha. Welche Schmeichelei. Innerlich raste ich vor Wut! Was dachte sich dieser Frevler dabei, mir so was Dreistes zu unterstellen? Seit Tagen kämpfte und schwitzte ich um jeden einzelnen Meter auf dem Weg, und dafür bekam ich nun so etwas Unverschämtes an den Kopf geknallt. Ich war stinksauer.

Wir vermuteten, dass er sich vielleicht in der erstbesten Herberge einquartiert hatte, also liefen wir weiter zur nächsten, die sogar noch über freie Betten verfügte. Oh, was für ein Segen an diesem späten Nachmittag! Die Herberge war riesig und erstreckte sich über mehrere Etagen. Sie machte einen sauberen, organisierten Eindruck und war sogar ein bisschen wie ein Hotel strukturiert. Selbst das Personal an der Rezeption war freundlich. Als wir den Preis zu hören bekamen, sahen wir einander an und konnten es kaum glauben. Für das exakt gleiche Geld wie in der Horrorkloake von Cirińuela durften wir nun hier über Nacht bleiben. 7 € und unzählige Schweißperlen waren der Preis für diese Unterkunft, aber es war jeden einzelnen Tropfen und jede einzelne Blase meines Sonnenbrands wert, noch bis hierher gepilgert zu sein.

Die Schlafsäle umfassten jeweils vierzehn Doppelstockbetten und waren in einem passablen Zustand. Direkt an unser Zimmer grenzte der Hinterhof mit gackernden Hühnern, aber es hätte schlimmer kommen können, rief ich mir immer wieder ins Gedächtnis. Endlich konnten wir uns waschen und unsere Sachen reinigen. Unter der Dusche ließ ich all meine Blasen an der linken Körperhälfte aufplatzen. Es war ein wohltuender Schmerz, und ich versuchte auszublenden, dass ich dem Hautkrebs damit wieder einen Schritt näher gerückt war. Es war nun auch an der Zeit, die riesige Blase an meiner linken Ferse aufzustechen, um das Wasser ablaufen zu lassen. Zu meiner Überraschung war die Prozedur kurz und schmerzlos.

In der Herberge trafen wir wieder auf Wendy und Matthieu. Auch der seltsame Greis war wieder in meinem Raum. Das würde also leider wieder eine schlaflose Nacht werden. Auf der Suche nach einem Abendbrot begegneten wir Karsten und Theo, die nicht mit uns gerechnet hatten, da wir für gewöhnlich keine 30 km am Tag zurücklegten. Zumindest nicht geplant. Santo Domingo war ja eigentlich auch nicht unser Ziel für heute gewesen, aber Pläne ändern sich Gott sei Dank, und alles im Leben hat einen Sinn.

Wir trennten uns für eine Weile, und ich lief allein durch die Gassen und stieß auf Hinz und Kunz. Es war verrückt. Überall begegnete ich Bekannten aus früheren Unterkünften wieder. Genau das war es, wonach ich suchte und was mir gefehlt hatte. Meine Schlappheit war kaum zu ertragen, und dennoch fühlte ich mich lebensfroh und lebendig. Es waren die Bekanntschaften und kurzlebigen, aber doch sehr intensiven Freundschaften mit Menschen von allen Kontinenten dieser Erde, die diesen Weg so besonders machten. Es gab so viele interessante Persönlichkeiten und aufgeschlossene Menschen, die an jeder Ecke auf einen warteten. Aussehen, Herkunft oder Alter spielten keine Rolle, da jeder denselben Weg ging und damit das gleiche Ziel verfolgte. Im Prinzip hatte jeder mit sich zu hadern, aber am Ende des Tages waren wir doch alle gleich: froh, ein Dach über dem Kopf zu haben, etwas Gutes zum Essen zu genießen, gemeinsam anzustoßen und sich in netter Gesellschaft zu wissen. Ich fühlte mich so unendlich frei und willkommen.

Ich genoss es sehr, mit den vertrauten Menschen zusammen zu sein, und auf einmal hörte ich jemanden ganz laut meinen Namen plärren: »Karoliiinaaa!!!« Ich drehte mich verdutzt und irritiert um und hielt Ausschau. Nein!? Das konnte doch nicht sein! War sie es wirklich? Sie war es wirklich! Meine schwedische Marie! Wie im Film rannten wir mit offenen Armen aufeinander zu. Nur die Zeitlupe und die rührende Musik fehlten. Wir drückten und herzten uns, als ob es kein Morgen mehr gäbe. Es war zu schön, um wahr zu sein. Sie hatte tatsächlich gedacht, dass ich aufgrund meiner Beschwerden schon längst den Heimweg angetreten hätte. Wir waren so überselig, einander wiedergefunden zu haben, dass wir uns prompt für den Abend verabredeten, um in die Kathedrale des Ortes mit den weltberühmten Hühnern zu gehen. Aber erst einmal musste ich etwas zu mir nehmen. Das knurrende Gefühl in meinem Magen war mittlerweile unaussprechlich geworden. Ich hatte einen tierischen Heißhunger auf Chorizo mit rohen Lauchzwiebeln, doch das bot leider keine Gaststätte an. Also suchte ich mir einen Supermarkt, und als ich dort endlich meine ersehnte Speise erstanden hatte, setzte ich mich auf eine Steinbank mitten ins Getümmel, biss herzhaft in meine grünen Zwiebeln und ließ mich von der Menschenmenge dabei begaffen. Es war mir einfach egal, was die anderen dachten, und ich war glücklich! Was wussten die schon von diesem wunderbaren Gaumenkitzel.

Wenig später stand ich am Abend mit Marie auf dem großen Marktplatz und wir warteten, bis die nächste große Messe in der Kirche begann, da wir unbedingt die berühmten Hühner in den heiligen Gemäuern sehen wollten. Vor dem Kirchturm wurden wir unerwartet von Harry überrascht. Meine Freude war nahezu grenzenlos! Mein geliebter Harry! Nichts hätte mich mehr für die heutigen Strapazen entlohnen können als die Tatsache, nun auch ihm wieder zu begegnen. Es war sagenhaft!

Marie und ich gingen mit Harry in die Kirche, und auch Don Juan gesellte sich zu uns. Tatsächlich konnte man hinter dickem Glas in circa drei Meter Höhe zwei lebendige Hühner erspähen, die in ihrem verglasten Käfig Körner aufpickten. Ich erfuhr von der Legende über jene Wirtstochter, die sich in einen Pilger verliebt hatte. Er erwiderte jedoch ihre Zuneigung nicht, und weil sie eine Bitch war, versteckte sie Gold oder Silber in seinem Gepäck, woraufhin er gelyncht wurde. Der Vater des Getöteten beteuerte, dass sein Sohn unschuldig sei. Der Richter des Orts saß gerade beim Essen über seinem gegrillten Hähnchen und glaubte ihm natürlich nicht. Er meinte, wenn dies wahr sei, solle sein Hähnchen wieder lebendig werden. Und genau das passierte. Ich weiß nicht, ob es wieder Federn bekam oder gegrillt und eingeölt mit einer saftigen Currynote davonflog. Jedenfalls bekam der Vater des Sohnes recht und erhielt irgendwie auch seinen Sohn lebend wieder zurück. Und die böse Bitch von Wirtstochter wurde statt seiner aufgehängt. Wenn es doch immer so einfach wäre.

Mit der Zeit wurde Marie und mir bitterkalt. Wir froren von der Hüfte abwärts, und mit einem Mal fiel es uns auf: Wir waren beide in unseren knappen Jeansshorts unterwegs. Draußen war es noch so heiß gewesen, dass wir gar nicht an die Kleiderordnung in spanischen Kirchen gedacht hatten. Was für ein Fauxpas! Aber die Spanier sagten nichts und tolerierten offenbar unser unpassendes Äußeres, daher setzten wir die Besichtigung fort und gingen in die Krypta der Kirche. Dort befanden sich drei Frauen, die immer wieder im Wechsel beteten und eine Runde um einen historischen Sarg liefen. Wir begriffen mithilfe von Schildern, dass es sich hierbei um das Grabgemach Santo Domingos persönlich handelte. Ganz ehrfürchtig gingen wir nun auch eine Runde um ihn herum, auch wenn wir nicht genau wussten, warum man das tat. Unser Outfit wird er uns hoffentlich verziehen haben.

Ich war so glücklich, meine Marie wiederzuhaben. Mit ihr war alles so einfach und herrlich albern zugleich.

Als ich in die Herberge zurückkehrte, war es schon nach 21 Uhr, und der halbe Saal schlief bereits, während der skurrile Großvater wieder einen ganzen Wald absägte. Ich wetterte mir einen ab, ohne zu bemerken, dass ich hörbar mit mir selbst sprach, bis mir ein älterer Österreicher namens Willy, der neben mir schlief, ganz unverfroren mitteilte, dass er ebenfalls schnarche. Aber noch im selben Atemzug bot er mir neue, noch ungebrauchte Ohrstöpsel aus Silikon an, die ich natürlich erst mal ablehnte. Das brachte ja sowieso nichts! Er jedoch schwor darauf und schaffte es irgendwie, mich zu überreden, die Dinger wenigstens einmal auszuprobieren. Skeptisch nahm ich sie, knetete sie, bis sie zu einer warmen, formbaren Masse wurden, und stopfte sie mir dann ihm zuliebe in die Gehörgänge. Mit einem Mal sah ich nur noch, wie sich seine Lippen bewegten, und verstand mein eigenes gesprochenes Wort nicht mehr. Ich hörte tatsächlich fast gar nichts mehr! Nicht einmal die Hühner, die direkt vor unserem Fenster scharrten und gackerten. Ich hätte ihm glatt einen Kuss geben können. Das zweite Mal, dass mir Silikon an diesem Tag mein Pilgerdasein versüßte. An dieser Stelle: Hab allergrößten Dank, lieber Willy! Und ich nun endlich eine gute Nacht!

48 539 Schritte
37,3 km
1 502 kcal
103,0 g Fett

09.05.

Von Santo Domingo de la Calzada nach Belorado 21,6 km

In dieser Nacht schlief ich wie ein Baby. Die Silikonstöpsel vollbrachten wahre Wunder, sie blendeten jegliche Geräuschkulisse um mich herum aus. Es war wie ein Traum, aus dem ich schließlich am Morgen von einem unerbittlichen Hahnenschrei gerissen wurde. Ich torkelte schlaftrunken ins Bad und blickte in die übermüdeten Gesichter meiner Mitmenschen, die sich maßlos über das Geschnarche der letzten Nacht beklagten. Aber dieses Mal konnte ich nicht mitreden. Vielleicht hatte ich sogar zum Lärm beigetragen, weil ich so göttlich schlief. Man weiß es nicht.

Ich frühstückte am Küchentisch mit Dirk und Don Juan, der, wie sich herausstellte, tatsächlich auch in dieser Herberge untergebracht war. Dirk hatte ihn immer im Visier, und es ließ sich unschwer erahnen, dass er ihm auch suspekt erschien. Schweren Herzens verabschiedeten Dirk und ich uns anschließend voneinander. Es war wieder Zeit für uns beide, den eigenen Weg zu gehen und Lebewohl zu sagen. Dirk war für mich ein Freund, Entertainer und Bodyguard gewesen und sogar fast so etwas wie ein Vater geworden. Die letzten drei gemeinsamen Tage blieben unvergessen. Er würde mir schrecklich fehlen. Ich hoffte sehr, dass wir uns noch einmal über den Weg laufen würden. Zu guter Letzt wünschten wir uns gegenseitig zum Abschied noch aufrichtig einen »Buen Camino«.

Wie immer benötigte ich eine halbe Stunde, bis meine Medikamente wirkten und ich den Schmerzen davonlaufen konnte. Der Weg erschien mir heute sehr einsam, obwohl er völlig überfüllt mit Pilgern war. Vor mir ging die ganze Zeit eine gut genährte, kompakte junge Lateinamerikanerin, die mich andauernd von der unspektakulären Natur am Wegrand ablenkte. Es war sagenhaft, wie viele Selfies sie in einer Minute schießen konnte. Vielleicht filmte sie sich auch beim Laufen. Das war so typisch für unsere Generation. Gebannt stierte sie nur auf ihr Display und war höchstwahrscheinlich damit beschäftigt, ihr Erscheinungsbild erst einmal zu filtern, bevor sie es auf irgendwelchen Plattformen hochlud. Wieso hatte sie überhaupt Empfang mitten im Dickicht von Los Posemuckelos? Ich musste sie jedenfalls dringend überholen, da ich mir dieses Kino nicht länger mit ansehen konnte.

Kurz vor Grañón wurde meine Nase dann wieder gehörig auf die Probe gestellt. Es war eine undefinierbare Mischung aus fauligem Kuhdung und anderen Exkrementen. Am Ortseingang konnte ich die Quelle dann ausfindig machen. Es war tatsächlich eine Kläranlage! Puh, was für ein Ambiente! Trotzdem befanden sich sogar Pilgerherbergen in dieser Gemeinde. Nicht für viel Geld würde ich es länger als einen flotten Fußmarsch in diesem Brechreiz erregenden Dorf aushalten. Mit meiner Jacke als Gasmaskenersatz vor dem Mund stürzte ich durch den Ort. Man kann den Bewohnern nur wünschen, dass die Anlage wenigstens eine ergiebige Einnahmequelle war.

In Castildelgado traf ich zu meiner Freude auf Marie, als ich gerade Pause machte und die letzten Überreste meiner Lauchzwiebeln mit Chorizo vertilgte. Von da an bestritten wir wieder gemeinsam den Pfad in Richtung Santiago, der sich heute jedoch als nicht sonderlich angenehm entpuppte. Überall stank es zum Himmel, oder man musste des Öfteren durch die Abgase an der Autobahn laufen. Beim Brunchen in Villamajor trafen wir auf Bernd, der uns von einer Herberge in Belorado berichtete, die einen Pool haben sollte. Marie rief sogleich dort an, und sie hatten nicht nur freie Betten, sondern tatsächlich einen richtigen Pool. Als waschechte Wasserratte konnte ich es kaum noch erwarten, dort hineinzuspringen, obwohl das Wetter recht trübe war und die Temperaturen nur knapp über siebzehn Grad Celsius lagen. Das war mir aber egal. Eisbaden gehörte zum Pflichtprogramm, stammte man aus Deutschland oder gar Skandinavien, und wenn man schnell genug lief, kam man schließlich ins Schwitzen und konnte eine Abkühlung gebrauchen.

In Belorado angekommen, bequatschte ich Marie gut eine Viertelstunde lang, mit mir eine Runde schwimmen zu gehen. Schließlich machten wir uns beide nur im Bikini und in ein wärmendes Handtuch gehüllt auf zum Pool. Das Wasser hatte schätzungsweise gerade einmal zwölf Grad. Es fehlten wirklich nur noch die Eisschollen darauf. Marie sprang gleich vom Beckenrand ins kalte Nass, um es schnell hinter sich zu bringen. Ich wiederum wählte die qualvollere Methode des langsamen Benetzens und Reingehens und wäre dabei fast gestorben. Kalt war gar kein Ausdruck mehr. Man hätte ein neues Wort dafür erschaffen müssen. Ausgerechnet heute musste die Sonne ihre sengende Hitze beenden. Meine Füße und Unterschenkel wurden mit der Zeit taub, und die Blase an meinem Fuß machte sich unangenehm bemerkbar. Irgendwann zählte ich bis drei, hielt die Luft an, ließ mich fallen und schwamm zügig einmal bis zum anderen Ende des Beckens und wieder zurück. Mutprobe ebenfalls bestanden.

Als wir zurückgingen, trafen wir wieder auf den unsympathischen Greis, der schon die letzten Nächte immer im gleichen Raum wie ich genächtigt hatte. Er saß auf einer Bank vor unserer Eingangstür. *Wirklich jetzt? Warum um alles in der Welt? Stalkt der mich?* Mir wären auf Anhieb viele andere Menschen eingefallen, die ich lieber hätte wiedersehen wollen. Als er mich erblickte und offensichtlich wiedererkannte, fühlte ich mich genötigt, ein Gespräch mit ihm zu beginnen. *Komm schon, Karo! Ältere Herrschaften sind dein tägliches Brot. Du kannst mit ihm kommunizieren!* Doch als er meinte, dass er letzte Nacht nicht habe schlafen können, weil Dirk so laut geschnarcht hätte, war Ende Gelände! Da schwoll mir der Kamm, und ich konnte mich nicht zurückhalten, auch ihn der nächtlichen Ruhestörung zu bezichtigen. Als er dann noch schimpfte, ich würde ihn verfolgen, lächelte ich genervt und winkte ab. Das war mir dann doch zu blöd. Meinte er das ernst, oder war das seine seltsame Art von Humor? Vermutlich verstand er aber gar keinen Spaß …

In unserem Zimmer waren nun alle acht Betten belegt. Marie in ihrer quirligen Art war an jeder Lebensgeschichte interessiert, was auf mich definitiv nicht zutraf. Ich sah mich um: vier ältere und mürrische Herren, die ihr Ding für sich durchzogen, ein ausgesprochen sonderbares, rothaariges weibliches Wesen aus Dänemark und ein abgemagerter, übermäßig behaarter Inder mit Turban, der nicht viel sprach und zurückgezogen in seinem Bett meditierte. Irgendwie fühlte ich mich heute nicht wohl in diesem rustikalen Schlafgemach. Ich konnte niemanden richtig einschätzen, wollte mir allerdings auch nicht die Mühe machen, mehr über meine Mitbewohner herauszufinden. Stattdessen ging ich duschen und verarztete meine Blase.

Was mich in den Bädern erwartete, waren kerkerähnliche Zustände. Dass es kein Toilettenpapier gab, war noch das geringste Übel. Die Toilettenschüsseln hatten alle einen Sprung und besaßen keine Klobrillen. Nicht, dass ich mich da hätte draufsetzen wollen, aber einladend war das auch nicht gerade. Die Türgriffe waren allesamt so verrostet, dass die Türen sich nicht schließen ließen. Aus den verkalkten Duschhähnen tröpfelte nur lauwarmes Wasser, und die Abflüsse waren dick mit grauen Haarbüscheln verstopft. Es stellte für mich einen wahres Kunststück dar, mit nichts in Berührung zu kommen. Marie lachte über meine Übervorsichtigkeit und meine sichtbare Abscheu, und ich fragte mich, wo ihr innerer Monk abgeblieben war, jene Instanz, benannt nach einem Serienhelden, die für unseren Ordnungs- und Sauberkeitssinn verantwortlich ist und die vermutlich jeder irgendwo tief in sich trägt. Tatsächlich war ich noch so müde und geschafft vom Tag, dass ich schon um 18 Uhr beschloss, meiner Umwelt den Rücken zu kehren und mich schlafen zu legen. Von dem anschließenden heftigen Gewitter bekam ich nichts mehr mit.

32 903 Schritte
25,3 km
1 030 kcal
77,5 g Fett

10.05.

Von Belorado nach San Juan de Ortega 24,8 km

Gegen 4 Uhr in der Nacht wachte ich mit starkem Harndrang auf. Ich blickte mich um und sah, dass bereits die ersten Betten leer waren. Die hatten doch einen Knall! Also jetzt ehrlich mal! Dank meiner Silikonstöpsel hatte ich vom Aufbruch nichts mitbekommen. Ein Glück für alle Beteiligten! Maries Schnarchen, das ich ja schon aus Pamplona kannte, hörte ich kaum unter mir, dafür entdeckte ich in der Dunkelheit den weiß leuchtenden Turban des indischen Mannes, welcher aufrecht im Schneidersitz in seinem oberen Bett noch immer meditierte. Vielleicht war das auch seine Schlafposition? Ich kletterte fix die Leiter hinunter, um ins Bad zu gelangen. Als ich wieder zurückkam, verharrte der Mann immer noch unverändert in seiner Position. Wie versteinert.

Am Morgen war ich wie immer die Letzte, da ich gern herumtrödelte. Also vereinbarten Marie und ich, dass sie in der Zwischenzeit ihren Kaffee im Restaurant schlürfen würde, während ich noch meine letzten Sachen packte und meine Füße mit

Hirschtalg und diversen Blasenpflastern verarztete. Gut eine halbe Stunde später ging ich los, um Marie abzuholen, doch im Restaurant war weit und breit keine Spur von ihr. Ich fand auch ihren Rucksack nirgends. Sie war verschwunden. Irritiert lief ich zu dem dänischen Rotschopf, um sie nach dem Verbleib von Marie zu fragen. Sie zuckte nur mit den Achseln und meinte mit großen, erstaunten Augen, dass Marie schon mindestens eine Viertelstunde zuvor aufgebrochen sei. *Bitte?*

Ich bedankte mich bei der Dänin und begann eilig loszulaufen, um Marie wieder einzuholen. Doch irgendwie sah ihr das gar nicht ähnlich. Die ganze Situation stank zum Himmel. Sie hätte mir doch auch sagen können, dass sie nicht warten wollte. Ich verstand die Welt nicht mehr. Im Eilschritt humpelte ich voran, um sie wenigstens fragen zu können, ob vielleicht etwas vorgefallen sei und ob es ihr gut gehe.

Es war sehr kalt und nebelig an diesem Morgen. Ich überholte einige Pilger, doch Marie war immer noch nicht in Sichtweite. Als ich nach circa dreißig Minuten kurz stehen blieb, um gefühlte tausend Steinchen aus meinen Schuhen zu kippen, hörte ich ein immer lauter werdendes »Karoliiina!« hinter mir. Das war doch Marie! Hinter mir? Wie konnte das sein? Marie holte mich ein und erzählte ganz aufgeregt, dass sie gerade auf der Toilette gewesen sei, als ich nach ihr suchte, und dass sie sich extra bei der Dänin deswegen abgemeldet habe, falls ich genau in diesem Moment nach ihr Ausschau halten sollte. Als Marie ihre Sitzung beendet hatte, meinte der Rotschopf wohl nur, dass ich schon lange ohne sie losgelaufen sei. Ich berichtete Marie, dass ich mich ebenfalls bei der Dänin nach ihrem Verbleib erkundigt und sie mich fortgeschickt hatte. Ich war also einem Phantom hinterhergerannt, und Marie ihrerseits hinter mir, dank eines Missverständnisses – oder vielleicht gar einer Intrige? Ich ahnte, dass an der Sache etwas faul sein musste! Schließlich hatte die Dänin genau gewusst, wer wir waren und dass wir zusammengehörten. Jedenfalls war ich fürs Erste gar nicht mehr gut auf sie zu sprechen.

In Villambistia legten wir einen Halt ein, um zu frühstücken, und in der kleinen Kaffeestube dort trafen wir Karsten wieder, der ohne Theo unterwegs war und uns anschließend begleitete. Der Weg verlangte uns heute wieder einiges ab. Ständig lief man über steile Hügel und harte Abstiege. Die Landschaft war traumhaft schön, aber angesichts all der Strapazen konnte man sie kaum genießen. Auch der Himmel zog wieder zu und es braute sich ein Unwetter zusammen. Wir lachten dennoch viel und machten das Beste daraus.

Wir wanderten über Stock und Stein und sangen fröhliche Lieder, bis der Regen nach einiger Zeit wieder nachließ, doch von Stunde zu Stunde wurden unsere Füße müder und meine Schmerzen immer unerträglicher. 12 km durch Wald und Geäst können einen aber auch an seine Grenzen bringen. Ich liebe eigentlich die Natur mit all ihren wunderschönen Landschaften, aber nicht, wenn sie einfach kein Ende mehr nehmen wollen! Der Weg bis zu unserem Etappenziel San Juan de Ortega zog sich unendlich in die Länge. Zu allem Überfluss präsentierte sich dann auch noch eine weitere riesige Hürde, die es zu bezwingen galt. Eine Schlucht wie in einem gruseligen Märchen. Als würde man direkt zu einem Ort ewiger Pein hinabsteigen. Die Menschen vor uns wirkten wie kleine Ameisen, als wir sie drüben auf allen vieren den Berg wieder hinaufkraxeln sahen. Es war der blanke Hohn der Natur, der zu mir sprach, mich auslachte und mit dem Finger auf mich zu zeigen schien. Da denkt man, es kann nicht desaströser kommen als endlose Pfade im Gehölz, bis Mutter Natur einem zeigt, was sie sonst noch alles auf Lager hat. Beachte: Sag niemals nie, denn schlimmer geht immer!

Da sage mir noch mal einer, Waldspaziergänge seien erholsam und trügen zum körperlich-seelischen Ausgleich bei. Pah!

Nachdem wir unter Mühen die Schlucht hinter uns gelassen hatten, kamen wir mitten im Wald an einem Imbiss- und Souvenirstand vorbei, geführt von Hippies. Alles war kunterbunt und hinterließ einen irgendwie bekifften Eindruck. Die Baumstämme zum Rasten waren farbenfroh angemalt und mit Holzschnitzereien verziert. Katzen und Hunde sprangen um die Menschenmengen herum. Es hätte alles wunderbar friedlich und idyllisch sein können, aber die Stimmung war getrübt, denn auch die Dänin war mit einem Mal vor Ort und störte mit ihrer bloßen Anwesenheit unsere Erholungspause. Wir straften sie mit Ignoranz.

Wir fragten die Blumenkinder, wie weit es noch bis zur nächsten Ortschaft sei. Bei der Antwort »5 km« war endgültig Schluss mit lustig! Wie viel sollte ich denn noch ertragen? Es war genug für heute! *Hast du das verstanden, Wald!?* Ich wurde immer nörgliger und konnte mich selbst kaum noch ertragen. Nach noch nicht einmal einem Kilometer setzte ich mich mitten auf dem Waldweg in den Dreck und bemitleidete mich selbst. Ich konnte einfach nicht mehr! Mir war es sogar egal geworden, ob sich just in diesem Moment irgendwelches Getier in meiner Hose am Hintern einnistete oder nicht. Meine schmerzenden Füße waren mittlerweile so gut wie taub geworden. Es war so weit. Ich hatte einfach keinen Bock mehr!

Marie gab mir ihre Wandersandaletten, die von den Zehen bis zur Ferse mit Silikoneinlagen gepolstert waren. Sie schwor darauf und zog selbst ihre Flip-Flops an. Irgendetwas musste ja helfen, um mich aus dem Wald zu bekommen. Die Gelkissen unter den Fersen linderten einerseits die Schmerzen in meiner Achillessehne, andererseits war mein Gewicht aber durch die Silikoneinlagen mehr auf meinen Fußballen konzentriert, was wieder neue Beschwerden verursachte. Es war gehüpft wie gesprungen. Ein Übel wurde durch ein anderes ersetzt. Zudem passten mir Maries Schuhe nicht ganz, also zog ich wieder meine Wanderschuhe an. Die Schmerzen hatten ohnehin schon dermaßen überhandgenommen, dass nichts mehr gegen sie auszurichten war. Es war das pure Elend. Ich konnte mittlerweile jeden einzelnen Stein durch die Sohlen meiner Schuhe spüren. Karsten war bereits über alle Berge. Nur Marie leistete mir noch Gesellschaft. Ich war unausstehlich, aber sie blieb bei mir. Immer wieder versuchte sie mich zu animieren und voranzutreiben. Ich atmete noch einmal ganz tief durch, blickte beständig in die Kronen der Bäume und versuchte, so schnell wie möglich vom Fleck zu kommen. Schon allein Marie zuliebe.

Endlich in San Juan de Ortega angekommen, konnten wir neben kostspieligen Hotelpensionen nur eine einzige Pilgerherberge ausfindig machen. Wir hatten nichts reserviert, und es war bereits nach 16 Uhr! Ich hätte sterben können vor Hunger, aber noch mehr dafür, meine Füße endlich irgendwo hochlegen zu können. Meinen Missmut hätte man fotografieren sollen. Es ließ sich kaum in Worte fassen, wie fertig ich heute war – und zwar mit allem! Mit jeder Sache und jedem Gegenstand hatte ich für heute abgeschlossen!

Wir hofften inständig, dass wir nicht zu spät waren, um noch freie Betten zu ergattern – und wir hatten Glück. Zumindest dachten wir das. Im Nachhinein betrachtet, wäre es wohl besser gewesen, irgendwie noch die 3 km ins nächste Dorf zu laufen, aber hinterher ist man immer schlauer. Und man bezahlte ja immer schon, bevor man sah, was man da eigentlich gekauft hatte.

Wir inspizierten nun unser Schlafgemach für 10 € und der Albtraum begann. Im Foyer entdeckte ich den alten Opa wieder, den ich angeblich stalkte. Und als wir unseren Schlafraum betraten, fiel unser Stimmungsbarometer ins Unermessliche! Es war der mit Abstand abscheulichste und grässlichste Ort, an dem ich jemals die Nacht zubringen musste! Und dafür hatten die uns 10 € aus der Tasche geleiert! Man hätte uns diesen

Betrag zahlen müssen, als eine Art Schmerzensgeld, weil wir gezwungen waren, uns dort aufzuhalten.

Das Haus schien ein altes Kirchengemäuer mit circa drei Meter hohen Decken zu sein und man hatte dort wahrscheinlich seit dem vierzehnten Jahrhundert nichts mehr renoviert. Es war kalt, feucht, muffig, ungelüftet und verkommen! Als würde aus den vergilbten Wänden das Wasser triefen und mit ihm alte, verstorbene Geister. Die Räume waren finster, lieblos und karg eingerichtet. Der Geruch war in jedem der drei Schlafsäle unterschiedlich. Von morsch-klamm bis käsig-schweißig war alles vertreten. In jedem Raum waren mindestens dreizehn Etagenbetten aufgestellt, und eine Frau wollte sogar Bettwanzen auf dem Boden gesichtet haben! Die Doppelstockbetten waren alt, heruntergekommen und kaputt. Wenn ich meine klappernde Leiter hinaufstieg, betete ich, dass sie nicht einfach unter mir wegbrach. Auf meiner Matratze ließ es sich in etwa so gut schlafen wie in einer Hängematte. Von Polsterung und Federung keine Spur. Meine Hüften würden mich noch mindestens zwei Tage lang dafür bestrafen. Und wenn man sich auf die Toilette setzte, musste man fürchten, diese aus ihrer Verankerung zu reißen, weil das Klo nicht fest am Boden fixiert war. Man konnte mit der Schüssel im Takt wippen.

Beim Einrichten bemerkte Marie, dass mein Regenponcho auch gleichzeitig mein Bettlaken war, und sie beneidete mich leidenschaftlich. Das hätte sie jetzt auch zu gern gehabt, aber ihr Regencape glich eher einer dünnen Mülltüte als einem Betttuch.

Ich meldete mich ab und verkündete, dass ich in der Kneipe nebenan anzutreffen sei. Nüchtern betrachtet, war diese Unterkunft die Hölle auf Erden, und ich würde mir wohl diesen modrigen Horror unter Gottes Dach erträglich trinken müssen. Das hier war eine Massenunterkunft, vor der im Grunde in allen Pilgerführern dringend gewarnt werden sollte. Ich ahnte, dass das Pilgermenü wenig später auch zu wünschen übrig lassen würde. Und so kam es auch: Im Keller des Verlieses konnte man zwischen ungewürzter Matschpampe und irgendwelchem pürierten Klitsch wählen. Ich entschied mich für die harten und ausgetrockneten Gurkenscheiben. Es war wirklich unter aller Kanone. Sicher kam ich aus einer Wohlstandsgesellschaft und man sollte im Leben für alles dankbar sein. Aber wenn ich mir ausrechnete, welche Einnahmen man hier tagtäglich bei rund achtzig Betten hatte, ärgerte es mich dennoch, da man sich allem Anschein nach das gesamte Geld in die eigene Tasche steckte, obwohl der ganze Bunker überholungsbedürftig war und die Pilger nach einem langen Marsch wirklich hungrig waren.

Später gingen wir noch in die angrenzende Kirche und besuchten einen Gottesdienst. Nach etwa zehn Minuten hatte ich genug und kehrte lieber wieder in die Bar zurück. Als ich dort erneut Platz genommen hatte, entdeckte ich plötzlich durchs Fenster die zwei jungen Typen aus der Horrorherberge in Ciriñuela und rannte hinaus, um sie zu warnen. Sie wollten sicherlich nicht noch einmal in einer solchen Pesthölle übernachten. »Lauft! Lauft um euer Leben! Für uns ist es schon zu spät! Bezahlt ist bezahlt.« Sie riefen mir im Vorbeigehen zu, dass die Herberge bereits niemanden mehr aufnahm und sie deswegen weiterziehen mussten. Die Glücklichen. Endlich konnte ich sie fragen, wie es in Ciriñuela gewesen war und ob sie sich danach hatten impfen lassen müssen. Sie lachten nur und meinten, dass der Herbergsvater ziemlich eklig gewesen sei, sie aber zum Glück ausreichend alkoholisiert waren. Ich jetzt auch!

Duschen stand noch auf dem Plan. Ich hatte es bis zuletzt hinausgezögert, aber das machte mich auch nicht sauberer. Das grün gekachelte Bad mit den gesprungenen Plastikfensterscheiben bot das Nötigste, allerdings keine Hygiene. Nachdem ich meine Hemmschwelle endlich überwunden und meine Kleider über die ramponierte Tür gehängt hatte, ließ ich das warme Wasser über mich laufen.

Marie war seit Betreten unseres Schlafsaals verstummt und wirkte in sich gekehrt, aber ich wusste, dass sie innerlich kochte und schäumte vor Wut. Das verriet mir der Stinkefinger, den sie possierlich in meine Kamera reckte, als ich Beweisfotos vom Zustand der Räumlichkeiten aufnahm. Fast konnte ich schon wieder über die ganze Misere lachen, als ich in ihr angewidertes Gesicht blickte. Es geht doch nichts über Schadenfreude in unpassenden Momenten. Ihr sonst so freudestrahlendes Antlitz hatte sich in eine bittere Miene mit Zornesfalte verwandelt. Überhaupt hatte ich sie noch nie so verdrossen erlebt. Sonst lief sie überall barfuß herum, hustete ihre Bakterien an den Spiegel, vor dem ich mir gerade die Zähne putzte, und pfiff auf Dreck und Schmutz, aber hier war sie fast noch mehr auf der Hut als ich, nur ja nichts außer sich selbst anzufassen. Wie ferngesteuert war sie in ihren Schlafsack gekrochen und hatte sich seitdem kein bisschen bewegt. Sie sah aus wie eine Mumie. Auch schnarchte sie in dieser Nacht nicht. Irgendwie war das alles urkomisch. Diese finstere Bude in San Juan de Ortega hatte ihren inneren Monk ans Tageslicht gebracht.

37 153 Schritte
28,6 km
1 172 kcal
76,4 g Fett

11.05.

Von San Juan de Ortega nach Burgos
28,2 km

Kurz nach 4 Uhr weckte mich Marie. Sie stand fertig angekleidet, in voller Montur vor meinem Bett. Ich musste lachen, da sie ganz offensichtlich tatsächlich noch angeekelter war als ich. Noch immer. Sie flüsterte mir zu, dass es ihr leidtäte, mich jetzt hier allein zu lassen, aber sie halte es keine Minute länger aus und müsse auf der Stelle fort. Tja, da lag ich nun, konnte nicht mehr einschlafen und machte dann genau das, was ich am allermeisten hasste, wenn andere es taten: Ich stand auf und begann, mich fertig zu machen und meine Sachen zu packen. Wo Marie recht hatte, hatte sie recht. Je eher man von hier fliehen konnte, desto besser. Und ich war nicht die Einzige, die in der Dunkelheit umhertapste. Ich bemerkte, dass meine Badelatschen sich noch immer klatschnass anfühlten und auch mein Handtuch war noch genauso feucht wie das gesamte Anwesen hier; der beste Beweis dafür, wie ungesund, muffig und klamm hier alles war, denn das war das erste Mal, dass meine Badelatschen über Nacht nicht getrocknet waren.

Wieder durchlief mich ein Schauer. Nichts wie weg aus dieser Gruselgruft.

Kurz vor halb 6 zog ich mir unter Schmerzen die Schuhe an und war bereit, noch mitten in der Finsternis loszumarschieren. So früh war ich noch nie auf Achse gewesen. Im Foyer traf ich auf Marie. Sie hatte doch auf mich gewartet, während sie genüsslich Kaffee aus dem Automaten schlürfte und das überraschenderweise vorhandene WLAN nutzte. Kurz vor 6 Uhr liefen wir los. Es war noch stockduster draußen; nicht gerade sehr hilfreich in dem Waldabschnitt, den wir gleich zu Beginn durchqueren mussten. Trotz Taschenlampe tappte ich in Pfützen und stürzte über Baumwurzeln. Was für ein hervorragender Start in den Tag. Und dann der Oberhammer: Nach gerade einmal einer halben Stunde waren wir bereits in der nächsten Ortschaft Agés angelangt, wo eine hübsche Herberge der nächsten folgte! Dieser Umstand trug nicht gerade zu unserer Stimmungsaufhellung bei.

Beim Frühstück in einem kleinen Café traf Marie auf eine ihrer Bekanntschaften, den 72-jährigen Tom und dessen gleichaltrige Begleiterin Patricia, beide aus den Vereinigten Staaten. Marie zuliebe war ich nun gezwungen, für eine Weile mit Patricia zu laufen, damit Marie und Tom etwas Zeit zum Plaudern hatten. Patricia war sehr freundlich, mehr jedoch auch nicht. Sie gehörte zu den Luxuspilgern. Vielleicht wurde ich auch deswegen einfach nicht warm mit ihr. Nach der letzten Nacht wollte ich zum Thema Luxus ohnehin erst einmal nichts mehr hören. Die Gespräche mit Patricia waren so interessant, dass ich anfing, die umliegenden Grashalme am Wegrand zu zählen, und auch die Wolken am Himmel ergaben heute irgendwie faszinierende Formen. Patricia schien mein Desinteresse nicht weiter zu stören, denn sie brabbelte ohne Punkt und Komma unbeirrt weiter.

An diesem Tag war es ziemlich kalt und es wurde auch nicht wärmer. Ich trug nur eine Dreiviertelhose und am liebsten hätte ich mir mitten auf der Straße die Hose runter- und mich dann umgezogen, nur um Patricia zu verschrecken und ihrer Gesellschaft irgendwie zu entrinnen. Sie ignorierte, meiner Ansicht nach, die ursprüngliche Idee des Jakobsweges. Man konnte doch diese Reise nicht schon von vornherein mit dem Plan und der Erwartung antreten, es möglichst einfach zu haben – oder irrte ich mich da? Wollte man lediglich ein bisschen wandern gehen, konnte man doch auch einfach nur ein paar Tage im Elbsandsteingebirge verbringen. Mit dem Jakobsweg und dem Pilgern hat es doch mehr auf sich. Der Jakobsweg ist schon seit Jahrhunderten ein Pilgerpfad. Und kein Wanderweg!

Als sie mir dann auch noch weismachen wollte, dass ein wenig mehr Komfort sicherlich auch für mich besser sei, hielt ich die oberflächliche Konversation nicht mehr länger aus und bog kurzerhand rechts ab, um mich bei einer Bank am Straßenrand umziehen zu können. Marie war bereits zu weit entfernt, um ihr Bescheid geben zu können. Ich gönnte ihr den anregenden Plausch mit Tom von Herzen, aber ich lief lieber allein weiter, als mir noch eine einzige weitere Silbe darüber anzuhören, wie komfortabel es doch sei, das Gepäck vorauszuschicken, während meines bei jedem Schritt auf die Kniescheiben drückte. Ich rief Patricia noch ganz dramatisch zu, dass es sich nicht lohne, auf mich zu warten, und schon war ich frei. Ich setzte mich auf die heiß ersehnte, wenn auch vom Regen durchweichte Bank und ließ meinen exhibitionistischen Ambitionen freien Lauf.

Als ich mich wieder auf den Weg machte, wartete Marie an der nächsten Ecke auf mich. Allein! Welch ein Segen. Der weitere Weg erwies sich leider nicht als besonders attraktiv. Er war steinig und ging steil bergauf. Ich kann nur mutmaßen, wie oft ich auf dem losen Geröll umgeknickt bin. Vielleicht so an die 145 Mal. Irgendwann passierten wir gemeinsam mit Massen von Pilgern eine Schafherde, wobei uns ein Mann mittleren Alters in Jeans auffiel, der in einem Affenzahn durch die Landschaft bergauf jagte. In Windeseile wechselte er ein paar

Worte mit Marie und hetzte dann in einem Mordstempo weiter voran. Sein Verhalten war mehr als auffällig, als stünde er unter Drogen.

Der Abstieg war ebenfalls kein Zuckerschlecken. Überhaupt war das heute kein leichter Tag. Sowohl das Wetter als auch der Weg verlangten uns einiges ab. Es war kalt und sehr stürmisch; teilweise regnete es ziemlich heftig. Wir streiften unsere Ponchos über, aber bei jedem heftigen Windstoß rissen mir die Knöpfe an den Seiten auf, und das Regencape verselbstständigte sich. Ständig klatschte mir mein Bettlaken ins Gesicht. Kurz vor Villafría hatte man wieder die Qual der Wahl. Ging man den längeren und schöneren Weg oder doch lieber den kürzeren, der durch ein malerisches Industrieviertel führte? Wir überlegten. Wahrscheinlich würde die Schönheit des längeren Pfads angesichts des Wetters sowieso verblassen, und auch aufgrund meiner physischen Eingeschränktheit entschieden wir uns für den Wirtschaftszweig.

Wir liefen durch Villafría und hielten Ausschau nach Übernachtungsmöglichkeiten, aber so weit das Auge reichte, sah man nur Großindustrie, Massenfabriken und heruntergewirtschaftete Unternehmen, umgeben von überteuerten Billigmotels mit blinkenden Leuchtreklamen direkt am Boulevard. Außer der vielbefahrenen Hauptverkehrsader und dem Industriegebiet gab es nicht sonderlich viel fürs Gemüt. Wir pausierten kurz an einer Bushaltestelle und in einem Fast-Food-Restaurant, weil die Füße wieder schmerzten und pochten, als würden sie ihr eigenes Herz besitzen. Wir waren wohl gezwungen, weitere 8 km bis nach Burgos zu laufen. Meine Schmerzen von der Hüfte abwärts wurden allmählich unerträglich, doch die Strecke war so hässlich, grau und dreckig, dass sie keinerlei Ablenkung bot. Es war ganz und gar trostlos.

Irgendwann kamen wir dann aber doch in der riesigen Stadt Burgos an, waren jedoch eindeutig zu müde und vor allen

Dingen auch zu spät dran, um noch nach Herbergen zu suchen. Dazu hätten wir kilometerweit ins Ortsinnere laufen müssen, und die Gefahr, vielleicht wieder in einem dreckigen Loch einkehren zu müssen, war uns auch zu groß. Also klingelten wir beim erstbesten Hostel, das sich uns bot – und Jackpot! Zwei nebeneinanderliegende Einzelzimmer, die sich das Badezimmer in der Mitte teilten. Jeder hatte seinen eigenen Schreibtisch und Fernseher, und man konnte sich in schneeweiße Laken hüllen und mit blütenweißen Handtüchern abtrocknen. Und das Ganze für schlappe achtzehn Euro pro Nase! Es war alles so schön und sauber. Nach der letzten Horrornacht genossen wir diesen Komfort in vollen Zügen! Es war eine verdiente Entschädigung.

Marie steuerte sogleich den Waschsalon auf der gegenüberliegenden Straßenseite an, da sie noch immer durch und durch angewidert war angesichts des Gedankens, wie kontaminiert ihre Sachen von der vergangenen Unterkunft sein mussten. Also beschloss sie, wirklich alles zu waschen. Selbst ihren Schlafsack. Es war beruhigend, dass sie nicht nackt ging. Aber hätte sie die Möglichkeit gehabt, hätte sie sicherlich auch ihre Haut erneuern und ihre Knochen desinfizieren lassen.

Ich ging in der Zwischenzeit in einen Supermarkt, deckte mich mit einem Festmahl vom Allerfeinsten ein und durchstöberte dann noch eine Drogerie und einen Tante-Emma-Laden gleich an der nächsten Ecke. Kurz darauf kehrte auch Marie wieder in unser Paradies zurück; allerdings sah sie aus, als sei sie einem Geist in die Arme gelaufen.

Sie erzählte von einer bizarren Begegnung mit einer skurrilen alten Lady. Marie hatte auf ihre Wäsche gewartet, als die kuriose Frau von draußen ganz zielstrebig auf sie zugelaufen kam und sogleich wie verrückt auf sie einredete. Mit Händen und Füßen versuchte Marie, ihr zu verstehen zu geben, dass ihr Spanisch nicht das Allerbeste sei, aber die Dame plauderte unbeirrt weiter. Sie erzählte unter anderem, dass sie über zehn Generationen zur spanischen Königsfamilie gehöre, aber keinerlei Wert auf den Titel lege. Nun besitze sie acht Katzen und lebe auf der Straße. Marie beschrieb sie als kleine, zahnlose Person mit einer großen, krummen Nase, inklusive einer Warze, aus der Haare sprossen. Eine Hexe, eindeutig! Wie wild hatte sie mit ihren Händen über Maries Kopf herumgefuchtelt und etwas Unverständliches gefaselt. Nun wusste die Ärmste nicht, ob sie glücklich sein sollte, weil sie gesegnet worden war, oder ob man sie verflucht und sie nun allen Grund hatte, sich vor Angst in die Hosen zu machen.

Ich für meinen Teil hatte mir fast in die Hosen gemacht vor Lachen. Maries Gesichtsausdruck war einfach unbezahlbar und wäre einen Gipsabdruck wert gewesen. Ich wischte mir die verlaufene Wimperntusche aus dem Gesicht, aber beruhigende Worte konnte ich leider keine für sie finden. Es war einfach nur zum Schreien und Totlachen.

34 931 Schritte
26,8 km
1 123 kcal
72,2 g Fett

12.05.

Von Burgos nach Rabé de las Calzadas
13,3 km

Am Morgen lief ich allein los, da Marie sich mit Tom zum Brunchen verabredet hatte. Die gelben Pfeile und Muscheln waren in Burgos eher spärlich gesät. Die Stadt war immens groß und es dauerte fast zwei Stunden, bis ich endlich die Altstadt erreichte, die sehr schön war, und noch mal eine weitere Stunde, um die Ausläufer der Stadt hinter mir zu lassen. Mein Schrittzähler zeigte zu diesem Zeitpunkt bereits 8 km, und auch die ersten 10 000 Schritte waren bereits absolviert. Wäre ich zu Hause gewesen, hätte ich mich mit diesem Tagesziel wieder aufs Sofa geschmissen, aber hier hatte der eigentliche Weg gerade erst begonnen. Das hatten wir also davon, dass wir uns gestern gleich am Ortseingang einquartiert hatten.

Kurz vor der Stadtgrenze versuchte ich, eine niedliche Mieze anzulocken, um sie zu streicheln, bis mir ein Einheimischer von Weitem schroff zurief, dass der Camino zum Laufen da sei und nicht, um mit Tieren zu schmusen. Der hatte doch nicht mehr alle Tassen im Schrank! Jetzt durfte man also nicht einmal mehr die Umgebung mit ihren Besonderheiten wahrnehmen, oder was? Es konnte dem Kauz doch wirklich egal sein, was ich hier machte. Ich ignorierte den Spinner, vergab meine Streicheleinheiten und dachte mir, dass Tiere besser sind als Menschen, während ich dem Schnurren der Katze lauschte.

Mein Schmerzzustand blieb leider unverändert. Auch das Wetter war heute wieder nicht besonders schön. Regnerisch, windig und diesig, und wie gestern kämpfte ich mit meinem Poncho, der mir immer wieder ins Gesicht peitschte. Ich begann abzuwägen, ob ich das Regencape benutzen sollte oder nicht, da es jedes Mal einen fast unlösbaren Akt darstellte, das gute Stück allein überzuwerfen. Und wenn man sich erst einmal darin eingewickelt hatte, war man nicht mehr flexibel genug, den Rucksack ohne Weiteres abzusetzen, wollte man mal Pause machen. Man sah darin einfach nur jämmerlich aus, und besonders windresistent war er auch nicht. Und am Abend war jedes Mal mein Bettlaken nass. Sein einziger Vorteil war, dass er den Rucksack vor Wasser schützte. Aber wann regnete es denn mal so stark am Stück, dass sich wirklich alles mit Wasser vollsaugte? Entweder man stellte sich unter, gleichgültig wo, man quartierte sich irgendwo ein, oder der Regen ließ nach einer Weile wieder nach. Meine Regenjacke schützte mich im Grunde ausreichend. Ich beschloss, mir bei Gelegenheit eine Schutzhülle für den Rucksack zu kaufen.

Ich kam in Rabé de las Calzadas an und machte bei einer Herberge Rast. Eigentlich war es mein Ziel gewesen, noch bis ins nächste Dorf zu laufen, aber so gut wie jeder hier riet mir davon ab, da die beiden einzigen Herbergen dort bereits voll seien. Toll. Mit 13 km Tagesleistung war ich nicht gerade zufrieden, aber nochmals 14 weitere auf mich zu nehmen, um ins übernächste Dorf zu gelangen, erschien mir dann doch etwas übermütig zu sein. Ich checkte also hier vor Ort ein und ließ mich in meinen Schlafraum führen.

Die Herberge war sehr klein und mit ihrer geringen Bettenanzahl gut überschaubar. Wahrscheinlich war sie gerade deswegen so individuell, gemütlich und mit Hingabe eingerichtet, mit viel Liebe zum Detail. In meinem Zimmer befanden sich drei Etagenbetten aus Holz. Es machte alles einen sehr warmen und häuslichen Eindruck. Die Herbergsmutter schien den Laden hier allein zu schmeißen und war trotz ihrer Dominanz sehr aufopferungsvoll. Ein paar Stunden später traf auch Marie ein und ergatterte noch eines der letzten Betten.

Später im Essens- und Aufenthaltsraum hatten wir jede Menge Spaß. Ein kleiner süßer Welpe trieb dort sein Unwesen und eroberte die Herzen aller im Sturm.

Ich traf an diesem Abend viele neue Menschen. Darunter den Rentner Richard aus Südafrika und die ebenfalls bereits pensionierten Texaner Judy, Suzan und Al. Und wir lernten sogar den Schnellläufer in Jeans kennen. Sein Name war Scott und er war Englischlehrer auf Fuerteventura. Ich war mir nun sicher, dass er irgendetwas einnahm, da man in seinen Augen die geweiteten Pupillen gut erkennen konnte. Er wirkte zudem hippelig und hyperaktiv. Dennoch war er sehr nett und äußerst hilfsbereit. Er erzählte, dass er den Weg schon zum dritten Mal gehe und sogar in dem Film »Ich bin dann mal weg« eine Komparsenrolle gehabt habe. Der Camino sei ungewohnt voll für diese Jahreszeit. Bereits im Mai auf derartige Massen zu treffen, überraschte auch ihn. Er erklärte, er sei den Weg schon einmal im Spätsommer gegangen und habe sich nun für den Frühling entschieden, da die Landschaft zu dieser Zeit einfach schöner sei. Nach dem Sommer war wohl alles nahezu verbrannt und verdorrt, während man im Frühjahr noch durch leuchtend grüne Felder laufen konnte.

Dann wurde das ausgesprochen deliziöse Abendmahl serviert. Die Herbergsmutter war ganz allein für das Haus zuständig und hatte dennoch nicht den Sinn für das Liebevolle verloren. Immerzu kamen neue Pilger zur Tür herein, um die sie sich nebenbei auch noch kümmerte. Sie war mit Herz und Seele bei der Sache, und nichts konnte sie aus der Ruhe bringen.

Wenig später machte ich mich bettfertig, während fast alle aus meinem Zimmer die Nonnen in der Kirche besuchen gingen. Ich kam ein wenig ins Gespräch mit dem einzigen Mann in unserem Gelass, dem Niederländer Eric. Er las ein Buch, war eher kurz angebunden und schien sich dem lauten Treiben lieber zu entziehen. Ich krabbelte in mein oberes Bett gleich neben ihm, als die Tür aufging und die Hospitalera eine weitere Pilgerin in unseren Raum führte. Sie hatte ein aufklappbares Bett dabei und positionierte es an einem freien Platz im Zimmer direkt an der Wand unter dem kleinen Fenster. Es waren bereits alle Betten belegt, doch das Mitgefühl der Wirtin war so groß, dass sie jetzt abends niemanden mehr ablehnen konnte. Für solche Notfälle hatte sie zwei Zustellbetten parat, die in dieser Nacht auch genutzt wurden.

Ich kann mich nicht mehr an den Namen unserer neuen Zimmergenossin erinnern, aber sie war sonderbar. Ich taufte sie Gretelchen. Sie hatte langes, dunkelgraues Haar und eine haarsträubend säuselnde Stimme, die mich irgendwie nervte. Ihr ganzes Erscheinungsbild war seltsam.

Kurz vor 22 Uhr waren alle vollzählig im Zimmer zurück. Sechs Frauen und ein Mann in einem wirklich beengten Raum. Nun begann der Kleinkrieg, denn Gretelchen sah nicht ein, das Fenster einen Spalt zu öffnen, da sie angeblich so schlimmen Husten hatte. Es war mir zwar neu, dass frische Luft ungesund ist, aber sie beteuerte, dass ein offenes Fenster ihr schaden würde. Die Diskussion wurde immer hitziger. Sechs Personen gegen eine. Sie forderte uns sogar auf, das Bett mit ihr zu tauschen, nur dann werde sie einem geöffneten Spalt zustimmen. Aber das sahen wir nicht ein, schließlich bezahlte sie für ihr Klappbett nur den halben Preis, und wir waren zudem der Meinung, dass sie im Grunde dankbar dafür sein sollte, überhaupt noch irgendwo untergekommen zu sein. Auf einer Parkbank wäre sie sicherlich stärkerer Zugluft ausgesetzt gewesen, und jetzt mutierte sie zu einer pimpelnden Mimose, die uns die Frischluft zum Atmen verweigerte. Wer bitte wollte um diese Uhrzeit noch sein Bett mit so einer Zimperliese tauschen?

Aber alles Diskutieren hatte keinen Sinn. Aufgrund des Wunsches einer einzelnen Person blieb das Fenster radikal verriegelt, weil wir ihren Nonsens einfach nicht mehr ertragen konnten und letztendlich Mord und Totschlag vermeiden mussten. Jeder rollte entweder mit den Augen oder schüttelte den Kopf. Unbegreiflich, wie man unter solchen Umständen seinen inneren Frieden finden sollte. Ich versorgte mich mit meinen Ohrstöpseln und hätte mir gewünscht, dass es so was auch für die inneren Atemwege gäbe.

25 337 Schritte
19,5 km
818 kcal
52,5 g Fett

13.05.

Von Rabé de las Calzadas nach Castrojeriz 28,9 km

Die Nacht war einfach nur furchtbar! Ich wachte mehrfach schweißgebadet auf und hielt es kaum mehr in meinem Schlafsack aus. Ich hätte meinen Namen in die Luft schreiben können, so dick war sie. Und es schnarchten wirklich alle Frauen in diesem Zimmer. Eine schlimmer als die andere. Nur der Holländer war ruhig. Zwei stachen mit ihren diffusen Kehlkopflauten besonders hervor, nur konnte ich nicht ausmachen, wer es war. Ich hatte sie allesamt im Verdacht. Gegen diesen ohrenbetäubenden Lärmpegel konnten selbst meine Ohrstöpsel nichts ausrichten. Als würden brünstige Elchbullen kurz vor der Kopulation um die Gunst einer Elchkuh röhren und die Wände damit zum Beben bringen. Mit der Zeit machte mich diese Geräuschkulisse wahnsinnig, und ich begann wie eine Geisteskranke, an meinen Bettgittern zu rütteln, um das gesamte Bett in Erschütterung und zum Quietschen zu bringen. Aus dem Augenwinkel sah ich lediglich die entgeisterten Blicke von Eric. Die Einzigen, die nun wach in ihren Betten lagen, waren die, die nicht schnarchten. Eric und ich.

Kurz nach 4 Uhr beging ich einen groben Fehler. Ich verließ den Raum, um die Toilette aufzusuchen. Als ich wieder zurückkehrte, kam mir der Geruch vor, als hätte man irgendwo einen Kadaver unterm Bett versteckt. Es war, als liefe ich gegen eine olfaktorische Wand von Ausdünstungen diverser Körperteile, was meinen Magen völlig aus dem Gleichgewicht brachte. Und meine armen Lungen erst! Es war einfach nur grauslich. Von den Haarspitzen bis zu den Fußzehen empfand ich nichts als Abscheu davor, mich auch nur eine Minute länger in diesem Raum aufhalten zu müssen! Ich ließ die Tür zum Flur sperrangelweit auf und zählte die Sekunden, bis ich endlich aufbrechen konnte. Bereits um 5.30 Uhr waren alle wach und wir schalteten das Licht ein. Zu sehen war ein triefend nass angelaufenes Fenster, als hätte eine komplette Fußballmannschaft hier drinnen heiß geduscht. Und wirklich jeder im Raum hatte sich über Nacht zu einer Bakterienschleuder entwickelt. Ausnahmslos alle husteten und rotzten vor sich hin. Auch Marie. Es gab für mich kein schlimmeres Szenario als dieses! Nichts verabscheue ich mehr, als von meiner Umwelt angehustet oder angeniest zu werden. Schnellstmöglich griff ich nach all meinen Habseligkeiten und packte diese im Aufenthaltsraum in meinen Rucksack. Hauptsache, ich war nicht mehr länger die Zielscheibe all dieser Bazillen und Keime, die mich von allen Seiten umzingelten und angriffen.

Ich verabschiedete mich von Marie, da mir so schlecht war, dass ich unmöglich ein Frühstück hätte zu mir nehmen können. Ich wollte einfach nur noch an die frische Luft! Nach Sauerstoff japsend stürzte ich hinaus in die kalte Morgendämmerung. Ich atmete so tief ein und aus, dass ich beinahe das Bewusstsein verloren hätte. Das befreiende Gefühl war einfach unbeschreiblich. Ich ließ die letzten Stunden noch einmal Revue passieren.

Selbst in einer noch so schönen Herberge schafften es egomane Mitpilger, einem den Aufenthalt zu vermiesen, sodass ich trotz allem mit Gänsehaut an diese Nacht zurückdenken würde.

In diesem Augenblick schwor ich mir, niemals wieder eine Nacht mit dieser grauhaarigen Säuseleule zu verbringen. Sollte Gretelchen dennoch unverhofft in einer Herberge aufkreuzen, wo ich mich einquartiert hatte, würde ich auf der Stelle mein Geld zurückverlangen und ins überüberübernächste Dorf rennen. Koste es, was es wolle!

An diesem Morgen war es kalt, aber klar und die Sonne zeigte sich bei ihrem Aufgang in schönster Farbenpracht. Heute begann mein Weg durch die Meseta, ein Gebiet, das sehr polarisiert. Die einen hassten diese Ebene, die anderen liebten sie. Hier wird vorrangig Getreide oder Wein angebaut und das Gelände erstreckt sich in unendlichen Weiten flacher Natur. Während die einen vor Langeweile fast umkommen, empfinden andere die Einförmigkeit der Landschaft als meditativ. Auch hörte ich Leute sagen, dass die Meseta früher oder später jeden brechen würde. Ich war gespannt, wie ich sie aufnehmen würde.

An diesem Morgen fühlte es sich irgendwie richtig an, den Tag über auf mich selbst gestellt zu bestreiten, denn exakt heute vor zwei Jahren war mein geliebter Großvater gestorben, und ich konnte an nichts anderes denken. Da ich allein war, musste ich auch vor niemandem meine Tränen rechtfertigen. Ich war ganz bei mir und in Gedanken nur bei ihm. Worte können nicht zum Ausdruck bringen, wie sehr er mir in diesem Moment fehlte. Es fiel mir noch immer schwer, ihn endgültig loszulassen. Es war in den letzten zwei Jahren kein einziger Tag vergangen, an dem ich nicht an ihn dachte. Jener Tag damals war ein Mittwoch und Feiertag gewesen, und ich hatte frei gehabt. Am Morgen wollte ich ihn gegen 11 Uhr besuchen und ihm noch einmal sagen, wie viel er mir bedeutete. Doch drei Stunden davor rief mich mein Vater an, und noch ehe ich ans Telefon ging, hatte ich ein ungutes Gefühl und ahnte bereits das Schlimmste. Wie gelähmt nahm ich die Nachricht auf, dass seine Seele bereits seinen von Krebs ausgezehrten Körper verlassen hatte. Ich konnte mich nur noch von seiner leblosen Hülle verabschieden. Es war schrecklich und ich fühlte mich tagelang wie gefangen in meinem Brustkorb. Seit diesem Tag weiß ich, was es bedeutet, wenn das Herz gebrochen ist, denn meines war in tausend Teile zersprungen. Es war die schlimmste Zeit meines Lebens und ich hatte das Gefühl, dass nur meine Eltern meinen Schmerz etwas erträglicher machen konnten, da sie genauso litten wie ich und als Einzige wirklich verstanden, was ich durchmachte. Ich kann mich auch nicht damit trösten, dass die Zeit angeblich alle Wunden heilt, da der Schmerz heute noch genauso stark ist wie damals, nur dass ich inzwischen meine Trauer besser kaschieren kann. Ich hoffe aus tiefstem Herzen, dass mein Opa gewusst hat, wie viel er mir bedeutete. Noch heute blicke ich zu ihm auf. Er war ein großartiger Mann! Gesellig, humorvoll, bescheiden, nachgiebig, intelligent, selbstlos, weltoffen und weise.

Völlig in meine Gedanken versunken, hatte ich mittlerweile die Meseta erreicht. Es war atemberaubend schön und auch das Wetter war perfekt. Kühle Temperaturen, kombiniert mit einer Menge Sonnenschein. Überhaupt war heute ein toller Tag zum Laufen. Fast fünf Stunden lang wanderte ich schmerzfrei, als ob mein Opa heute höchstpersönlich über mich wachte und dafür sorgte, dass es mir gut ging. Die Landschaft war unglaublich eindrucksvoll. Sie faszinierte mich und zog mich in ihren Bann. Ich nahm sogar eine Vielzahl von Schmetterlingen wahr, denen ich ansonsten nicht so viel abgewinnen konnte. Kilometerweit blickte man über sattgrüne Felder, die von vereinzelten Wolken am strahlend blauen Himmel beschattet wurden. Es war grandios und ich liebte es über alles! Es gab mir einen inneren Frieden. Ich genoss jede einzelne Windböe, die ich spürte. Die Umgebung war wie von Hand gemalt und Abgase und Lärm schienen Lichtjahre entfernt zu sein. Stieg man kleinere Hügel hinauf, konnte man bis zu weit entfernten Dörfern blicken. Die Region schien sich fast ins Unermessliche zu erstrecken, und durch ihre scheinbare Unendlichkeit fühlte man sich zwar klein, dafür aber frei von allen auferlegten Grenzen.

Für ein paar Hundert Meter begleitete mich Scott, der rasende Englischlehrer, und ich zog mein Tempo erheblich an, um ihn nicht auszubremsen. Doch seine Rastlosigkeit machte mich ganz konfus, denn es ging ihm immer noch nicht schnell genug voran. Also ließ ich ihn ziehen. Als ich nach 19 km mein eigentliches Ziel in Hontanas erreicht hatte, entschied ich mich kurzerhand weiterzulaufen, da ich gerade wunderbar in Form war und mich auf keinen Fall vorzeitig diesen idyllischen Gefilden entziehen wollte, denn exakt das war es, was ich mir vom Jakobsweg erwartet und erhofft hatte: Abstand von Großstadthektik und Straßengetöse zu finden und ganz bei mir zu sein. Ich kostete die Ruhe um mich herum voll und ganz aus, hatte aber gleichzeitig auch Respekt vor der doch ziemlich einsamen Gegend. Angenommen, ich würde jetzt hier auf der Stelle das Bewusstsein verlieren und umfallen, dann wäre weit und breit kein Dorf in Sicht. Nicht einmal befahrbare Straßen. Nur Wiesen und Pferdeäpfel, so weit das Auge reichte. Wer sollte mir zur Hilfe eilen? Und vor allen Dingen wie? Ich wagte zu bezweifeln, dass jemand eine Krankentrage in seinem Gepäck mit sich führte.

Unterwegs begegnete ich Eric wieder, meinem niederländischen Bettnachbarn von vergangener Nacht, und irgendwie schien die Chemie zwischen uns jetzt besser zu passen. Wir ließen die letzte Nacht noch einmal an unserem geistigen Auge vorbeiziehen und fanden einen klaren gemeinsamen Nenner: frische Luft bei Nacht und eine Antipathie Gretelchen gegenüber. Sie hatte wohl auch Eric bis ins Knochenmark traumatisiert. Wir verbrüderten uns und gaben uns die Hand darauf, niemals wieder in einem Raum mit ihr zu schlafen. Eric war ein freundlicher und bescheidener Hausmeister aus den Niederlanden und in meinen Augen irgendwie auch ein Überlebenskünstler.

Ich erzählte ihm, dass das Dorf San Anton mein Ziel für heute sei, aber als wir dort ankamen, bestand dieses nur aus einer alten Klosterruine und einer Bar auf der gegenüberliegenden Straßenseite. Das war's. In den Überresten des Klosters befand sich jedoch tatsächlich eine Pilgerherberge, und wir sahen sie uns von Nahem an. Ich ging hinein und wurde von zwei jungen Frauen herzlich in Empfang genommen. Mein Gott, waren die nett und sympathisch! Das schien mein Hauptgewinn zu sein! Sie führten mich durch die interessante Ruine und erzählten von deren Geschichte. Alles war aus Stein, und man konnte quasi für eine Nacht wie im Mittelalter leben. Sie schwärmten vom Abendessen, das man gemeinschaftlich kochte und unter freiem Himmel auf Holzbänken verzehrte. Ich war richtig inspiriert und meine Entscheidung stand bereits fest.

Sie fügten hinzu, dass sie allerdings kein WLAN anbieten könnten. Das fand ich nicht so schlimm. Internet war für mich nicht essenziell und einen Tag lang würden es meine Eltern auch überstehen, kein Lebenszeichen von mir zu bekommen. Dann ergänzten sie noch, dass sie auch über keinerlei Elektrizität verfügten. Da hörte ich schon genauer hin. Kein Strom? Na ja, gut, dachte ich, im Prinzip müsste ich nur mein Handy aufladen, um die Kamera nutzen zu können, aber für einen Tag würde das schon in Ordnung gehen. Wenn es dunkel wurde, müsste man eben schlafen gehen. Vorausgesetzt, man fand sein Bett noch in dem dunklen Steingemäuer.

Schließlich setzten sie dem Ganzen noch die Krone auf, indem sie gestanden, dass es hier auch kein fließend warmes Wasser gab. Jetzt wurde ich endgültig hellhörig. Ich fragte nach. Nicht mal lauwarm? Kein Wasserhahn? Nein. Sie füllten ihren Tank jeden Tag mit der Hand auf, und wenn dieser zur Neige ging, musste man sich das eiskalte Wasser mit dem Eimer aus einem Brunnen schöpfen. Ohne Strom blieb dieses natürlich nur knapp über dem Gefrierpunkt. Und genau heute war mein Haarwaschtag. Ähm, nein danke. Dann doch nicht. Ich überlegte es mir ganz kurzfristig anders. Mit einer kalten Dusche konnte man mich wirklich nicht locken. Schon gar nicht, wenn draußen nur siebzehn Grad Außentemperatur herrschten und ich mir die Rübe waschen musste. Schon allein der Gedanke daran, mir den Mund mit eiskaltem Gänsewein auszuspülen, ließ mich erzittern. Ich konnte daher nicht einlenken und am folgenden Tag mit Schmalzlocke und dezenter Müffelfahne weitermarschieren. Was zu viel war, war zu viel.

Dennoch dankbar für die schonungslose Ehrlichkeit der beiden jungen Frauen, musste ich nun wohl oder übel die nächste Ortschaft in Angriff nehmen. Castrojeriz. Eric blieb noch in San Anton, um die Umgebung zu erkunden, und ich machte mich wieder allein auf den Weg. Ich bereute es ein wenig, nicht über Nacht in der Klosterherberge geblieben zu sein, aber mir wie im Mittelalter die Haare zu waschen, lag leider außerhalb meines Toleranzbereiches. Es wäre bestimmt eine spektakuläre Erfahrung gewesen, in einem Kloster aus dem vierzehnten Jahrhundert zu übernachten, aber eben nicht für einen Warmduscher wie mich.

Die letzten Kilometer waren wieder zu viel des Guten. Meine Füße schmerzten unerträglich. Aber diesmal so richtig. Ich hatte mir in den vergangenen Tagen einige Blasen am Fußbett gelaufen und nun das Gefühl, dass über siebzig Kilo bei jedem Schritt exakt darauf drückten. Mit letzter Kraft schleppte ich mich in die erste Herberge, auf die ich traf. Bloß keinen Schritt mehr weiter.

Das Quartier entsprach einem akzeptablen Mittelmaß. Es war nicht sonderlich sauber oder modern, aber der Widerwille, mich hier aufzuhalten, hielt sich in Grenzen. Es war kalt und die

Fenster ließen sich nicht öffnen. Auch die Gesellschaft schien auf den ersten Blick nicht sonderlich anregend zu sein. Ich ließ Rucksack und Wanderschuhe an meinem Bett und flanierte in meinen Badelatschen zur nächstgelegenen Kneipe. Dort lernte ich einen pensionierten Hausarzt aus Oberbayern kennen. Die Unterhaltung mit ihm war wirklich ausgesprochen anregend und lehrreich.

Ich aß gerade einen Salat, als eine junge Frau zur Tür hereinschneite. Sie kam mir gleich bekannt vor. Es war die Brasilianerin Danielle aus der Pension in Viscarret. Sie war auf der Suche nach einer Apotheke, um sich eine Schmerzsalbe zu besorgen. Ich bot ihr meine an, da ich sie bisher nur einmal benutzt hatte und nun nicht mehr benötigte, aber nicht einfach entsorgen wollte. Sie war für mich nichts als unnötiger Ballast und ich konnte Danielle eine Freude bereiten. Als ich später einen weiteren Salat bestellen wollte, redeten der Kellner und ich völlig aneinander vorbei. Nach endlosem Gestikulieren begriff er endlich, dass ich mir einen weiteren Salat bestellen und nicht zahlen wollte, und ich kapierte erst, dass der erste Salatteller bereits von Danielle gesponsert worden war – wahrscheinlich als kleines Dankeschön für die Schmerzsalbe. Da sie mir gegenüber nichts erwähnt hatte, sorgte diese Situation zunächst für Verwirrung.

Später traf ich in dem kleinen Städtchen wieder auf Eric und gemeinsam hatten wir in den Souvenirläden viel zu lachen. Ich mochte ihn wirklich sehr. Er war einerseits so herrlich unkompliziert und doch so tiefgründig und nachdenklich.

Zurück in der Herberge, sah ich Danielle mit Richard, dem Südafrikaner aus der Herberge in Rabé de las Calzadas, draußen auf einer Bank sitzen. Ich bedankte mich bei ihr für den Salat und in der nächsten Sekunde brach sie plötzlich und unerwartet in Tränen aus. Etwas belastete sie und als ich nachfragte, erzählte sie es mir. In ihrer letzten Unterkunft hatte sie bemerkt, dass ihr das Waschmittel ausgegangen war, daher hatte sie in der Not Flüssigseife aus einer Tube der Herberge in ihre abgefüllt. Die Hospitalera hatte sie dabei erwischt und wüst als Diebin beschimpft. Das hatte gesessen. Danielle hatte losgeschluchzt und die Herbergsmutter hatte sich gleich darauf bei ihr entschuldigt und gesagt, dass sie es nicht so drastisch gemeint habe. Sie war es wohl leid, dass viele Pilger die Gutmütigkeit anderer ausnutzten. Ich konnte beide Seiten gut verstehen. Hätte man mich auf den Straßen des heiligen Jakob als Langfinger betitelt, würde mich das auch sehr treffen. Ich versuchte, Danielle die Sichtweise der alten Frau begreiflich zu machen. Menschen sind nun einmal Individuen und oftmals sehr eigen. Speziell, manchmal auch etwas kompliziert, dreist oder gar fordernd. Wenn man jeden Tag seines Lebens damit umgehen muss, stumpft man mit der Zeit ganz ungewollt ab. Ob als Krankenschwester oder Herbergsmutter, ich konnte in jedem Fall ein Liedchen davon singen. Manchmal stauen sich unverarbeitete Emotionen in einem an, die irgendwann in einem gedankenverlorenen Moment geballt abgeladen werden müssen. Meist bei den falschen Leuten. Aber wenn zur falschen Zeit am falschen Ort das Fass durch einen winzig kleinen Tropfen zum Überlaufen gebracht wird, kann es im Grunde jeden treffen.

Ich versuchte, Danielle anhand meiner eigenen Erfahrungen verständlich zu machen, dass die Worte der Herbergsmutter allem Anschein nach nicht persönlich gegen sie gerichtet gewesen waren und man die harte Arbeit, die ihr täglicher Umgang mit so vielen verschiedenen Menschen mit sich brachte, berücksichtigen und anerkennen musste. Arbeit mit Menschen ist auf jedem Gebiet kräftezehrend und kann an die Substanz gehen. Und immerhin hatte die Wirtin sich umgehend bei ihr entschuldigt.

Zwar war Danielle nach meinen Worten noch nicht wieder fröhlich, aber sie hörte immerhin auf zu weinen und nickte zustimmend. Nun begann auch Richard seinen Kummer kundzutun. Er fühlte sich von Schnellläufer Scott zu Unrecht verdächtigt, als er sich im Aufenthaltsraum umschaute, um sich zu vergewissern, dass er auch nichts vergessen oder zurückgelassen hatte. Scott beobachtete ihn dabei und meinte dann, dass man dies auch anders deuten könne. Tatsächlich beschuldigte er Richard ebenfalls, ein Dieb zu sein. Was war denn bitte hier los?

Da saßen nun zwei trübe Tassen auf einer Bank, die unschuldiger nicht hätten sein können, und mussten sich derartige Verdächtigungen gefallen lassen.

Nachdem ich später am Abend den hauseigenen Weinkeller besucht hatte, machte ich es mir im Hinterhof der Herberge auf einer Steintreppe gemütlich und begann, meine Füße zu verarzten beziehungsweise zu verunstalten. Wie auch immer man es nennen wollte. In den letzten Tagen waren drei Blasen unaufhörlich gewachsen, und jetzt war es so weit, dass ich ihnen den Garaus machen wollte. Leider waren bereits all meine sterilen Kanülen aufgebraucht, und Desinfektionsmittel hatte ich auch keines. Das konnte also kein gutes Ende nehmen. Aber wenn man kurz vorm Verzweifeln ist, weiß man mit seiner Nagelschere auf einmal viel mehr anzufangen, als nur Nägel zu stutzen. Mich warnten mindestens vier Personen, die mich beobachteten, dass dies keine gute Idee sei, aber das Wasser musste jetzt raus! Egal, unter wie vielen Hornschichten es verborgen lag. Ich kämpfte mich durch und entfernte Hautschicht um Hautschicht, aber alles, was zum Vorschein kam, war ein wenig Blut. Das Wasser saß einfach zu tief unter der Haut. Nach dem Duschen klebte ich alle meine Wunden ab, aber irgendwie schmerzten meine Füße nun bei jedem Schritt noch mehr als zuvor. Es fühlte sich an, als würde ich auf Löchern im eigenen Fleisch laufen. Ich ahnte Schlimmes!

In dieser Nacht schlief ich direkt am Fenster. Es ließ sich nicht öffnen, was allerdings auch nicht unbedingt notwendig war, da hier, direkt über dem Weinkeller, eisige Kälte herrschte.

Ich zitterte mich also wieder in den Schlaf, während gefühlt eintausend Nadeln in meine Fußsohlen stachen. Ich hatte regelrecht Panik, am nächsten Tag zu erwachen.

40 521 Schritte
31,2 km
1 328 kcal
94,9 g Fett

14.05.

Von Castrojeriz nach Itero de la Vega
11,5 km

Dank meiner Ohrstöpsel verlief diese Nacht eher ruhig. Als ich kurz nach 6 Uhr als eine der Letzten erwachte und meine Fußsohlen den Boden berührten, durchzuckten mich die stärksten Schmerzen seit dem Verlust all meiner Weisheitszähne. Als würde ich im rechten Fuß auf nackte Knochen treten. Auch mein linkes Knie meldete sich schmerzhaft zu Wort. An diesem Morgen trödelte ich besonders lang herum, da ich panische Angst vorm Loslaufen hatte. Allein eine Runde um den Frühstückstisch fühlte sich schon wie ein kompletter Tagesmarsch an. Es war noch nicht ganz 7 Uhr und ich hätte schon losschreien können. Allein wegen meiner Dummheit und Ungeduld am vorherigen Abend. Hätte ich die Füße nur so gelassen, wie sie waren. Ich lief jetzt noch immer auf meinen Wasserblasen, nun allerdings gesäumt von offenen Kraterwunden. Ja toll. Was war ich doch schlau gewesen.

Vor der Herberge bemerkte ich einen jungen Spanier, der mit seinen zwei Pferden pilgerte. Oh, könnte der mich nicht vielleicht mitnehmen? Fortbewegungsmittel wie Taxi, Auto oder Bus lehnte ich kategorisch ab, aber ein Fahrrad oder gar ein Pferd boten doch im Grunde echte Alternativen. Ich versuchte, Blickkontakt mit dem Mann aufzunehmen, aber alles Jammern würde wohl nichts nützen; ich würde vermutlich nur Mitleid ernten. Er bot mir an, mich für ein Foto auf seine wilde Stute aufsitzen zu lassen, aber der Aufwand schien sich dafür nicht zu lohnen. Zu meinen lädierten Füßen und Knien musste sich nicht auch noch ein schmerzender Hintern oder eine Oberschenkelfraktur gesellen.

An die Wegstrecke dieses Tages konnte ich mich später aufgrund der Qualen kaum erinnern, aber meine Fotos zeigen eine wunderschöne Landschaft. Ich bevorzugte es, ganz allein zu gehen, um mein Übel in aller Ruhe wegzuatmen. Eine gute Freundin von zu Hause hatte mir einen Talisman in Form eines kleinen Engels mitgegeben, und ich begann nun, diesem all meine Sorgen, Wünsche und Ängste anzuvertrauen. Für alle mir nahestehenden Angehörigen, Freunde und Kollegen erbat ich nur das Beste. Selbst den Menschen, zu denen ich innerlich auf Abstand gegangen war, versuchte ich aufrichtig alles Gute für die Zukunft zu wünschen, egal, wie sehr sie mich in der Vergangenheit verletzt oder enttäuscht hatten. Diese Gedanken halfen fürs Erste sogar über meine Beschwerden hinweg.

Unterwegs stieß ich auf Danielle, die sich körperlich in einem ähnlich versehrten Zustand befand wie ich. Zusammen durchquerten wir die Wälder und Felder bis nach Itero de la Vega. Direkt am Ortseingang befand sich ein ziemlich verwahrloster Esel an einer Leine. Vor ihm war ein Stand aufgebaut, wo man seinen Pass abstempeln und Spenden hinterlassen konnte. Wenn ich das Tier anschaute, brach es mir fast das Herz, da es nicht glücklich aussah. Sein Fell machte einen ungepflegten Eindruck und es wirkte insgesamt krank. Es war ihm kaum möglich, sich im Staub zu wälzen, da seine Leine nicht lang genug war. Mein Herz blutet noch immer, wenn ich an den Esel denke. Ich verbrachte über eine Stunde bei dem süßen Tier und legte all mein Münzgeld in die Spendenschale, auch wenn ich wusste, dass das Geld niemals dem unschuldigen Lebewesen zugutekommen würde. Hätte ich doch nur meine Allzweck-Nagelschere genutzt, um ihn von dem Seil zu befreien. Aber in seinem Zustand hätte er mich niemals bis nach Santiago begleiten können, und von Eselpflege verstand ich leider auch nicht viel.

Schweren Herzens trennte ich mich von dem Esel und lief weiter. Wenig später erreichte ich die Herberge des Ortes und kam mit ein paar deutschen Pilgerinnen ins Plaudern. Auch Marie gesellte sich irgendwann dazu. Sie schlief im teureren Nebenzimmer mit nur sechs Betten, während ich in dem Raum für 25 Mann einquartiert war. Ich war so fertig, dass ich erst einmal ein dreistündiges Nickerchen machte. Wie immer wählte ich das obere Bett, aber diesmal gleich neben der Toilette. Ich dachte, dies sei ein besonders kluger Schachzug. Aber meine Intelligenz hatte sich in den letzten Tagen offensichtlich von mir verabschiedet.

Als ich einigermaßen ausgeruht erwachte, ging ich ins Restaurant der Herberge, schrieb in mein Tagebuch und aß mit einem Österreicher zu Abend, während mich Eric im Vorbeigehen mit Pantomimen durch die Fensterscheibe unterhielt.

Gegen 21.30 Uhr ging ich zurück in mein nun gut gefülltes Zimmer und stellte fest, dass bereits alle schliefen. Also musste ich wohl oder übel ungeduscht zu Bett gehen. Welch prächtige Aussicht, dachte ich frustriert, aber das kontinuierliche Prasseln des Wassers auf den Fliesen wäre einfach zu laut gewesen. Ich blickte kurz in den Spiegel, um meinem Ich eine gute Nacht zu wünschen, damit es wenigstens einer tat, aber alles, was ich darin zu Gesicht bekam, waren eine müde, blasse und ungewaschene

Pilgerin mit Augenringen und eine Schabe, die in einer Ecke herumkroch. Das war genug für heute. Selten habe ich mich so eklig gefühlt. Ich war fertig bis in die Zehenspitzen, und das im wahrsten Sinne des Wortes! Unter meinen Blasenpflastern rumorten und pochten die kleinen Wunden immer stärker. Es grenzte an ein Wunder, dass ich in dieser Nacht überhaupt ins Land der Träume finden konnte.

19 551 Schritte
15 km
520 kcal
32,6 g Fett

15.05.

Von Itero de la Vega nach Frómista
14,7 km

Ich weiß nicht, wie spät es war, als jemand mitten in der Nacht die Toilette benutzte; jedenfalls knarrte die Tür, und jene äußerst einfühlsame Person ließ das Tor nach dem Erledigen ihrer Notdurft weit offen stehen, sodass auch mich ihr Erfolg in Form bestialischen Gestanks völlig umhüllte. Ich vergrub mein Gesicht in den Tiefen meines Schlafsacks, bis sich der widerliche Geruch langsam verzog. Mit gesunden Füßen wäre ich schon längst die Leiter hinuntergestampft und hätte dem Grauen ein Ende gesetzt. Der Plan, neben dem Badezimmer zu nächtigen, erwies sich als kolossale Fehlentscheidung. Aber jetzt mal Hand aufs Herz: Wer lässt bitte nach solch einem produktiven Geschäft die Tür hinter sich offen? Noch dazu in einer öffentlichen Herberge?

Der Rest der Nacht verlief wenigstens recht geräuscharm. Die Schnarcher schnarchten nur leise, sodass es mir mühelos gelang, sie auszublenden. Allerdings wachte ich dennoch alle zwei Stunden auf, weil entweder jemand das Klo benutzte oder meine Blessuren so höllisch schmerzten. Ich musste damit noch nicht einmal in Berührung kommen. Die eine Blase an der rechten Ferse war besonders schlimm. Das fiese kleine Ding pulsierte, als habe es ein eigenes Herz bekommen. Das war wirklich sagenhaft. Am Morgen fühlte ich mich demzufolge auch wie dreimal wiedergekäut und ausgespuckt. Noch immer war ich ungewaschen, und alles klebte; zudem plagten mich das linke Knie und die rechte Achillessehne, und als ob das nicht genug gewesen wäre, machten mir aufgrund diverser Lebensmittelallergien auch noch kleine Bläschen im Mund das Leben zur Hölle. Sie taten in ihrer Anzahl so weh, dass es mir kaum noch möglich war, normal zu sprechen oder schmerzfrei zu schlucken.

Zu allem Überfluss spürte ich bereits beim Herunterklettern auf der Leiter Flüssigkeit unter meinen Pflastern. Ich wusste zwar, dass man Blasenpflaster nicht entfernen, sondern abwarten sollte, bis sie sich von selbst wieder lösen, aber mein Bauchgefühl sagte mir, diesen Ratschlag zu ignorieren und besser mal ein Auge darauf zu werfen. Langsam zog ich das Pflaster von der kleinsten Blase ab und das ganze Elend offenbarte sich mir in Form einer ekelhaften, eitrigen Entzündung. Weltklasse! Ich fragte mich, ob es nun noch schlimmer kommen konnte. Schockiert vom Anblick meiner eigenen Fußsohlen, bekam ich kurz Schnappatmung und meine Augen wurden glasig. Ich saß auf der Bank im Zimmer und dachte nur noch *Scheiße!* Immer und immer wieder: *Scheiße, Scheiße, Scheiße!*

Es dauerte nicht lang, bis sich die Augen aller Anwesenden auf mich richteten. Irgendjemand wagte es im Gehen sogar, mir einen »Buen Camino« zu wünschen. Er sah die Wunde an meinem Fuß und wünschte mir allen Ernstes einen guten Weg? Zur Hölle mit ihm! Zum Glück befanden sich wenigstens ein paar hilfsbereite Pilger unter den sensationsgeilen Gaffern. Ein Blick auf meine Verletzungen reichte aus, und sie schenkten mir ihr gesamtes Hab und Gut an Arzneien, sterilen Pflastern, Händedesinfektionsmitteln und Wundgelen. Jetzt war mein Rucksack zwar geschätzte fünf Kilo schwerer, aber selten war ich so dankbar für zusätzliches Gewicht und so viel Fürsorge gewesen. In einem Anfall von Hyperventilation träufelte ich mir das Desinfektionsmittel, das ja eigentlich nur für die Hände bestimmt war, in das saftende Loch und kämpfte darum, bei Bewusstsein zu bleiben. Brennen war kein Ausdruck für diese Schmerzen!

Vernünftig, wie ich war, hopste ich auf meinem linken Bein zur Rezeption im Restaurant und erkundigte mich nach der nächstgelegenen Arztpraxis. Auf Spanisch versuchte man mir verständlich zu machen, dass es erst im knapp 15 km entfernten Frómista eine gebe. Es konnte also tatsächlich noch schlimmer kommen, dachte ich bei mir. Und ja, was ich jetzt vorhatte, war durch und durch unvernünftig. Man bot mir ein Taxi an, aber ich lehnte ab. Wäre der Spanier mit seinen zwei Schimmeln angeritten gekommen, hätte ich es mir überlegt, aber meine Sturheit in Sachen motorisierter Fortbewegung war unverrückbar und mein Stolz einfach zu groß. Mich im Nachhinein in irgendeiner Weise dafür rechtfertigen zu müssen, dass ich nicht die komplette Strecke zu Fuß gelaufen war, kam nicht infrage. Diesen Gefallen wollte ich meinen zweifelnden Mitmenschen unter keinen Umständen tun. Koste es, was es wolle – ich würde nicht nach Hause zurückkehren und erzählen, dass ich hier und da ein paar Wehwehchen gehabt und deswegen sofort aufgegeben und auf moderne Fortbewegungsmittel gewechselt hätte, da diese Qualen sowieso niemand nachempfinden kann, der den Weg nicht selbst einmal gegangen ist. Und ein »War ja klar, dass du dich mit dem Vorhaben überschätzt hast« war das Allerletzte, was ich hören wollte. Nur über meine Leiche! Und liebes Universum: Das ist nicht wortwörtlich zu nehmen! Also sei mir doch bitte wenigstens heute einmal wohlgesonnen!

Ich nahm die 15 km ausgesprochen langsam in Angriff. Mit Tunnelblick versuchte ich, den Schmerzen davonzulaufen. Gelegentlich rannen mir dabei die Tränen über mein erzürntes Gesicht. Es war ein furchtbarer Tag, den ich da mit mir selbst und meinem multimorbiden Körper zubringen musste. Sobald ich einen kurzen Stopp einlegte, um ein Foto zu schießen, büßte ich es mit verstärkten Schmerzen. Ich kam an einer Bar vorbei, die durch eine hohe Hecke blickdicht abgeschirmt war. Ich hörte Marie mit anderen laut scherzen und lachen. Ich liebte Marie über alles, aber heute war mir selbst das zu viel. Ich ertrug es nicht und schlich mich unauffällig davon.

Wenig später überholte mich eine junge Frau meines Alters und segnete mich mal wieder mit der inflationär verwendeten Camino-Phrase. Diese nichtssagende Redensart konnte sie sich gern sonst wohin schieben, aber nicht in meinen Gehörgang. Völlig entnervt präsentierte ich ihr meine finsterste Miene mit tiefsten Zornesfalten, verziert von verzweifelten Tränen. Etwas irritiert schaute sie mir daraufhin tatsächlich in die Augen und fragte, ob sie mir irgendwie behilflich sein könne. Ich verneinte. Was hätte sie schon tun können? Mich Huckepack nehmen? Mir den Fuß amputieren? Ich wollte einfach nur in Ruhe gelassen und unter gar keinen Umständen zum Grüßen genötigt werden. War das denn so schwer? Aber es schien, als ob ich mit meinem Unwillen und Verdruss die anderen Pilger noch mehr zum fröhlichen Grüßen animierte als sonst.

Wenig später kreuzte auch noch Scott meinen Weg, aber wenigstens hatte er keine aufbauenden Floskeln für mich parat. Er wollte mich lieber gleich ganz nach Hause schicken. Ich tat ihm wohl doch ein bisschen leid. Er tröstete mich und begleitete mich bis nach Frómista, und durch unsere Konversation war ich tatsächlich für eine gewisse Zeit abgelenkt. In Frómista war ich so überfordert von all den Wegweisern und meinem eigenen Durchhaltevermögen, dass ich mich verloren wie auf dem Frankfurter Flughafen fühlte. Scott fragte für mich in seiner Muttersprache bei den Einheimischen nach dem Pilgerarzt und zeigte mir die Richtung. Bei unserer Verabschiedung wünschte er mir keinen »Buen Camino«, sondern »Alles Gute« und »Gute Besserung«. Das nenne ich mal Empathie.

Es war gerade einmal 11 Uhr, aber alle Herbergen öffneten erst um 13 Uhr. Ich suchte die Praxis auf, doch der Arzt hatte seine Sprechstunde für Pilger natürlich erst ab 18 Uhr. Jetzt war ich einmal hier, da würde ich die sieben Stunden auch noch irgendwie rumbekommen. Aber zunächst hieß es, eine Beschäftigung für die nächsten zwei Stunden zu finden, um mir danach gleich einen Schlafplatz zu sichern. Ich hinkte zielgerichtet auf eine Bar mit Terrasse zu, als mir plötzlich eine ältere, sehr sympathische Dame entgegenkam und mich ansprach. Sie sagte, dass sie mich von Weitem beobachtet habe und mich gern bei sich aufnehmen würde. Freudig überrascht folgte ich ihr in ein ganz normales, unauffälliges Haus mit mehreren Wohnungen. Zwei Apartments davon hatten sie und ihr Gatte für Pilger angemietet. Da das Gebäude von außen völlig unscheinbar war, hätte ich niemals erwartet, hier eine Unterkunft zu finden.

Ich trat ein und die Wohnung fühlte sich gleich ein bisschen wie zu Hause an. Sie war liebevoll und gemütlich eingerichtet, mit einem kleinen, sehr sauberen Badezimmer und einer großen Gemeinschaftsküche. Hier war Platz für vier Schlafgäste und im oberen Stockwerk befand sich die zweite Wohnung mit drei weiteren Schlafmöglichkeiten. Sie empfahl mir aufgrund meiner Beschwerden die untere Wohnung, da ich sonst jedes Mal hätte runterhumpeln müssen, um in die Küche oder zur Waschmaschine zu gelangen. Sie führte mich herum und erklärte mir, dass ich alles nutzen dürfe und sogar verwenden könne, was sich im Kühlschrank oder in den Schubladen befand. Ich fragte sie, was der ganze Spaß kosten solle, und sie erwiderte, dass ich das mit einem von mir gewählten Spendenbetrag selbst bestimmen solle. Ich brach in Tränen aus, da ich so viel Güte und Freundlichkeit gar nicht gewohnt war. Erst die ganzen Verbandsmaterialien von lieben Mitmenschen am Morgen und jetzt noch das. Ich war sprachlos und unglaublich dankbar zugleich. Mir ging es so schlecht. Ich stand kurz vorm Wahnsinn, und diese Frau rettete mich aus meinem Elend. Sie war wie ein Engel. Solche Menschen sollte es bei all diesem Kommerz einfach öfter geben. Wunderbare Menschen wie Lourdes und ihr Ehemann José. Sie waren so warm, herzlich und selbstlos. Sie waren wirklich darauf bedacht, den Pilgern zu helfen, und sahen nicht nur klingelnde Kassen.

Ich wusch all meine Wäsche in der Maschine und mich selbst unter der Dusche. Anschließend suchte ich eine Kneipe auf, um die letzten fünf Stunden Wartezeit bis zur Öffnung der Praxis zu überbrücken. Ich war der einzige Gast, und der Wirt servierte mir mit jedem Glas kleine, leckere und kostenlose Snacks. Mehrmals tapste ich wie auf Eierschalen zur Toilette, bis sich der Wirt nach meinen Gebrechen erkundigte. In meinem missverständlichen Spanisch versuchte ich ihm zu erklären, dass ich eine schlimme Entzündung hatte und darauf wartete, dass die Arztpraxis gleich ums Eck öffnete. Er schien sichtlich betroffen zu sein. Ich schlussfolgerte daraus, dass er mich verstanden haben musste.

Nach etwa zwei Stunden kam ein älteres Paar in das Lokal, um eine Kleinigkeit zu essen. Sie schienen den Wirt zu kennen und unterhielten sich angeregt mit ihm, bis er plötzlich wild gestikulierte und immer wieder mit dem Finger auf mich zeigte. Es dauerte nicht lange, und der ältere Herr trat an meinen Tisch und sagte, dass er Arzt und hier für die Pilger zuständig sei. Ob ich ihm doch bitte mal meine Füße zeigen würde? Wie war das? Ich fragte nach, da ich befürchtete, sein Spanisch nicht richtig verstanden zu haben, aber der Mann bekräftigte mehrmals, dass er der Pilgerarzt sei. Na ja, was hatte ich schon groß zu verlieren? Er entfernte meine Pflaster und inspizierte die Wunden. Er war nicht sonderlich beeindruckt, da er solche lädierten Füße vermutlich täglich zu Gesicht bekam und sie zu seinem Geschäft gehörten.

Nach einer Weile kam er mit einem kleinen Arztköfferchen zurück und begann, mich zu verarzten. Ein Blick in seinen Koffer verriet mir, dass er wirklich Arzt sein musste. Sein Repertoire an Verbandsmaterial war sehr umfangreich. Er klebte meine Blase mit einem Pflaster ab, das Wirkstoffe für eine raschere Wundheilung beinhaltete, und gab mir genug Material für die nächsten Tage mit. Er verordnete mir mindestens einen Tag Laufpause und verabschiedete sich dann freundlich von mir. Und dafür wollte er keinen müden Penny sehen. Das war so abgefahren, was hier gerade passierte!

Der Restaurantbesitzer lächelte nur und meinte, dass man schließlich auch einmal Glück haben durfte, aber das grenzte ja schon bald an ein Wunder! Gänzlich ohne in einem überfüllten, kargen Wartezimmer sitzen zu müssen und ohne Vorlage meiner Personalien wurde ich kostenfrei und fachgerecht in einer Bar mit einem Bier in Reichweite behandelt und betreut. Geschichten, die der Camino schreibt.

Ich war so dankbar für die fachmännische Versorgung. Ich konnte förmlich spüren, wie die Wunde zu heilen begann. Auf dem Rückweg gönnte ich mir bei einem richtigen Fleischer mal wieder meine Lieblingssalami, in Größe XXL und nicht ganz billig. Zurück in der Herberge, erzählte ich Lourdes, dass ich nicht mehr zum Arzt zu gehen brauchte, weil dieser bereits zu mir gekommen war. Die gesamte Begebenheit war so unglaublich, dass selbst Lourdes daran zweifelte und dem Ganzen wohl nicht so recht Glauben schenken wollte. Aber das musste sie auch nicht. Ich wusste, was mir widerfahren war, und allein das zählte. Mittlerweile war die Herberge gut gefüllt. Eine junge

Australierin namens Taylor und ein älterer Franzose aßen mit mir zu Abend, und wie das Schicksal immer so spielt, war auch die junge Frau, der ich den bitterbösen Blick zugeworfen hatte, mit von der Partie. Pilar stammte aus Barcelona, und nachdem ich ihr die Situation erklärt und mich entschuldigt hatte, war die Sache vom Tisch. Der Abend war ganz nett, aber wir wurden alle nicht so richtig warm miteinander. Wie auch immer, ich beschloss noch in dieser Nacht, der Anordnung des Arztes Folge zu leisten und einen Tag länger hier zu bleiben, denn an diesem Ort ließ es sich wirklich aushalten, und mein Fuß würde es mir hoffentlich danken.

23 257 Schritte
17,9 km
702 kcal
47,1 g Fett

16.05.

Frómista

Da ich den Tag wirklich ruhiger angehen wollte, schloss ich nach dem morgendlichen Lärm noch einmal die Augen, bis es 10 Uhr war und Lourdes mich weckte. Wie ein kleines Kind freute ich mich schon auf meine gute, teure Salami, die ich mir extra für den heutigen Tag aufgespart hatte. Ich schaute in den Kühlschrank, konnte sie aber nirgendwo finden. Auch nicht auf dem Küchentisch. Ich stellte die gesamte Küche auf den Kopf, aber weit und breit war keine Spur von meiner Chorizo! Dann erinnerte ich mich wieder an Lourdes' Worte: »Was sich im Kühlschrank befindet, darf mitgenommen werden.« Verdammt! Ich hätte meinen Namen draufschreiben sollen! Die Wurst hatte sich wohl einfach jemand unter den Nagel gerissen. Ich ärgerte mich ins Bodenlose! Aber wer rechnet denn schon damit, dass jemand so dreist ist und gleich eine ganze Salami mitnimmt, ohne zu fragen? Da haut's doch den stärksten Eskimo vom Schlitten! Im Kühlschrank befanden sich ansonsten nur noch verschrumpeltes Gemüse, braune Äpfel und ein angerissener Halbfettmagerquark. Zeug, das eh keiner essen will, aber die riesige Wurst vom Metzger gehörte sicherlich niemandem. Klar. Und selbst wenn die Chorizo für alle gedacht gewesen wäre, hätte man sich doch einfach nur ein Stück davon abschneiden können, um den anderen noch etwas übrig zu lassen. Ich war so wütend! Es dauerte Stunden, bis ich mich wieder eingekriegt und den Verlust verdaut hatte.

Ich suchte Ablenkung, indem ich Lourdes im Haushalt half, und sie fragte mich, ob es okay für mich sei, in der Zeit von 13 bis 17 Uhr auf die Herberge aufzupassen, da sie und ihr Mann einen Termin außerhalb der Stadt wahrzunehmen hatten. Natürlich erklärte ich mich damit einverstanden. Wir tauschten Nummern, um uns auf dem aktuellen Stand zu halten, wer schon wie viele Betten telefonisch oder persönlich vermittelt hatte. Lourdes hatte bereits zwei Betten für einen Italiener und eine Chinesin reserviert. Ich nahm einen Niederländer und zwei junge Amerikanerinnen auf.

Es war eine schöne Erfahrung für mich, anderen eine Freude mit freien Betten bereiten zu können. Insbesondere den Mädels aus Kalifornien muss ich wie ein rettender Engel erschienen sein, da sie am Ende ihrer Kräfte waren und draußen unendliche Hitze herrschte. Sie waren nach all den Absagen so verzweifelt, dass sie kurz davor waren für fast 80 € in ein Hotel einzuchecken, bis ein Einheimischer sie zu dieser Herberge führte. Wie bereits erwähnt, war sie sehr unauffällig und eher ein verborgener Schatz. Ich zeigte ihnen die Räumlichkeiten, erklärte, dass es noch Platz für sie gebe, und als ich dann noch erwähnte, dass dies alles für einen Spendenbetrag erhältlich sei, brachen sie, genau wie ich am Tag zuvor, in Tränen aus.

Nachdem die Hospitaleros zurückgekehrt waren, machte ich mich trotz meiner schmerzenden Füße noch mal auf den Weg und unternahm einen kleinen Spaziergang durchs Städtchen. Ich nahm in einem lauschigen Café im Schatten Platz, da es noch immer sehr heiß war. Ein Pilger leistete mir

Gesellschaft, und ich genoss für einen Moment die Freiheit und Unbeschwertheit. Es fühlte sich fast wie Urlaub an, als ich in der Sonne in Flip-Flops die Promenade entlangflanierte.

Später verbrachten wir alle gut erholt den Abend gemeinsam in der Küche. Zusammen kochten wir ein üppiges Mahl und unterhielten uns angeregt über Gott und die Welt. Gegen 19 Uhr trudelte dann auch noch die bereits verschollen geglaubte Chinesin ein. Sie erzählte von ihrem anstrengenden Tag, an dem sie über 50 km zurückgelegt hatte! Und das in langen Wollsachen! Nicht nur meine Kinnlade rutschte bis in die Kniekehlen. Hatte ich vielleicht etwas verpasst, und dies war ein Marathon? Wie hatte sie das in ihrem langen Sweater überlebt? Verrückt.

3 439 Schritte
2,6 km
95 kcal
5,3 g Fett

17.05.

Von Frómista nach Carrión de los Condes
19,7 km

Als ich mich am Morgen im Bad frisch machte und mir das Gesicht abtrocknete, stellte ich mit Entsetzen fest, dass mein erst kürzlich gewaschenes Handtuch nach Männerschweiß stank. Gestern Abend hatte ich es an einem Haken im Badezimmer hängenlassen. Ich war ja ohnehin schon kein Morgenmensch, aber die Vorstellung, dass sich ein Typ mit meinem Handtuch seine verschwitzten Achseln oder vielleicht sogar seinen Intimbereich samt Analfalte gesäubert und gereinigt hatte, machte es nicht unbedingt erträglicher. Im Gegenteil! Nachdem ich wahrscheinlich den Achselschweiß eines Mannes in meinem Gesicht verteilt hatte, stieg mein Groll wieder ins Unermessliche. Was waren denn das teilweise für Schweine hier auf dem Jakobsweg? Erst hatte jemand meine Wurst mitgehen lassen und jetzt war auch noch mein Handtuch in Mitleidenschaft gezogen worden! Ich war durch und durch so angewidert, dass ich mir mein Gesicht am liebsten desinfiziert hätte, nachdem ich es erneut gewaschen und mit Toilettenpapier getrocknet hatte.

Es tat mir zwar wegen Lourdes aufgrund der Energie- und Wasserverschwendung leid, für ein einziges Handtuch die Waschmaschine zu starten, aber so konnte ich unmöglich loslaufen. Ich wählte das dreißigminütige Kurzprogramm. Mir war alles recht. Ein kurzer Blick in die Toilette, und Lourdes tat mir noch mehr leid. Jemand hatte ihr dort ein deutlich sichtbares, widerwärtiges Geschenk hinterlassen. Ich wollte ihr so viel Gutes wie möglich tun und erledigte daher fix den Abwasch und wischte einmal die komplette Wohnung durch, aber die fette Bremsspur eines anderen beseitigen konnte ich einfach nicht. Schon allein bei dem Gedanken daran wurde mir übel. Ich packte alles zusammen, hinterließ eine großzügige Spende und heftete mein nasses Handtuch an den Rucksack. Jetzt hieß es nur noch nichts wie weg von hier, sonst dachte Lourdes womöglich noch, das sei meine Hinterlassenschaft, wenn sie mitbekam, dass ich als Letzte das Haus verlassen hatte. Arme Lourdes. Ich war in Gedanken bei ihr. Als Hospitalera würde ich ausflippen. Menschen können in ihrer Gedankenlosigkeit aber auch wirklich Hornochsen sein. Das war das Letzte, was Lourdes verdiente.

Ich war den gesamten Tag lang allein unterwegs. Die Schmerzen waren im Vergleich zu den vergangenen Tagen erträglicher geworden, und ich dachte zurück an all die Bekanntschaften auf diesem Weg, die mein Herz berührt hatten. Ich vermisste Kim, Thorsten, Dirk und Marie und fragte mich, ob ich nochmals eine Begegnung auf dem Camino haben würde, die unter die Haut ging und mich wirklich berührte. Bisher waren die letzten Tage eher einsam, zäh und mühselig gewesen. Auch machte ich mir Gedanken über meine Zukunft. Bis nach Santiago waren es zwar noch über 400 km, und erst in vier Wochen würde ich zu Hause wieder meinen ersten Frühdienst haben, aber irgendwie bereitete mir das jetzt schon Unbehagen, da die Zeit manchmal schneller vergeht, als einem lieb ist. Träumt nicht jeder im Herzen davon, vollkommen glücklich in seinem Job zu sein? Sich frei und optimal entfalten zu können und dabei auch noch richtig viel Geld zu verdienen? Natürlich ist das nicht immer möglich, denn es gibt Jobs, die müssen einfach getan werden. Die Welt braucht Bauarbeiter, Verkäufer, Friseure, Reinigungskräfte und auch Pflegepersonal. Und allesamt haben sie für das, was sie täglich tun, mehr Geld verdient, aber leider ist das in der Realität nicht umsetzbar. Das wissen wir alle. Alles würde teurer werden und unterm Strich käme es vermutlich aufs Gleiche raus.

Aber mal ganz unter uns: Hat nicht jeder irgendwann einmal eine unrealistische Traumjob-Vorstellung gehabt? Oder hat sogar heute noch eine? Die einen träumen vielleicht davon, ein umschwärmter Rockstar oder ein berühmter Astronaut zu sein, während sich andere in Gedanken als superreiches Topmodel auf dem Laufsteg wähnen. Hoteltester ist wahrscheinlich auch ein beliebter Berufswunsch. Als Kind habe ich wahrscheinlich zu viele Arztserien konsumiert und daher in Poesiealben immer angegeben, dass ich einmal Chefärztin werden möchte. Jetzt bin ich zwar in der Medizin gelandet, aber zufrieden bin ich dennoch nicht. Dann spielten damals alle Radiosender die Songs von Britney Spears rauf und runter, und ich sehnte mich danach, einmal genauso berühmt und erfolgreich wie ein Popstar zu sein, aber leider bin ich mit keinerlei musikalischem Talent gesegnet. Tja, und heute träume ich davon, Reporterin für die TV-Sendung »Galileo« zu sein. Man würde mich dafür bezahlen, die spektakulärsten Orte der Welt zu bereisen und interessante Menschen zu interviewen. Und davor würde mich auch noch ein professionelles Team von Visagisten für die Kamera herrichten. In meiner Naivität stelle ich mir das traumhaft vor, aber ich bin mir sicher, dass auch dieser Job, ebenso wie alle anderen, seine Schattenseiten hat.

Beispielsweise könnte ich mir gut vorstellen, dass sich für eine international tätige Journalistin die Familienplanung eher schwierig gestaltet. Wobei ich mir noch nicht einmal sicher bin, ob ich überhaupt einmal Kinder haben möchte. Mit Kindern konnte ich noch nie besonders viel anfangen, und unsere Welt wird zukunftstechnisch gesehen auch nicht besser. Allerdings würden mit meinem Dahinscheiden dann gleich zwei Familienstammbäume komplett ausgelöscht, da ich sowohl mütterlicher- als auch väterlicherseits das einzige Enkelkind bin. Und ich glaube ganz fest daran, dass ein Mensch nur dann wirklich tot ist, wenn man ihn vergisst. Mein Opa lebt in meinen Erinnerungen weiter, aber die Vorstellung, dass sich vielleicht irgendwann niemand mehr an ihn erinnern wird, zerreißt mich innerlich. Eines Tages möchte ich vielleicht mal meinen Kindern davon erzählen können, was sie für einen wunderbaren Urgroßvater hatten, während ich sie mit auf Weltreisen nehme. Doch als Krankenschwester im Dreischichtsystem gestaltet sich die Familienplanung auch nicht gerade einfach. Überhaupt bewundere ich Kollegen, die diesen Beruf schon seit etlichen Jahrzehnten ausüben. Ich persönlich bezweifle, dass ich das bis zur Rente durchhalten werde. Allerdings fehlen mir derzeit noch realistische Jobalternativen, um diesbezüglich weiterplanen zu können. Ich könnte mir gut vorstellen, mal auf einem Kreuzfahrtschiff als Krankenschwester zu arbeiten oder in Krisengebieten medizinische Ersthelferin zu sein. Oder vielleicht kann ich mich ja eines Tages mit dem Schreiben von Abenteuergeschichten über Wasser halten? Wer weiß das schon? Fragen über Fragen und keine Antworten. Aber ich habe ja noch ein wenig Zeit – nämlich mein ganzes Leben! Das ganze Leben ist eine Reise, und meine hat gerade erst so richtig begonnen.

Die heutige Strecke erwies sich als eher hässlich. Sie führte hauptsächlich an einer Überlandstraße entlang und durch einige Ortschaften hindurch. Ständig nieselte es, und die Pilger in ihren neonfarbenen Regengewändern leuchteten hell in der düsteren Umgebung. In Carrión de los Condes irrte ich zunächst ein wenig verloren umher, dann erspähte ich Marie und war überglücklich. Ich drängelte mich durch die Massen und drückte sie. Doch ihre Augen sahen mich ganz traurig an. Ehe sie etwas sagen konnte, fiel mir auf, dass wir hier an einer Bushaltestelle standen, und ich ahnte nichts Gutes. Sie offenbarte mir ihr Vorhaben, mit dem nächsten Doppeldecker weiter nach León zu fahren. Das waren, um genau zu sein, satte 100 km. Sie hatte Zeitdruck; zudem schleppte sie seit der Nacht mit Gretelchen eine dicke Erkältung mit sich herum und hatte in den letzten Tagen unzählige Medikamente eingenommen, da sie sogar fieberte. Mit einem Mal wurde mir klar, dass ich sie möglicherweise nie wiedersehen würde, und in mir machte sich ein unendliches Gefühl der Leere breit. Ich ignorierte ihre Keime und umarmte sie noch einmal ganz fest zum Abschied. Den dicken Kloß in meinem Hals schluckte ich herunter, um eine Szene zu vermeiden. Mit einem Schlag fühlte ich mich wieder unendlich allein und verlassen. Niedergeschlagen zog ich auf der Suche nach einer Unterkunft ratlos durch die Gassen.

Die letzte, von Nonnen geführte Herberge hatte noch freie Betten. Die Einrichtung war schon in die Jahre gekommen, doch die Wascheinrichtungen waren nicht ganz so schauerlich wie die Schlafsäle. Vierzig Betten in einem Raum waren durch Wandschirme nur pro forma voneinander abgetrennt. Schlief man oben, konnte man in den Nachbarraum schauen. Es war alles ziemlich alt, marode und heruntergewirtschaftet. Mein Handtuch war tagsüber zum Glück einigermaßen getrocknet, doch als ich meine Socken auszog, erwartete mich das gleiche Elend wie jeden Tag. Sämtliche Pflaster hatten sich vom Fuß abgelöst, in das Material der Socken eingearbeitet und diese dadurch irreversibel zerstört. Eine echte Schweinerei! Darüber schreibt auch niemand etwas. Die klebrigen Überreste würde ich nie wieder aus den Socken herausbekommen.

Nach einer warmen Dusche deckte ich das schwarze, klapprige Gestell meines Bettes mit meinem Poncho ab und versuchte, mich etwas häuslich einzurichten. Am späten Nachmittag begannen die Ordensschwestern mit den Pilgern fromme Kirchenlieder zu singen und dabei zu klatschen, um den allmächtigen Schöpfer zu ehren. Der Stuhlkreis erinnerte dabei an eine Art Therapiesitzung. Das war einfach zu viel für mich, also suchte ich das Weite. Da es draußen immer stärker regnete, verkroch ich mich zunächst in einer Taverne und kaufte mir anschließend in einem Sportgeschäft ein Paar neue Wanderstrümpfe für schlappe dreißig Euro sowie ein knallrotes Regenmäntelchen für meinen Rucksack. Gegen 20 Uhr wollte ich eigentlich nur mal kurz meine Augen ausruhen, indem ich sie für einen Moment schloss, doch ich schlief sofort gnadenlos ohne Ohrstöpsel ein – was im Grunde gut war, denn im Schlaf kann man sich nicht mehr den Kopf zerbrechen.

30 893 Schritte
23,7 km
1 012 kcal
69,8 g Fett

18.05.

Von Carrión de los Condes nach Moratinos
31,5 km

In dieser Nacht bereitete mir zur Abwechslung mal mein linkes Knie Schwierigkeiten, weshalb ich öfter wach wurde. Pünktlich um 6 Uhr stand ich auf, um mich im Bad frisch zu machen, und als ich wiederkam, war das Licht immer noch aus. Das kannte ich bereits, dennoch fand ich dieses Verhalten immer wieder merkwürdig. Mitten in der Nacht hatten die Leute kein Problem damit, andere zu stören, indem sie lautstark mit ihren Sachen raschelten. Aber wenn es darum ging, nach der offiziell beendeten Nachtruhe das Licht anzumachen, traute sich keiner. Das war wie jeden Morgen mein Job. Ich hatte damit bislang keine Schwierigkeiten gehabt, denn schlussendlich waren immer alle erleichtert, wenn es einer tat, nur nicht an diesem Morgen.

Gegen 6.30 Uhr brachte ich Licht ins Dunkel, um mein Zeug zusammenzupacken. Meine Hände waren bereits im tiefsten Inneren meines Rucksacks vergraben, als es auf einmal wieder plötzlich und unerwartet finster wurde. Eine ältere Dame schimpfte wild und beschwerte sich, dass sie noch schlafen wolle. Innerlich musste ich lachen und dachte daran, dass ich diese drakonische Domina in Torres del Río oder Logroño gut hätte gebrauchen können. Aber jetzt musste ich situationsbedingt handeln und meine Interessen durchsetzen. Daher lief ich schnurstracks zurück zum Lichtschalter, knipste das Licht wieder an und pöbelte gleichermaßen zurück. Ich wetterte, dass sie wohl die Einzige im Raum sei, die noch schlafen wolle, dass alle anderen bereits packten, um aufzubrechen, und dass die Nachtruhe seit mehr als dreißig Minuten vorbei sei. Dafür erntete ich Applaus und sie legte sich beleidigt ins Bett zurück.

Um exakt 7 Uhr verließ ich das Gotteshaus im strömenden Regen und dachte mit Schrecken an das, was mich nun erwartete: Ein 18 km langer Marsch bis nach Calzadilla de la Cueza. Das war ein Albtraum, da es keine Dörfer gab, die für Ablenkung sorgten oder Gelegenheit boten, sich auszuruhen und in einem Café ein wenig zu stärken. Ich erinnerte mich an Hape Kerkelings Schilderungen aus seinem Buch über diese Strecke. Er ging den Abschnitt an einem kochend heißen Tag und lief durch die Hölle. Heute war es das komplette Gegenteil. Es schüttete unaufhörlich, als ich die Stadt verließ. Immerzu blitzte und donnerte es gewaltig, sodass ich jedes Mal bis ins Knochenmark erschüttert wurde. Ich fragte mich wiederholt, was ich hier eigentlich machte und ob ich nun vollends den Verstand verloren hatte. War ich vielleicht lebensmüde geworden, bei einem derart heftigen Gewitter durch die Meseta zu laufen, wo die einzige Angriffsfläche für Blitze ich und mein überladener Rucksack waren?

Innerhalb von zehn Minuten war alles klatschnass. Ich wollte Fotos von dem Mistwetter machen, da mir ansonsten vermutlich keiner glauben würde, wie geisteskrank ich geworden war, aber mein Handy streikte. Seit dem Bad im Wasserbecken von Logroño war es sehr wasserscheu und überempfindlich gegen jegliche Feuchtigkeit geworden. Anfangs lief ich noch recht flink und war hoch motiviert, die Strecke schleunigst hinter mich zu bringen, aber das ließ angesichts der Trostlosigkeit der Gegend immer mehr nach. Ich kann wirklich, ohne zu zögern, sagen, dass dies einer der schlimmsten Tage auf dem Camino war. Es war noch nicht ganz 9 Uhr und die Strecke hatte es schon in die Top Ten der schrecklichsten Erfahrungen geschafft. Es kübelte wie aus Eimern und wollte einfach nicht aufhören. Der Wind blies mir immer wieder die Kapuze vom Kopf, und ständig flogen mir Haare in den Mund oder verfingen sich unaufhörlich in meinen getuschten Wimpern. Meine Regenjacke hätte man auswringen und damit eine ganze Pferdetränke füllen können! Auch bemerkte ich, wie sich nun langsam mein eigentlich angeblich absolut wasserdichtes Schuhwerk vollsaugte. Gab es eigentlich überhaupt noch eine Körperstelle, die nicht triefend nass war?

Die Natur ringsherum war sicherlich wunderschön, soweit ich das beurteilen konnte, während ich mir die Kapuze bis zur Nasenspitze runterzog. Es war eisig kalt und der Pfad ging ungelogen 18 km stupide geradeaus und wollte auch nach Stunden einfach kein Ende nehmen! Würde es jetzt jemand wagen, mir »Buen Camino« zu wünschen, hätte ich schwören können, dass Köpfe gerollt und anschließend im Regenwasser davongeschwommen wären!

Irgendwann bekam ich großen Hunger und dachte sehnsuchtsvoll an meinen Proviant im Rucksack. Auch hatte ich mal wieder tausend kleine Steinchen in den Schuhen, aber was sollte ich machen? Es gab nirgendwo eine Unterstellmöglichkeit. Einfach nirgendwo! Irgendwann reichte es mir, und ich machte kurzerhand Halt, als ich am Wegrand eine Steinbank entdeckte. Natürlich ohne Überdachung, aber das Bedürfnis nach Essen war einfach zu groß. Da stand ich nun wie ein begossener Pudel und aß mein Sandwich im Stehen, während der Regen weiterhin Bindfäden zog und meine Mahlzeit mit jedem Bissen mehr aufweichte. Was für ein geiler Tag. Ich raffte mich dennoch tapfer zum Weiterlaufen auf. Irgendwann ließ der Regen nach, und dann tauchte doch tatsächlich das so sehnlichst erwartete Calzadilla de la Cueza vor mir auf, kurz bevor ich mich von all meinen guten Manieren verabschieden und unkontrolliert losschreien wollte. Wie eine Oase im Monsun standen da ein paar Häuser, und gleich am Ortseingang befand sich eine große Imbissstube mit überdachter Terrasse. Endlich! Meine Güte, was war ich froh und erleichtert! Ich konnte nun definitiv bestätigen, dass es dieser Tag eindeutig unter die schlimmsten drei geschafft hatte. Noch nie war ich so zügig und ohne nennenswerte Pause achtzehn verflixte Kilometer am Stück durchgelaufen. Das war für dreieinhalb Stunden der pure Horror!

Aber jetzt gönnte ich mir erst einmal eine warme Suppe und hängte ein paar Sachen zum Trocknen über die Stuhllehne, da sich nun auch die Sonne erfolgreich durch die Wolkendecke gekämpft hatte. Der überfüllte Laden machte sicherlich ein gutes Geschäft, denn vermutlich stürzte jeder nach der langen monotonen Einöde als Erstes hier rein. Und egal, wie das Wetter war, ob heiß oder regnerisch, die Strecke war einfach schrecklich, da es nichts gab, was einen Schatten hätte werfen oder als Unterstand hätte dienen können. Ich atmete tief durch und überlegte, wie es nun weitergehen sollte. Sollte ich hierbleiben oder weiterlaufen? Im Prinzip war ich völlig fertig und durchnässt, aber andererseits war es gerade einmal 10.30 Uhr, und ich wollte mich keinesfalls von der Natur unterkriegen lassen. Also weiterlaufen!

Vor der Toilette empfing mich eine riesige Warteschlange. So stellte ich es mir in etwa in Santiago vor. Massen von Leuten, und alles drehte sich nur noch um den Magen-Darm-Trakt. Essen, trinken und austreten gehen.

Das Gewitter war nun endgültig vorbeigezogen, sodass ich zügig wieder aufbrach. Ehe ich mich versah, war ich bereits im über 6 km entfernten Ledigos angekommen. Ich fragte in den Herbergen nach freien Plätzen, jedoch vergeblich. Alles schon voll, doch da es noch relativ früh war, lief ich weitere 3,5 km nach Terradillos. Wenigstens war die Landschaft wieder atemberaubend. Es hätte so schön sein können, wären da nicht ständig diese verdammten Steinchen in meinen Schuhen gewesen. Viel zu oft musste ich deswegen anhalten und die Bröckchen auskippen, allerdings nur, damit in der nächsten Sekunde wieder Platz für neue war. Das machte mich schon seit Tagen fuchsteufelswild! Unterwegs traf ich den Hamburger Jogi wieder, den ich in Ventosa kennengelernt hatte. Er kannte das Ärgernis mit den Schuhen und gab mir den Tipp, meine langen Wandersocken über den Schuhrand zu stülpen. Das sah zwar mehr als bescheuert aus, aber es half tatsächlich.

So langsam wurden meine Beine müde, und auch die Schmerzen meldeten sich wieder. Als ich mich in Terradillos nach einem freien Bett erkundigte, war es schon spät am Nachmittag und die erste hübsche Herberge natürlich bereits voll belegt. Ich ging zur zweiten und damit letzten Herberge am Ort und wurde auch hier abgelehnt. Da zog es mir den Boden unter den Füßen weg. Ich sollte noch ein Dorf weitergehen, in völliger Ungewissheit, ob es dort einen Schlafplatz geben würde? Ich brach in Tränen aus, weil ich wirklich nicht mehr konnte und mein ganzer Körper mit seinen Kräften am Ende war. Anfangs noch durchnässt, war ich mittlerweile von einer braunen Staubwolke überzogen, und die Füße wollten einfach nicht mehr. Es war eine Schande, dass man ehrlich pilgernde Leute nach einem fast 30 km langen Tagesmarsch mit schwerem Gepäck einfach so abwies.

Nach meiner tränenreichen Szene bot mir die Frau an der Rezeption an, auf der schmalen Massageliege der Physiotherapie zu übernachten. Gegen eine Spende vielleicht, aber zum vollen Preis von 10 €? Ich dachte, sie wolle mich veräppeln, aber sie schien es ernst zu meinen. Es kamen noch drei weitere Pilger an, aus Korea und Tschechien, die ebenfalls abgelehnt wurden, weil sie nicht reserviert hatten. Schließlich rief die Hospitalera im nächsten Dorf in einer Unterkunft an und stellte sicher, dass wir vier dort ein Bett bekamen. Die zwei Koreanerinnen ließen sich mit einem Taxi die letzten 3 km dorthin kutschieren, was für mich gar nicht in die Tüte kam, und so lernte ich die Tschechin Adera kennen, und wir bestritten zusammen die letzten Meter nach Moratinos. Adera war 22 Jahre alt und ausgesprochen hübsch. Bildhübsch. Vom Gemüt her aber eher ruhig, schüchtern und sehr lieb. Wir verstanden uns auf Anhieb gut und motivierten uns gegenseitig, allerdings vermochte sie nicht nachzuvollziehen, was ich der Landschaft der Meseta abgewinnen konnte, als ich unentwegt die Umgebung mit der Kamera festhielt.

Wir überholten einen Mann von etwa Mitte vierzig, der offensichtlich noch stärker mit seinen körperlichen Gebrechen zu kämpfen hatte als ich. Ich fragte ihn, wie es ihm gehe und ob man ihm helfen könne. Im Traum hätte ich nicht daran gedacht, ihm in seinem Zustand hämisch einen »Buen Camino« zu wünschen, so wie es andere bei mir andauernd taten. Er meinte, dass er okay sei, und wir liefen weiter.

Nach einer gefühlten Ewigkeit kamen wir dann endlich in unserer Herberge in Moratinos an. Ich schaute in mein Portemonnaie und stellte mit Entsetzen fest, dass nur noch 5 € darin waren. Die reichten weder für einen Schlafplatz noch für ein Essen. Doch sowohl das eine wie auch das andere waren essenziell. *Ach herrje … und jetzt?* Hier auf dem Camino war das so eine Sache mit der Bargeldbeschaffung. Man hatte nur in den größeren Städten die Möglichkeit, Geld aus einem Bankautomaten zu ziehen. Die letzte Chance wäre dann wohl Carrión de los Condes gewesen. Scheibenkleister. Mit meiner ec-Karte brauchte ich hier in den kleinen Ortschaften gar nicht anzukommen. In Logroño hatte ich das letzte Mal Geld vom Konto geholt. Das war schon fast zwei Wochen her. Die nächstgrößere Stadt war das 9 km entfernte Sahagún. Nein, danke!

Ich wusste einfach nicht, was ich tun sollte. Adera wunderte sich, warum ich nicht eincheckte, und ich beichtete ihr mein Malheur. Bereits im nächsten Moment zückte sie einen Zwanzigeuroschein, sodass ich bis morgen über die Runden kommen würde. Ich wollte das Geld zuerst nicht annehmen, musste es aber schließlich tun. Andernfalls hätte ich heute auf der Straße pennen können. Ich war so gerührt von ihrem Vertrauen, und gleichzeitig hatte ich alles nur noch satt für heute. Wenigstens war die Herberge wunderschön und der Garten angenehm erholsam gestaltet.

Der Duschvorgang gestaltete sich ein wenig schwierig, da heute mal wieder Haarwaschtag war, aber das Wasser nur mäßig aus dem Hahn getröpfelt kam. Nach einer gefühlten Ewigkeit war dann endlich auch der letzte Rest meiner Haarkur ausgewaschen. Anschließend gönnte ich mir ein wenig Urlaubsfeeling, warf mich auf eine der Sonnenliegen und verarztete meine Füße. Die waren auf jeden Fall Hingucker und erleichterten mir ungemein das Kennenlernen neuer Menschen. Babys und Hunde waren gestern. Wollte ich mit jemandem auf dem Jakobsweg ins Gespräch kommen, zog ich einfach meine Socken aus. Prompt fand ich mich umgehend in einer Unterhaltung mit einer Gruppe von Deutschen im Alter von dreißig bis fünfzig Jahren wieder.

Da war zum einem der 31-jährige, tätowierte Martin mit Glatze aus Karlsruhe, der den Weg nach einem Burn-out ging, und zum anderen Daniel, den wir kurz vor Moratinos überholt hatten. Der 45-jährige Feuerwehrmann erzählte, dass einer seiner Kameraden begonnen habe, den Camino zu laufen, aber unerwartet an Krebs verstorben sei. Es sei sein letzter Wunsch gewesen, dass jemand für ihn den Weg zu Ende gehen möge, also beschlossen zahlreiche Männer der Feuerwache, sich gemeinsam für ihren Kollegen und Freund auf die Reise zu machen. Mir lief ein kalter Schauer über den Rücken, und ich musste für einen Moment innehalten und tief durchatmen, um nicht in Tränen auszubrechen. Was für eine bewegende Geschichte von Zusammenhalt und tief empfundener Freundschaft. Jeder von ihnen trug ein Andenken bei sich, das sie stets daran erinnerte, weshalb sie die Strapazen auf sich nahmen. Noch trauriger wurde ich, als Daniel mir anvertraute, dass er nächste Woche den Weg abbrechen werde aufgrund seiner vielen Verletzungen und Beschwerden.

Ich unterhielt mich noch eine ganze Weile mit den beiden. Wir hatten auch viel zu lachen. Daniel hegte eine ähnliche Aversion gegen schnarchende Zimmergenossen wie ich, und wir vereinbarten, dass wir uns im Notfall in der Nacht draußen auf den Sonnenliegen treffen würden, um dort weiterzuschlafen.

Ich ging kurz in die Herberge, um mein Bett für die Nacht herzurichten, als ich auf dem Fensterbrett ein Schild mit den Worten: »Give your blisters a name and they go away« erspähte. Ach was? Wenn ich meinen Blasen Namen gab, würden sie verschwinden? Wieso erfuhr ich das erst jetzt, wenn es doch so einfach war? Und wie sollte ich bloß das eitrige Ding nennen? Achim? Irmgard? Oder vielleicht der Name eines Exfreundes? Belustigt taufte ich also meine Blasen, man konnte schließlich nie wissen. Vielleicht half es ja tatsächlich. Ich entschied mich für Bärbel, und die fette Blase zwischen den zwei größten Zehen taufte ich Karl-Heinz.

Später am Abend ging ich noch mit Adera in eine Taverne. Dort genehmigten wir uns ein gutes Pilgermenü und lernten Sally aus Taiwan kennen. Lustig, aber auch etwas bedauerlich, dass die Asiaten immer Pseudonyme statt ihrer richtigen Namen benutzen, weil Europäer und Amerikaner anscheinend ihre Zunge zu ungeschickt einsetzen, um den tatsächlichen Wortlaut hinzubekommen. Sie verriet mir ihren Geburtsnamen, aber das konnte ich tatsächlich um keinen Preis aussprechen. Sally kicherte unaufhörlich. Wahrscheinlich sagte ich anstatt ihres Namens so etwas wie »Die Mutter frisst das Pferd«. Ich stellte fest, dass es nach diesem scheußlich anstrengenden Tag alles in allem doch noch ein sehr gelungener Abend geworden war, und freute mich aufrichtig, Adera kennengelernt zu haben, da mir ihre ruhige und besonnene Art ungemein guttat und Balsam für meine Seele war.

46 396 Schritte
35,7 km
1 571 kcal
115,1 g Fett

19.05.

Von Moratinos nach Calzadilla de los Hermanillos
23,7 km

Nach der ruhigen und angenehmen Nacht konnte ich mich kaum dazu durchringen aufzustehen. Auch der Rest meiner Zimmergenossen schlief noch tief und fest. Keiner, der bereits eifrig packte. Zudem fiel es mir besonders schwer, an diesem Morgen die Leiter herunterzuklettern. Wieder war es mein linkes Knie, das Sperenzchen machte. Die Schmerzen wurden von Tag zu Tag schlimmer, sodass ich in dieser Nacht nur auf der linken Seite hatte schlafen können. Ich schmierte mir wie jeden Morgen großzügig den Hirschtalg auf meine Füße, fragte mich aber zugleich, wozu das Ganze eigentlich noch gut sein sollte. Blasen bekam ich inzwischen trotzdem, und nach der Einbalsamierungsorgie ließ sich die ölige Creme kaum von den Händen abwaschen.

Adera und ich liefen am Morgen zusammen los, ich mit dem etwas unguten Gefühl, dass ich ihr noch das Geld zurückgeben musste. In Sahagún wollte ich den erstbesten Bankautomaten ansteuern, um meine Schulden zu begleichen. Wie so oft erstrahlte die Landschaft in einem romantischen Morgenrot, und die Meseta zeigte sich von ihrer schönsten Seite. Ich liebte es. Adera ihrerseits zog die jungen Männer förmlich an, und ehe ich mich versah, waren wir umgeben von jeder Menge überquellendem Testosteron. Sie lief mit einem Italiener, und ich unterhielt mich mit einem jungen Niederländer. Die Gespräche blieben allerdings oberflächlich; und man klapperte das übliche Fragenmuster ab. »Weshalb gehst du den Weg?«, »Wo hat dein Weg begonnen?«, »Wie lange hast du Zeit?« Das Übliche eben.

Irgendwann sah man endlich Sahagún in der Ferne, und ich freute mich darauf, die erste Hürde geschafft zu haben und irgendwo ein Frühstück genießen zu können. Doch der Weg dorthin verlief im Zickzack übers Ackerland, und meine Wahrnehmung führte mich mal wieder an der Nase herum. Wir benötigten noch ganze zwei Stunden, um endlich in der Stadt anzukommen. Ein paar kühne Pilger liefen geradewegs übers Feld und an der dicht befahrenen Schnellstraße entlang, um sich diesen frustrierenden Umweg zu sparen.

Als ich Adera das Geld zurückgegeben hatte, trennten sich unsere Wege. Eigentlich hatte ich sie als Dankeschön auf einen kleinen Brunch einladen wollen, aber diesen Einfall schien bereits der Italiener gehabt zu haben. Als ich zum Bäcker ging, traf ich Inka, die ich in Ventosa kennengelernt und dort nicht besonders gemocht hatte, und irgendwie war es nun anders zwischen uns. Auf einmal verstand ich ihre Art zu nehmen und konnte herzlichst darüber lachen. Sie berichtete von ihrem 18 km langen Marsch nach Calzadilla de la Cueza im strömenden Regen und dass sie dort ihre ersten Blasen bekommen hatte, weil ihr Schuhwerk durchnässt war. Ich amüsierte mich köstlich über ihre Schilderungen, da sie beim Erzählen ähnlich aggressiv werden konnte wie ich. Ich entdeckte nun auch Martin, der mit ein paar anderen Deutschen am Nebentisch saß. Inka blätterte in ihrem Reiseführer und stellte fest, dass wir uns bald an einer Weggabelung für eine Richtung würden entscheiden müssen. Der linke Pfad führte etwa 33 km an der Autobahn entlang, aber man durchlief des Öfteren ein Dorf. Der rechte Pfad war wohl die landschaftlich schönere Alternative. Er war genauso lang, nur dass man zwischen den letzten beiden Dörfern wieder eine über 18 km lange Strecke mit nichts zu absolvieren hatte. Klar, dass die hübschere Option immer einen Haken haben musste. Nach der Strecke von Carrión de los Condes nach Calzadilla de la Cueza wusste man, was es bedeutet, fast 20 km Weg ohne jede Ortschaft zu bewältigen.

Inka wählte die optisch hässlichere Tour, während ich mit der wunderschönen Meseta liebäugelte. Kurzerhand entschied ich mich dann dafür, und Martin und ein weiterer Pilger schlossen sich mir an. Aufgrund der Erfahrung der letzten Tage reservierte ich für Martin und mich telefonisch zwei Betten in einer Herberge, das Ganze sogar auf Spanisch. Ich war unglaublich stolz auf mich, und die anderen waren nicht weniger beeindruckt. Heute hieß es definitiv: Sicher ist sicher! Keineswegs würde ich dieses Mal das Risiko eingehen, abgewiesen zu werden und noch 20 km weiterlaufen zu müssen.

Bis zur entscheidenden Kreuzung liefen wir gemeinsam, und ich hatte viel Spaß mit Inka und sogar Tränen in den Augen vor Lachen. Was war mit ihr geschehen? Oder mit mir, dass ich sie plötzlich mit anderen Augen wahrnahm? So konnte man sich in einem Menschen täuschen. Man sollte nie zu voreilig urteilen!

Nach der Gabelung machten Martin, der andere Typ und ich in einer Bar Pause und sonnten uns ein wenig auf der Terrasse. Anschließend mussten wir noch 10 km laufen, um unser Etappenziel zu erreichen. Auf den letzten Metern ließ ich die beiden von dannen ziehen, da ich mit ihrem Tempo nicht mehr Schritt halten konnte. Es war sehr sonnig an diesem Tag, und an einer Böschung erspähte ich eine junge Frau, die sich doch tatsächlich oben ohne sonnte. War das eine Pilgerin? Ich zweifelte ein wenig … Nicht, dass ich prüde wäre, aber macht man das beim Pilgern heutzutage so?

Ich hatte wieder mit starken Schmerzen in den Füßen und Knien zu kämpfen, dennoch genoss ich es, allein durch die Meseta zu stiefeln. Ich war zumindest in einer Hinsicht tiefenentspannt, denn ich wusste, dass mir ein Bett sicher war. Als ich im Dorf ankam, wartete Martin bereits auf mich, da ich für uns auf meinen Namen reserviert hatte und er weder Englisch noch Spanisch sprach. Die Lady am Empfang wollte gleich 15 € pro Nase, was ein ziemlich heftiger Preis war. Im Foyer zog ich mir mit schmerzverzerrtem Gesicht und unter jammerndem Gewinsel meine Schuhe und Socken aus. Mal wieder hatten sich alle Pflaster in meinem Schuhwerk durch die Reibung verselbstständigt, und die Hospitalera starrte erschrocken auf meine entblößten Füße. Ehe ich mich versah, streckte sie mir eine große Flasche Desinfektionsmittellösung entgegen. Die ging wohl aufs Haus.

Sie führte uns in die Zimmer, und ich muss sagen, dass ich schwer beeindruckt war. Diese Herberge erinnerte schon fast an ein Hotel. Die Maximalanzahl pro Raum waren vier Einzelbetten. Auf jedem der frisch gemachten Betten mit weißen Laken befand sich ein großes weißes Handtuch. Man brauchte also weder seinen Schlafsack noch sein Mikrofaser-Handtuch auszupacken. Es war der pure Luxus! Zudem verringerte es am Morgen den Zeitaufwand erheblich, da man nicht so viel einpacken musste. Das Badezimmer war ein moderner Traum mit glänzenden schwarzen Fliesen.

Martin und ich vereinbarten, dass wir uns abends zum Essen wiedertreffen würden. Er haute sich aufs Ohr, ich schrieb

Tagebuch, und aus Minuten wurden Stunden. Gegen 19 Uhr ging ich in sein Zimmer rüber, aber er schlief noch immer tief und fest. Ich unterhielt mich lautstark mit einem Elsässer Pärchen, das perfekt Deutsch sprach, nur um ihn aufzuwecken. Ohne Erfolg. Ich war hungrig und versuchte Martin nun mit meinem Weckalarm bei voller Lautstärke aus dem Schlaf zu reißen, aber nichts tat sich. Ich hätte einen Ghettoblaster mit sechsfacher Bassverstärkung neben ihm platzieren können, und er hätte vermutlich nicht mit der Wimper gezuckt. Ich fasste mir ein Herz und rüttelte ihn einmal kräftig durch, während ich seinen Namen rief, was ein wenig unangenehm für mich war, da ich damit schon irgendwie in die Privatsphäre eines völlig Fremden eindrang. Aber ich dachte mir, dass er wahrscheinlich noch übler gelaunt sein würde, wenn ich ihn nicht weckte und er deswegen das Abendbrot verschlafen und mitten in der Nacht mit großem Hunger aufwachen würde. Als ich ihn dann endlich aus dem Reich der Träume reißen konnte, lachten wir herzlich darüber und zogen anschließend durchs Dorf, um eine Gaststätte mit günstigem Essen ausfindig zu machen, da uns unsere Herberge ein wenig zu luxuriös erschien.

In der ersten Bar bestellten wir ein Bier und fragten ganz optimistisch nach der Speisekarte. Die Küche würde erst um 21 Uhr aufmachen. Wie war das? Da werden bei uns in Deutschland bereits manche Küchen geschlossen, dachte ich mir. Und irgendwie wollte das auch nicht so recht mit dem Pilgern zusammenpassen. Einerseits aßen die Spanier erst nach 20 Uhr zu Abend, andererseits wurden die Türen der Herbergen um Punkt 22 Uhr verriegelt. Auch im zweiten Restaurant sagte man uns, dass wir zu früh dran seien. Unterwegs machten wir in einem Supermarkt eine Käse- und Olivenverkostung, um überhaupt ein paar nennenswerte Kalorien zu uns zu nehmen, und landeten dann schließlich doch in dem Gasthof, der zu unserer Herberge gehörte.

Wir nahmen an einem großen Tisch mit mehreren Skandinaviern Platz. Alle Frauen waren Krankenschwestern. Das konnte kein Zufall mehr sein, dass sich so viele mit Berufen im Gesundheitswesen auf den Jakobsweg begaben. Ich erwähnte, dass ich damit liebäugelte, mal auf einem Kreuzfahrtschiff zu arbeiten, doch meine Euphorie wurde sogleich getrübt, als man mir erzählte, dass man dafür Erfahrungen von mindestens sechs Monaten in einer Notaufnahme oder im intensivmedizinischen Bereich vorweisen müsse. Das konnte ich natürlich nicht. Es wird einem aber auch nichts im Leben geschenkt.

Am Abend versorgte ich in meinem Zimmer noch all meine Wunden mit der braunen Desinfektionslösung und bemerkte noch, bevor ich einschlief, dass sich mein Knie schmerzlich zurückmeldete. Das Zimmer lag direkt unter dem Dach und man hörte es von oben immer wieder scharren. Wir wussten nicht, ob es sich dabei um Vögel oder Ratten handelte, die sich über uns eingenistet hatten, aber ein wenig schauerlich war das Ganze in jedem Fall.

36 499 Schritte
28,1 km
1 250 kcal
93,7 g Fett

20.05.

von Calzadilla de los Hermanillos nach Reliegos
18,5 km

Diese Nacht war die mit Abstand schlimmste überhaupt! Dabei war es gar nicht das Schnarchen meiner Zimmergenossen, das mich wachhielt, sondern mein linkes Knie! Das gesamte Bein war wie gelähmt. Ich konnte es nicht mehr bewegen, ohne dass alles wie wahnsinnig zog und stach. Egal, in welche Richtung ich mich zu drehen versuchte, ich musste das linke Bein mit beiden Händen anheben, um es zu verlagern. Ob auf dem Rücken, dem Bauch oder auf der Seite, ob mit angewinkeltem oder gestrecktem Bein, ich hätte ohne Ende schreien können. In meiner Not googelte ich nach den Symptomen und Behandlungsmöglichkeiten, aber wenn man auf eigene Faust das Internet nach Krankheitsbildern durchforstet, liest man ja immer von den verheerendsten Dingen und geht sogleich vom Schlimmsten aus. Nachdem ich felsenfest davon überzeugt war, dass man mir das Bein chirurgisch würde entfernen müssen, war ich so verzweifelt, dass ich mich um 3 Uhr nachts neben mein Bett stellte und Dehnübungen machte. Hätte mich jemand gesehen, hätte er mich garantiert für besessen erklärt und einen Exorzisten herbeizitiert. Wie Emily Rose war ich pünktlich zur Hexenstunde von dämonischen Muskelkrämpfen im Kniegelenk befallen und verbog meinen Körper in unnatürliche Positionen, während über uns die Ratten auf dem Dachboden tanzten.

Mir graute vor den kommenden Nächten. Ich befand mich in einer richtig tollen Unterkunft ohne Geschnarche und fand dennoch keinen Schlaf. Wie sollte das in Zukunft werden? Ich konnte kaum erwarten, dass es endlich 6 Uhr wurde, um als Erste das Bett offiziell zu verlassen. Nachdem ich mich mit kaltem Wasser erfrischt hatte, musste ich irgendwie vom Dachgeschoss in das drei Etagen tiefer gelegene Erdgeschoss gelangen. Das waren unendlich viele Stufen, die es zu bezwingen galt. Mit den Händen stützte ich mich am Treppengeländer so fest ab, dass ich mich auf einem Bein herunterhangeln konnte. Als ich unten ankam, sah eine der norwegischen Krankenschwestern sogleich mein Elend, holte unverzüglich eine zehn Meter lange elastische Mullbinde aus ihrem Rucksack und umwickelte damit mein Knie. Der Druck des straffen Verbandes tat richtig gut. Martin gab mir sein Sporttape, damit ich das Blasenpflaster sorgfältig abkleben und dadurch besser fixieren konnte, um eine weitere Sauerei in meinen Socken zu vermeiden. Sogar sein kinesiologisches Tape bot er mir an, doch leider kannte ich mich mit der Handhabung nicht aus, sodass ich ablehnen musste. Was war ich doch von lieben Menschen umgeben! Ich schämte mich, derart schlecht vorbereitet auf diesen Weg gegangen zu sein, aber woher hätte ich auch ahnen sollen, was das für gesundheitliche Ausmaße annehmen würde.

Derart gut versorgt, frühstückte ich in aller Seelenruhe und begab mich dann allein auf die lange, monotone Etappe. Noch im Dorf traf ich auf den ältlichen Verkäufer aus dem Supermarkt von gestern. Er führte seinen kleinen, süßen Hund Gassi. Als dieser aber versuchte, mich in die Waden zu zwicken, und nicht mehr von mir abließ, war er dann doch nicht mehr so süß. Wie eine Geisteskranke schrie ich das gesamte Kuhnest zusammen, da ich wie gesagt im Grunde eine bekennende Kynophobikerin bin. Ich rief dem alten Herrn zu, doch gefälligst sein angeleintes Meerschwein unter Kontrolle zu bringen, aber er lachte bloß dämlich und meinte: »Der will doch nur spielen.« Ich könnte ausflippen, wenn Hundebesitzer diese leere Worthülse von sich geben! *Vielleicht will er ja spielen, ich aber nicht!* Ich suchte schleunigst das Weite und betete, dass mich niemand bei dieser höchstdramatischen Szene beobachtet hatte.

Ich verließ das Dorf, und die ewige Meseta unter wolkenfreiem Himmel zog mich erneut in ihren Bann. Die ersten Kilometer vergingen wie im Flug. Endlich hatte ich durch den Stützverband wieder einen festeren Halt beim Auftreten. Wie immer genoss ich es, mit mir und der arkadischen Landschaft allein zu sein. Mit der Zeit wurden die Wege immer steiniger, das Auftreten immer schmerzhafter und die Umgebung immer einsamer, nachdem mich wie immer alle überholt hatten, darunter auch Martin. Er rief mir noch zu, dass laut seinem Reiseführer in circa dreißig Minuten eine Möglichkeit käme, Pause zu machen, und fort war er. Ich lief zwei Stunden, ohne ein einziges Holzbrett, das einer Bank auch nur im Entferntesten ähnelte, am Wegrand zu erspähen. Genau das war der Grund, weshalb ich meinen Wanderführer zurückgeschickt hatte. Und woher wollte Martin eigentlich wissen, dass es nur noch dreißig Minuten waren? Er kannte doch meine Geschwindigkeit gar nicht. Wenn er dafür dreißig Minuten benötigte, brauchte ich vielleicht drei Stunden. Was hatte er sich nur dabei gedacht?

Aber zum Hinterfragen war es nun zu spät, denn ich war allein. Mutterseelenallein! Die Sonne schien erbarmungslos, es war glühend heiß, und es gab kaum einen Busch am Wegrand, der Schatten spendete. Hoffentlich würde mein

Anderthalb-Liter-Wasservorrat für die Etappe heute reichen. Ab und an registrierte ich zwar einen Trinkwasserbrunnen, aber da hätte ich auch genauso gut bei uns zu Hause im Freibad das Schwimmbecken aussaufen können. Ich fotografierte die Natur, musste aber jedes Mal ungefähr zwei Stunden weiterlaufen, um ein neues Panorama vor die Linse zu bekommen.

Mit jedem spröden Grashalm wurde ich wütender. Ich wusste auch nicht, warum, aber das Ödland stresste mich von Stunde zu Stunde mehr. Ich war so einsam und hätte für ein sporadisches »Buen Camino« alles gegeben. In der prallen Mittagssonne gab ich die Suche nach einer Bank schließlich auf und ließ mich einfach in den Dreck fallen. Umgeben von Staub und Eidechsen konsumierte ich mitten in der Pampa meine vakuumverpackten Oliven und pappigen Fertigsalate. Wahrlich kein Festtagsschmaus. Ich fühlte mich wie der letzte Assi. Einsam zurückgelassen in der Wüstenei.

Verloren trabte ich weiter durch die Steppe und sah lange keine gelben Pfeile mehr. Ich befürchtete, mich verlaufen zu haben, da außer mir weit und breit kein anderer Erdenbürger in Sicht war. Die Meseta war nun also auch für mich das geworden, was alle so fürchteten. Ein riesiges Nichts, umgeben von noch mehr Nichts. Langsam wurde sie zum Albtraum. Wenn ich doch wenigstens irgendwo einen Vogel hätte zwitschern hören, aber inmitten der glühenden, windstillen Einöde schien alles tot zu sein. Wutentbrannt fluchte ich vor mich hin und sprach schließlich höchstpersönlich mit der Landschaft: »Meseta, warum tust du mir das an? Ich habe dich immer in Schutz genommen und dein pittoreskes Antlitz gelobt, wenn andere dich beleidigten und herabsetzten. Womit habe ich es verdient, dass du nun auch mich zu brechen versuchst? Ist das dein blöder Ernst? Ich rede mit dir, also antworte mir, verdammt noch mal!«

Vom eintönigen Hinunterblicken auf die holprige Stolperpiste bekam ich nun auch noch eine Art Nackenstarre.

Es war zum Verrücktwerden! Ich sah ein Zweieurostück durch den Schmutz auf dem Boden schimmern, aber ich ließ es liegen. Ich ließ es liegen! Es hätte meinen Rucksack nur unnötig schwerer gemacht, und ich hätte mich bücken müssen. Es war einfach zu viel Anstrengung, die ich dafür hätte aufbringen müssen. Ich war mittlerweile so unflexibel geworden, dass ich das Geld auf der Straße liegen ließ. Oh, heute war ich wirklich in keiner guten Verfassung. Mein Nervenkostüm war äußerst schwach, und die Fassade bröckelte inzwischen ziemlich. Immer wieder brach ich unkontrolliert in Tränen aus. Ich war so sauer, und mich kotzte es unerträglich an, dass ich jeden Tag den gleichen Mist an Scherereien und Schmerzen durchzustehen hatte. Je langsamer ich lief, desto schlimmer wurde es, und irgendwann hatte ich so gut wie keinerlei Motivation mehr, überhaupt voranzuschreiten. Meine Füße fühlten sich so taub an, als würden sie nicht mehr ausreichend mit Blut versorgt werden. Ich ertrank förmlich im Selbstmitleid und wusste weder, wo ich mich befand, noch wer ich eigentlich war.

Ich kam an einem blumengeschmückten Kreuz vorbei. *Ist das deine Antwort, Meseta?* Wer bitte war so aufopferungsvoll, dieses Grab in der Abgeschiedenheit zu pflegen?

In Gedanken war ich schon wieder zu Hause und stellte mir vor, wie ich auf dem Sofa lag. Was würde ich wohl zuerst tun, wenn ich wieder daheim war? Wahrscheinlich erst einmal zum Hausarzt rennen und mich für zwei Jahre krankschreiben lassen. Anschließend würde ich mir wieder einen richtigen BH anziehen. Diese elenden Sportbüstenhalter matschten alles an Weiblichkeit platt.

Nach gefühlten 30 km und absoluter Menschenleere ließ ich mich wieder völlig frustriert auf den dreckigen Boden plumpsen, nur dass ich jetzt an dem Punkt angelangt war, wo mir alles egal war. Circa eine Stunde blieb ich dort bewegungslos sitzen, bis ich wieder Gefühl in meinen Zehen verspürte, dann humpelte ich weiter.

Es war 11.30 Uhr. Nichts.

Dann war es 12.30 Uhr. Noch immer nichts in Sicht.

Ich hatte eine unaussprechliche Wut auf diesen Weg! Überall waren diese aus Steinen gelegten Herzen, die mich auslachten. Ich spürte, wie sich die nächste Blase an meiner linken Ferse ankündigte und zu wachsen begann, und Horst ward geboren. Nach Ewigkeiten entdeckte ich tatsächlich eine Bank und nutzte diese als Gelegenheit, um Horst gleich wieder das Licht auszublasen. Zumindest versuchte ich es, aber wie immer saß das fiese Ding einfach zu tief unter der Haut. Wieder schluchzte ich drauflos. Wer würde mich aus diesem Elend hier erretten? Musste ich mich etwa selbst aus diesem Schlamassel befreien? Ich hatte einfach keinen Bock mehr. Aus rumliegenden Steinen legte ich einen erhobenen Mittelfinger auf die Holzbank. Das war meine Antwort!

Ich hatte immer gedacht, dass mich der Weg mal zum Weinen bringen würde, weil ich so gerührt wäre, wenn sich mir mein Innerstes offenbarte. Aber jetzt heulte ich vor Wut. Und das nicht zum ersten Mal! Am liebsten hätte ich alle Steine und sämtliches Geröll vom Weg getreten und ihn höchstpersönlich asphaltiert, wenn ich die nötige Kraft dafür hätte aufbringen können. Mir kamen all die Floskeln von anderen in den Sinn: »Man ist stark und geht trotz allem weiter.« Oder so ein Blablabla in der Art. Ja klar ging ich weiter. Was hätte ich auch sonst tun sollen? Im Schneidersitz darauf warten, bis mich jemand mit dem Auto in der Wildnis abholt? *Ich kann vor Lachen nicht einschlafen.*

Von der Meseta hatte ich jedenfalls genug, sie hatte mich letztlich doch gebrochen.

Es schien unglaublich, aber hinter einem kleinen Hügel konnte ich plötzlich in der Ferne ein Dorf erkennen. Für die angeblich nur 18 km hatte ich heute glatt schlappe sieben Stunden benötigt. Mit einer »Ihr könnt mich alle mal am Allerwertesten küssen«-Einstellung eilte ich in den Ort, um für heute endlich und endgültig irgendwo zu rasten. Meine größte Angst war, kein Bett mehr zu bekommen, aber diese Furcht war in dem kleinen Dorf zum Glück vollkommen unbegründet. Es gab unzählige Herbergen, und ich fragte als Erstes in der öffentlichen nach einem Schlafplatz. Der ältere Hospitalero war so knuffig zu mir, und als er meinte, dass er noch genug Platz habe, weinte ich vor Glück, endlich irgendwo angekommen zu sein – wo auch immer ich jetzt war. Für 5 € quartierte ich mich ein.

Die Herberge war eine Massenunterkunft, die recht spartanisch ausgestattet war, aber ich war dankbar für den Schlafplatz. Im Obergeschoss befanden sich die Schlafsäle mit jeweils rund dreißig Betten und der Gemeinschaftsküche. Ich war fast die Einzige hier. Hätte mir das vielleicht mal jemand vor meinem Gefühlsausbruch verraten können? Ich sicherte mir trotzdem ein Bett am Fenster. Man wusste ja nie. Zum Duschen entfernte ich meinen stützenden Verband und legte ihn hinterher gleich wieder an. Damit würde ich wohl heute zu Bett gehen.

Ich humpelte nun von Kneipe zu Bar, bestellte Bier und war noch immer böse auf die Meseta. Der Nachmittag war ausgesprochen sonnig und heiß, und ich nahm im Schatten vor einer kleinen Imbissstube Platz, um die Wartezeit zu überbrücken, bis der kleine Tante-Emma-Laden vor Ort endlich wieder öffnete, der anscheinend schon seit Stunden Siesta feierte. Dort kam ich mit ein paar Deutschen und einem Kanadier am Nachbartisch ins Gespräch, der täglich eine Mindeststrecke von 40 km zurücklegte. Heute war er sogar ziemlich nah an der fünfzig, erzählte er. Hier verschnaufe er nur einmal kurz, um sich für die restlichen 10 km zu stärken. Der war doch irre. Dennoch erkundigte ich mich nach hilfreichen Ratschlägen für meine Gebrechen, aber alles, was ich zu Ohren bekam, war, dass sein Allzweckwundermittel Hirschtalg sei. *Ja, danke für nichts.* Wir tranken noch ein Bier gemeinsam, bevor er sich gegen 16 Uhr verabschiedete und aufbrach.

Im Supermarkt traf ich dann auf Inka und freute mich, sie wiederzusehen. Wir hatten erneut richtig viel Spaß und viel zu erzählen. Jedes Mal, wenn wir wieder aufeinandertrafen, sah ich noch versehrter aus. Und so bemerkte sie auch gleich mein bandagiertes Knie. Sie meinte, dass es doch nun wirklich an der Zeit für mich sei, den Bus zu nehmen oder mein Gepäck vorschicken zu lassen, bevor ich mich noch krankenhausreif wanderte. Sie erkannte allerdings umgehend meine Sturheit und meinte, dass dies wohl die Lektion sei, die ich hier lernen sollte. Damit hatte sie nicht ganz Unrecht, aber ich hielt nun mal nichts von einem Fake-Camino. Wenn ich es nicht aus eigener Kraft schaffte, müsste ich es eben bleiben lassen und wieder nach Hause fahren. Doch ohne Urkunde würde ich mich ganz bestimmt nicht auf den Heimweg machen! Und wenn ich auf Krücken nach Santiago kriechen würde, ein anderes Fortbewegungsmittel kam nicht infrage!

Inka erzählte, dass Jogi, mit dem sie einige Tage unterwegs gewesen war, immerzu seinen Rucksack vorausschicken ließ und auf sein Einzelzimmer bestand, da er Pilgerherbergen nicht ausstehen konnte. Sie philosophierte, dass er mit seiner Einstellung noch immer nicht richtig auf dem Camino angekommen sei. Heute hatte er nach 20 km einchecken wollen, aber in seiner Suite gab es keinen Fernseher. Also war er gezwungen, ins nächste Dorf weiterzulaufen, das noch einmal 17 km entfernt lag, aber nur unter der Prämisse, spätestens um 15.30 Uhr dort anzukommen, um den HSV spielen sehen zu können. Also lief er sich unter Zeitdruck die Füße blutig. Ich konnte nicht mehr vor Lachen. Da hatte wohl noch jemand eine Lektion zu lernen. Wir stießen auf ihn an und wünschten ihm ein aufregendes Spiel, für das sich die Strapazen gelohnt hatten.

Während Inka und ich uns über unsere Mitreisenden und Leiden austauschten, wurde unser Gespräch von einer wild knipsenden Touristengruppe gestört. Inka weihte mich ein. Es handelte sich dabei um eine Art neuartige Krankheit, die offenbar hier ausgebrochen war: Das Buspilgern! Gegen das Luxuspilgern hatte mein Immunsystem bereits eine gewisse Resistenz aufgebaut, aber das war mir neu! Sie trugen Jeans in der Hitze, und ihre langen weißen Hemden und Blusen hingen voller digitaler Spiegelreflexkameras; dazu waren sie geschmückt mit Hüten und Sonnenbrillen. In den Händen hielten sie Piccolo-Flaschen und Selfiesticks. Sie sahen aus, als gingen sie zu einer Dienstbesprechung, nachdem sie uns wie Tiere im Zoo fotografiert hatten. Als ich sie auf eine Pilgerherberge zulaufen sah, blieb mir nichts anderes übrig, als fassungslos den Kopf zu schütteln. Es ging hier wirklich immer absurder zu.

Als ich in die Herberge zurückkehrte, spendierte mir eine nette vietnamesische Dame die Hälfte ihres bunten Gemüseeintopfes, und im mittlerweile vollen Schlafsaal hörte ich, wie man sich angeregt über die jeweils zurückgelegten Wegstrecken unterhielt. Ein Deutscher war heute bereits 47 km gelaufen, doch ein Chinese musste das noch mit 51 km überbieten, während ein Italiener gestand, dass es bei ihm heute bloß 45 km gewesen seien. War mir irgendetwas entgangen? Befand ich mich auf einem Marathon und hatte heute vor lauter Missmut die Ziellinie übersehen? Was war denn mit den Leuten los? Ich vermied jedem Blickkontakt und legte mich beschämt mit meinen 18 km zu Bett. Was für ein Tag!

28 458 Schritte
21,9 km
842 kcal
58,6 g Fett

21.05.

Von Religos nach León
26 km

Durch das Bandagieren meines linken Knies hatte ich in der Nacht nur noch geringfügige Schmerzen und konnte durchschlafen, obwohl ich den Raum mit 29 anderen Pilgern teilte. Morgens brach ich allein auf, und nach dem scheußlichen Tag gestern lief es heute deutlich besser. Die Straßen waren asphaltiert, und ich kam zügig voran. Nach einem endlosen Marsch direkt entlang der Autobahn gab es allerdings mit einem Mal einen schmerzhaften Knall in meiner linken Socke, und von jetzt auf gleich war es mir nicht mehr möglich weiterzugehen. Ich setze mich auf einen Stein, um nach dem Rechten zu schauen. Völlig verängstigt zog ich Schuh und Socke aus und sah, dass Bärbel aufgeplatzt war und sich die Pflaster samt Tape gelöst hatten. Notdürftig trocknete und versorgte ich die Wunde direkt am Straßenrand und ließ mich von vorbeifahrenden Passanten anhupen, warum auch immer sie das taten.

Danach kam ich leider nicht mehr so gut vom Fleck, aber dennoch war mir in dieser Situation tatsächlich nach Lachen zumute. Seit Castrojeriz konnte ich das erste Mal wieder nahezu beschwerdefrei gehen – und dann so was. Aber was soll's. Ich hielt nach einer Bar in unmittelbarer Nähe Ausschau und wurde knappe anderthalb Kilometer später fündig. Der Imbiss sah sehr pilgerfreundlich aus, und kaum war ich über die Türschwelle getreten, musste ich grundlos lächeln. Auch mich strahlten irgendwie alle an, obwohl ich ein verbranntes Gesicht, ein eingebundenes Knie und meine stinkigen Socken zu Gamaschen umfunktioniert über die Schuhe gestülpt hatte. Auch meine zum Pferdeschwanz gebundenen Haare waren nicht mehr die frischesten. Es fehlte eigentlich nur noch eine behaarte Warze am Doppelkinn, und meine Erscheinung wäre vollkommen gewesen, und dennoch hießen mich alle willkommen und waren mir wohlgesonnen. Ich nannte es das Quasimodo-Phänomen. Vielleicht lachte man insgeheim auch über mich oder hatte Mitleid. Zu meinem Bocadillo, einem großen Baguette-Sandwich, ließ der Wirt noch ein Croissant und ein kleines Stück Kuchen aufs Haus gehen, was die These mit dem Mitleid eher bestätigte. Ich warf mir erst einmal Schmerzmittel ein, und die gewünschte Wirkung ließ nicht lange auf sich warten. Meine Laune besserte sich zusehends, und beim Verlassen des Cafés wurde ich mit zugeworfenen Luftküssen verabschiedet. Was für eine Pause!

Bald konnte ich mit der linken Ferse wieder richtig auftreten und sämtliche Tagestouristen überholen. Der Weg bis nach León war unspektakulär und führte durch Waldabschnitte und an stark befahrenen Straßen entlang. Kurz vor Erreichen der Großstadt tat sich ein wirklich nicht sehenswertes und zudem nicht enden wollendes Industriegebiet vor mir auf. Mir war nie bewusst gewesen, wie viele Automarken es auf der Welt gibt oder wie viele Stromanbieter, Müslihersteller und Metallbauunternehmen.

Auf einem Hügel stand ein Tisch mit vielen gekühlten Getränken und kleineren Snacks, aber außer einer angeketteten

Spendenbox war dort niemand anzutreffen. Ich kratzte all mein Münzgeld zusammen und spendete reichlich, da Menschen, die so etwas anbieten, dringend unterstützt werden müssen. Ich wollte gerade die Gelegenheit nutzen und schnell hinter einem Gebüsch verschwinden, als es plötzlich vor Menschen nur so wimmelte. Darunter auch unzählige Buspilger. Mensch, da hatte der Reiseorganisator sie ja am schönsten Fleckchen des Jakobsweges rausgelassen …

Ich zog unbeirrt weiter zwischen den grauen Fassaden hindurch und konnte León bereits von Weitem erkennen. Die Stadt war riesig. Allein um vom Stadtrand ins Zentrum zu gelangen, benötigte ich satte zwei Stunden. Asche auf mein Haupt, aber ich war zu müde, um mir die Kathedrale von innen anzuschauen, geschweige denn mir bei der Hitze deswegen eine längere Hose anzuziehen. Auch die Suche nach einer Herberge gestaltete sich eher aufwendig, und da ich heute wieder mal reif für ein Einzelzimmer war, klingelte ich unweit der Kathedrale am erstbesten Gebäude, das nach einem Hostel aussah. Nach quälenden zwei Etagen zu Fuß zeigte mir der Mann ein wunderschönes Schlafgemach mit Balkon und eigenem Badezimmer mit Wanne und sauberer Toilette. Oh, ich schwebte auf Wolke sieben. Doch was würde der Himmel auf Erden wohl kosten? Bei dem Preis von 30 € war ich doch mehr als überrascht und musste sogleich an die rustikale Pension direkt nach den Pyrenäen in Viscarret denken. Was war das doch für eine Abzocke gewesen! Und 10 € zusätzlich fürs Waschen und Trocknen. Das Geld konnten sie jetzt in einen neuen Schlüssel investieren.

An diesem Tag trugen mich meine Beine nicht mehr weit, und ich ging nach dem Duschen allein zum Essen: sehr elegant und teuer direkt vor dem Hostel auf einer belebten Plaza, auch wenn ich mit meinen ausgefransten Jeansshorts und pinken Flip-Flops nicht gerade der Kleiderordnung entsprach. Aber die Pilger genießen in Spanien einen Sonderstatus, denn sie beleben schließlich das Geschäft. Ich beobachtete das bunte Treiben um mich herum und stellte fest, dass das Bier ohne Gesellschaft heute nur halb so gut schmeckte. Ich musste mir sogar eingestehen, dass ich mich ziemlich einsam fühlte, trotz des herrlichen Nachmittags bei einem köstlichen Caesar Salad in einer charmanten Altstadt. Ich vermisste Kim und Dirk. Und auch der unverhoffte Abschied von Marie hing mir noch ziemlich nach.

Später duschte ich ein zweites Mal und weichte meine Füße in einem eiskalten Fußbad ein. Ich wurde dennoch das Gefühl nicht los, dass an meinen Sohlen Gärungsprozesse stattfanden. Anschließend nutzte ich die Gelegenheit, einen großen Raum nur für mich allein zu haben, und räumte meinen gesamten Rucksack aus, um ein zweites Mal auszumisten. Ich war bereit, noch minimalistischer zu leben, und bekam tatsächlich noch einmal ein stattliches Paket an überflüssigen Luxusgütern zusammen. Ich entschied mich, mit nur noch drei Hosen, drei Oberteilen und meiner Doppeljacke weiterzulaufen. Dann musste ich eben öfter Wäsche waschen. Auch ein Schlafoutfit erschien mir in Anbetracht meines überladenen Gepäcks und der daraus resultierenden Schmerzen als überbewertet. Erschöpft schlief ich später in meinem Doppelbett ein, während im Hintergrund der Fernseher flimmerte.

38 087 Schritte
29,3 km
1 309 kcal
97,5 g Fett

22.05.

Von León nach Villadangos del Páramo
20,9 km

Mein Wecker klingelte erst um 7 Uhr. Ich konnte mir an diesem Morgen viel Zeit lassen, da das Postamt erst um 8.30 Uhr öffnete. Nachdem ich mich mehrfach verlaufen hatte, konnte ich dann endlich mein zweites Päckchen Richtung Heimat zurückschicken. Es waren sage und schreibe 660 g! Aber mehr konnte ich nun wirklich nicht mehr entbehren. Mein Rucksack fühlte sich um einiges leichter an, da am Vorabend auch vieles in den Müll gewandert war. Ich belohnte mich im nächsten Supermarkt mit einem Kilo frischen Obstes und fiel noch in eine Apotheke ein, die ich dann fast leerkaufte: Nasenspray, Schmerzmittel, Kompressen, Mullbinden, Desinfektionsmittel, Tape und reichlich sterile Pflaster. Ich war mir inzwischen sicher, dass ich mit einem Direktflug nach Santiago günstiger gekommen wäre. Und prompt war mein Gepäck natürlich auch wieder schwerer.

León war so unfassbar gigantisch, dass ich weitere 8 km unterwegs war, um überhaupt die Stadt zu verlassen. Es war gerade einmal 10.30 Uhr, doch die Hitze war bereits wieder unerträglich geworden. Es war kaum noch auszuhalten. Und die landschaftlich unspektakuläre Strecke machte es keineswegs besser. Ja, sie war geradezu grauslich! Rechts befand sich die vielbefahrene Autobahn und links blickte man nur auf verdorrtes Gebüsch und verbranntes Gras. Alle paar Kilometer stieß ich auf eine Hausruine, wo man für fünf Minuten den Schatten genießen konnte. Zu allem Überfluss stand plötzlich mitten auf dem kieseligen Pfad eine alte und heruntergewirtschaftete Kloschlüssel herum! Einfach so. Eine bessere Symbolik hätte ich nicht finden können für die Hässlichkeit der heutigen Etappe.

Die Hitze wurde immer bestialischer, und ich wünschte mir nichts sehnlicher als einen Pool. An einer Tankstelle sah ich, wie einige Pilger in ein Taxi stiegen. Sicherlich weil es so warm war. Andere wiederum waren zuvor mit dem Bus weitergefahren, weil es regnete oder die Umgebung fad war. Es fiel mir noch immer schwer, das zu verstehen. Den Jakobsweg zu gehen, war sicherlich nicht einfach, aber zum Jakobsweg gehörten meiner Ansicht nach nicht nur die angenehmen Dinge und das schöne Wetter. Nach einem Tag wie heute wusste man einen bewölkten Himmel dann wieder sehr zu schätzen. Aber gut. Jeder musste seinen eigenen Weg gehen, und ich versuchte, das demotivierende Drumherum irgendwie auszublenden.

Mein Tagesziel lag noch in weiter Ferne und schien heute fast nicht mehr erreichbar zu sein. Die Irrsinnshitze wies mich gnadenlos in die Schranken. Es war bereits 16 Uhr, als ich dann endlich in Villadangos del Páramo eintrudelte, doch zu meiner Verblüffung war es ein Kinderspiel, noch ein Bett zu ergattern. Die Herberge war zwar alles andere als hübsch, aber das störte mich heute nicht im Geringsten. Die Hauptsache waren ein Bett und eine erfrischende Dusche. Obendrein war der Hospitalero auch noch recht freundlich und erzählte, dass sie über eine Waschmaschine verfügten. Das war sogar mehr als erhofft. Um einchecken zu können, musste ich allerdings erst die Wanderschuhe abstreifen, die samt Socken wie eine zweite Haut mit meinen offenen Wunden verwachsen waren. Es fehlte beim Ausziehen lediglich das Plopp-Geräusch. Mit schmerzverzogener Miene entfernte ich die teilweise blutigen Socken und erntete schockierte Blicke voller Entsetzen und Mitleid. Ach ja, ich war's mittlerweile gewohnt.

Nachdem ich mich gewaschen hatte, kam ich auf dem Sofa mit einigen Radpilgern ins Gespräch. Dabei lernte ich auch Oliver kennen. Er war Ende fünfzig, wohnte seit sieben Jahren in München, hatte zuvor in London gelebt und stammte ursprünglich aus Italien. Seine Lebensgeschichte war sehr beeindruckend. Neben ihm saß eine Frau, die immer wieder vor die Tür trat, um zu rauchen. Ich schätzte sie auf Mitte vierzig, und sie sah eigentlich gar nicht wie eine typische Raucherin aus. Ihr Name war Marion, und sie folgte aufmerksam unserem Gespräch. Sie wirkte eher zurückhaltend. Auch sie war Krankenschwester und kam aus Österreich. Ich liebte ihren Dialekt. Zu dritt erkundeten wir das Dorf auf der Suche nach einem Lebensmittelgeschäft und freundeten uns rasch miteinander an. Es war ziemlich unterhaltsam mit den beiden. Marion war zwar eher ein ruhiges Gemüt, hatte aber eine immense Ausstrahlung, die mich irgendwie faszinierte. Ich ahnte, dass ich in ihr eine liebe und aufgeschlossene Seele kennengelernt hatte. Abends im Bett wurde ich den Gedanken nicht los, dass tatsächlich verdächtig viele Krankenschwestern hier herumliefen.

36 340 Schritte
27,9 km
1 188 kcal
73,8 g Fett

23.05.

Von Villadangos del Páramo nach Astorga
29,6 km

Ich ging im Morgengrauen allein los und hatte wieder schlimme Schmerzen. Unter diesen Voraussetzungen würde ich nicht weit kommen. All meine Blasen rieben am Schuhwerk, und ich konnte meine Fersen samt den Zehen nicht mehr spüren. Kurzerhand entschied ich mich, die Silikoneinlagen zu entfernen, auf denen ich seit Azofra lief. Es musste irgendwie Platz in meinen Schuhen geschaffen werden. Es dauerte eine Weile, bis die Veränderung sich bemerkbar machte; dennoch hatte ich erst einmal das Gefühl, etwas schneller voranschreiten zu können.

Im übernächsten Dorf traf ich die junge Spanierin Pilar wieder. Obwohl sie bei unserer ersten Begegnung einen meiner finstersten Blicke geerntet hatte, freuten wir uns sehr, einander wiederzusehen, und sie erzählte mir, dass wir bald die berühmte Brücke Puente de Órbigo passieren würden, was mich allerdings erschreckenderweise herzlich wenig interessierte. Dort angekommen, traf ich inmitten der Touristenmassen Oliver und Marion wieder, die genüsslich einen Kaffee schlürften.

Pilar wollte jetzt keine Pause einlegen, daher lief sie weiter, und ich blieb bei Marion und Oliver.

Ab dann setzten wir unseren Weg gemeinsam fort. Wieder wurde es brühend heiß, und die beiden legten ein immenses Tempo vor. Ich hatte zu tun, bei diesen Temperaturen mithalten zu können. Es gab kaum Schatten, und der Schweiß tropfte mir literweise vom Körper, bis wie aus dem Nichts plötzlich eine wahre Oase vor uns auftauchte. Mitten in der Wildnis engagierte sich ein äußerst gut gebauter Mann oberkörperfrei für die armen, schwitzenden Pilger. Der sah ja zum Anbeißen aus. Genau wie seine saftigen Wassermelonen, Mangos und Papayas. Kiwis, Pampelmusen, leuchtend grüne Äpfel und Orangen vollführten ein wahres Farbenspiel der Vitamine. Das Ganze wurde nur noch durch eine hausgemachte Tortilla getoppt. An einer Cocktailbar konnte man zudem Nüsse, Süßigkeiten und Joghurt verkosten. Man durfte sich nehmen, was man wollte, und das alles nur gegen eine Spende. Wo war ich denn hier gelandet? Der wunderbare Mann half mir auf die Sprünge und verglich diesen kleinen Flecken zurecht mit dem Paradies. Jede Menge Hängematten, Liegemöglichkeiten und Sitzecken mit goldigen Kissen rundeten die »Casa de los Dioses«, das Haus der Götter, orientalisch ab. Das alles hatte er eigenständig auf die Beine gestellt. Er rannte umher, schnitt frisches Obst auf, spritzte das Geschirr in Windeseile mit einem Wasserschlauch ab und beseitigte nebenher noch den Müll. Er stand richtig unter Strom. Na ja, im Paradies waren wahrscheinlich auch die Rauschmittel nicht weit. Doch es war ihm anzumerken, dass er das alles gern tat. Er hatte eine ungemein positive und kraftvolle Ausstrahlung, und ich war von so viel Selbstlosigkeit schlichtweg überwältigt.

Nachdem ich mir dort gut eine Stunde lang den Wanst vollgeschlagen hatte, hinterließ ich natürlich auch eine angemessene Spende. Dort hätte ich tatsächlich auch Urlaub machen können. Marion schmunzelte nur, und sie und Oliver hätten fast einen Kran organisieren müssen, um mich von dort wieder loszureißen. Irgendwann lief ich dann nur noch mit Marion. Mir zuliebe verlangsamte sie ihr Tempo erheblich, wartete häufiger auf mich und pausierte öfter mit mir. Das war nichts für den eher zielstrebigen Oliver.

Die letzten Kilometer vor Astorga waren dann wieder der blanke Horror! Die sengende Hitze und unaussprechliche Schmerzen machten mir derart zu schaffen, dass ich kaum noch vorwärtskam, aber Marion blieb dennoch bei mir. Ich flüchtete mich an jede Hauswand, die sich bot und Schatten spendete; dabei fühlte ich mich jämmerlich und selbst nur noch wie ein Schatten. Marion hätte schon zwanzig Ortschaften weiter sein können, hätte sie mich Klotz nicht am Bein gehabt. Ich sagte ihr mehrfach, dass es in Ordnung sei, wenn sie ohne mich weiterliefe, war allerdings froh darüber, dass sie es nicht tat. Sie war äußerst geduldig und umsichtig und motivierte mich immer wieder aufs Neue.

Irgendwann zog ein Händchen haltendes Paar meine Aufmerksamkeit auf sich. Es war mir ein Rätsel, wie man unter solchen Umständen pilgern konnte. Ich dachte daran, wie oft ich mir heute schon mit der Hand den Schweiß von der Stirn gewischt hatte oder wie viele Male ich täglich die fettige Sonnencreme auf die verdreckte und schwitzende Haut auftrug. Und bei dem ständigem Handkontakt musste sich doch schon längst eine Pfütze gebildet haben. Das hätte ich meinem Liebsten nicht zumuten wollen, aber Liebe scheint eben manchmal keine Grenzen zu kennen.

Marion zuliebe wollte ich auf den letzten Metern noch einmal richtig Gas geben, als uns plötzlich ein riesiges, absurd verwinkeltes Brückengerüst samt Zaunkonstruktion den Weg versperrte. Dieses giftgrüne Ungeheuer führte lediglich über Bahngleise, war aber so unnütz entworfen, dass man eine

Distanz von wahrscheinlich einem halben Kilometer zurücklegen musste, um letztendlich einen Luftweg von zehn Metern zu überwinden. Das war zu viel des Guten! Mir kam in den Sinn, über die hohen Zäune zu klettern, aber was sollten wir dann mit unseren schweren Rucksäcken machen, schließlich waren wir beide keine geübten Diskuswerfer. Ich knallte mich erst mal in den Schatten und streichelte streunende Katzen, während ich mich selbst bemitleidete. Die Blicke der herannahenden Pilger waren unbezahlbar, als sie ebenfalls das Ungeheuer registrierten. Es gab keinen, der dieses Ding bezwang, ohne vorher eine kurze Verschnaufpause einzulegen. Schlussendlich blieb auch mir nichts anderes übrig, als in den sauren Apfel zu beißen. Ach, was hatte ich das alles satt …

Es war schon weit nach 16 Uhr, doch die Stadt wollte einfach nicht zu mir kommen. Direkt am Ortseingangsschild warf ich dann die Flinte endgültig ins Korn, setzte mich direkt bei einem Kreisverkehr auf den Bordstein und entledigte mich endgültig meiner Schuhe. Diese abscheulichen Treter! Die hatten mir das Leben auf dem Pilgerpfad von Beginn an so schwer gemacht, und jetzt war ich am Limit. Was zu viel war, war zu viel! Den steilen Anstieg ins Stadtzentrum hinauf absolvierte ich dann mit unterdrückten Tränen in meinen Flip-Flops. Ich konnte nicht sagen, was in dem Moment mehr schmerzte. Das Gefühl, barfuß auf blutenden Füßen das eigene Gewicht und das schwere Gepäck zu tragen, oder der dicke Kloß im Hals. Wieder wünschte ich mir nichts sehnlicher als einen kalten Pool. In dem würde ich sogar die gesamte Nacht verbringen, schwor ich mir, aber als wir dann endlich den Berg hinter uns gebracht hatten, war mir die erste Unterkunft recht, egal, was sie zu bieten hatte.

Wir landeten in der öffentlichen Herberge mit rund dreihundert Schlafplätzen. Sie wirkte eher heruntergekommen, was auch den günstigen Preis erklärte. Klatschnass vor Schweiß mussten wir erst einmal im Foyer Platz nehmen und warten, bis die rund zehn Leute vor uns ein Bett zugewiesen bekommen hatten. Die Zitterpartie begann. Wenn mir jetzt einer von denen das letzte Bett wegschnappte, würde ich mich vergessen! Plötzlich stand da wie aus dem Nichts der Niederländer Eric im Warteraum, und wir riefen laut unsere Namen und fielen uns in die Arme. Die Freude war grenzenlos. Mit ihm hatte ich nun wirklich nicht mehr gerechnet. Auch er war gerade erst hier eingetroffen, und so kam es, wie es kommen musste: Eric, Marion und ich bekamen die letzten freien Betten. Doch obwohl es schon so spät war, wurde uns erfreulicherweise das kleinste Zimmer mit nur sechs Schlafplätzen zugeteilt.

Auf der Etage gab es gerade einmal drei Duschen für fast fünfzig Leute, die bereits bis ins Treppenhaus anstanden, da der Waschraum gnadenlos überfüllt war. Ich nutzte die Zeit und lernte einen unserer Zimmergenossen kennen: Marc aus New York, angehender Medizinstudent, sehr sympathisch und aufgeschlossen. Als endlich eine Dusche frei wurde, konnte ich es kaum erwarten, mich unter dem kühlen Nass zu erfrischen und mir die Haare zu waschen. Entkleidet und voller Erwartungen, betätigte ich den Duschknopf, aber nichts geschah. Wieder drückte ich, doch erst, als ich anfing, auf den Knopf zu hämmern, rannen mir endlich einzelne Tropfen über den Körper. Alle fünf Sekunden musste ich erneut für dreißig weitere Wasserperlen auf den Push-Button einschlagen. Hätte mich der Armleuchter, der vor mir in dieser Kabine war, nicht vorwarnen können, dass das eine Spardusche war? Das glich ja noch nicht mal annähernd einem Pool! Mein Nervenkostüm war ohnehin schon sehr schwach, aber nun war alles zu spät. Ich würde sicherlich nicht in einem Gemeinschaftsbad in einer katholischen Einrichtung auf einem heiligen Weg nackt die Duschkabine wechseln. Mühselig versuchte ich, mir wenigstens annäherungsweise ein Frischegefühl zu verschaffen, während es in den Nachbarkabinen nur so plätscherte.

Als ich endlich fertig war, bemerkte ich, dass die anderen bereits außer Haus waren. Mein Durst nach einem alkoholischen Erfrischungsgetränk war astronomisch, also trottete ich allein zur nächstgelegenen Bar. Keine 50 Meter von der Herberge entfernt, entdeckte ich meine Zimmergenossen Eric und Marc, die sogleich die Gläser auf mich erhoben. Auch Marion traf wenig später ein. Die Runde war nun vollzählig, und wir vier hatten sagenhaften Spaß! Eric und ich schwelgten in gemeinsamen Erinnerungen an geteilte Nächte und daraus resultierende Phobien vor geschlossenen Fenstern und keuchenden Frauen. Freiwillig würden wir die gesamte Nacht durchlaufen, sollten wir einen ganz bestimmten Grauschopf erspähen. Gemeinsam waren wir stark! Für geöffnete Fenster in Pilgerunterkünften! Eric war so verrückt. Er erzählte, dass er sich in Burgos ein Auto gekauft habe, mit welchem er dann die Heimreise antreten wolle. Das war er. Mein crazy, lovely Eric. Marc schüttete sich währenddessen ein Glas Rotwein nach dem anderen in den Schlund, bis ihm der Kellner weiteren Alkohol untersagte und wir fortan für ihn bestellen mussten. Er wusste schließlich nur die spanischen Preise zu schätzen und wollte doch durch seinen Konsum lediglich die Wirtschaft ankurbeln. Stunden saßen wir in dem schattigen Café und lachten Tränen.

Anschließend deckten wir uns noch im örtlichen Supermarkt mit reichlich Lebensmitteln ein, um gemeinsam kochen und essen zu können. Was Marc aus Cornflakes kochen wollte, ist mir allerdings bis heute ein Rätsel, und Marion ließ sich beim Kauf einer Flasche Wasser vom Etikett täuschen und erwarb die reinste Zuckerbrühe. Ganz zu unserer Belustigung. In der Herbergsküche kam dann richtig Leben in die Bude! Es waren Massen von Leuten da, und jeder konnte sich ungeniert beim Nachbarn bedienen. Ich erinnerte mich, das letzte Mal in Ventosa so viel Spaß gehabt zu haben. Es war wie in einer riesigen Jugendherberge. Ein wildes Durcheinander und buntes Treiben, übertönt von schallendem Gelächter. Das war das Gute an den Herbergen. Man war nicht allein, das Gemeinschaftsgefühl wurde gestärkt, und man befand sich oftmals in netter Gesellschaft, an die man sich noch ewig erinnern würde. Hier war es auch ein Ding der Unmöglichkeit, die vorgeschriebene Nachtruhe ab 22.30 Uhr einzuhalten. Es war einfach zu gesellig. Aber als dann die Hospitaleros ihren Streifzug machten, mussten wir schließlich doch das Feld räumen.

Es war ein so schöner Abend, der gar nicht hätte enden dürfen, und es fiel mir sehr schwer, die Augen zu schließen. So müde ich auch war, wusste ich doch, wenn wir am Morgen erwachten, würden sich unsere Wege wieder trennen.

47 465 Schritte
36,5 km
1 684 kcal
115,6 g Fett

24.05.

Von Astorga nach Rabanal del Camino
20,7 km

Um 6 Uhr klingelte mein Wecker und ich traute meinen Augen kaum, als ich sah, dass noch alle in ihren Nestern lagen. Es machte auch keiner irgendwelche Anstalten, demnächst aufstehen zu wollen. Wie gern hätte ich das voll ausgekostet – wenn da nur nicht schon wieder diese nervenden Schmerzen gewesen wären. Es wurde langsam hell draußen und als ich auf mein Elend hinabblickte, realisierte ich, dass meine Waden und Füße derart angeschwollen waren, dass man weder Knöchel noch Adern erkennen konnte. So würde ich unmöglich in meine Wanderschuhe kommen. Ich googelte nach einem Sportgeschäft in Astorga und hatte Glück. Gleich um die Ecke gab es einen Laden, der allerdings erst um 10 Uhr seine Pforten öffnete. Aber mir blieb nichts anderes übrig. Es mussten dringend neue Schuhe her!

Mir schwebten Trekkingsandalen vor, wie ich sie bei Marion und auch bei vielen anderen Pilgern gesehen hatte. Diese konnte man mittels Klettverschlüssen beliebig verstellen, sodass die Füße samt ihren Schwellungen, Blasen und offenen Wunden Platz hatten. Innerlich verabschiedete ich mich bereits von meinen liebgewonnenen Mitpilgern, bis Marion nach dem Erwachen ganz selbstverständlich meinte, dass sie mit mir warten würde. Ich war sehr gerührt und irgendwie erleichtert. Ich war noch nicht so weit, sie gehen zu lassen. Auch Erik und Marc ließen es langsam angehen, da sie noch Sachen zurückschicken wollten, die Postämter aber erst um 8.30 Uhr öffneten.

Marion und ich frühstückten in einem Café und verweilten dort über zwei Stunden. Plötzlich erschien Jogi und gesellte sich zu uns an den Nachbartisch. Er schwärmte von seinen luxuriösen Traumunterkünften in den Hotels und wetterte kräftig über diese asozialen Pilgerherbergen. Jemandem war dort das Ladekabel geklaut worden – alles Banditen! Man hatte ihm freie Einzelzimmer verschwiegen, sodass er im großen Schlafsaal nächtigen musste – alles Lügner! Während er sich regelrecht in den Rausch lästerte, wurde mir klar, was Inka gemeint hatte. Irgendwie tat er mir leid, da er wahnsinnigen Stress damit hatte, Tage im Voraus zu planen. Seine Einzelzimmer waren bereits für die gesamte Woche gebucht, während ich noch nicht einmal wusste, wo ich heute Abend schlafen beziehungsweise ankommen würde.

Zudem konnte ich seine Erfahrungen nicht teilen. Es ist immer wieder beunruhigend, wie Voreingenommenheit die Realität verändern kann. Ihm persönlich war gar nichts gestohlen worden, aber der Freundin von der Bekannten einer Bekannten … Man hört das, was man hören will.

Ich erzählte Jogi vom gestrigen Abend und dass es mir mittlerweile zu einsam sei, in einem Einzelzimmer untergebracht zu sein. Marion klinkte sich ein und auch sie beschrieb den vergangenen Abend als unvergesslich. Sicherlich hätte Jogi das ebenfalls gefallen, aber er war vermutlich zu stolz, das zuzugeben.

Ich bemerkte am Nachbartisch einen Mann, der mir sogleich sympathisch war, und ich sprach ihn an. Auch er war ein deutscher Pilger, aber kein gewöhnlicher! Er war schon seit fünf Jahren mit seinem Bernhardiner unterwegs, war schon in Santiago gewesen und lief nun wieder Richtung Frankreich zurück. Immer wieder arbeitete er für ein paar Tage oder Wochen in Herbergen oder auf Campingplätzen, um sich die Weiterreise finanzieren zu können. Hundefutter war schließlich nicht billig. Beeindruckend! Er sah zugegebenermaßen ziemlich mitgenommen, ungepflegt und obdachlos aus – aber auch glücklich! Er führte uns zum Sportladen und erzählte, dass die Betreiber deutsche Auswanderer und gute Bekannte von ihm seien. Ich muss sagen, dass ich dort eine ausgezeichnete Beratung erhielt.

Wenig später hatte ich mir Trekkingsandalen für sage und schreibe 130 € gekauft! Hundertdreißig Euro! Kein Problem, wenn man seine Nahrung zu Gold verdaut. Wahrscheinlich zahlte man allein die Hälfte des Preises für den Namen. Na ja, Qualität und so. Allerdings trug ich meine Sandalen schön mit Socken drin. Aber was soll's. Diesen modischen Fauxpas beging hier mittlerweile jeder dritte Pilger. Meine saublöden Wanderlatschen würde ich jedenfalls nicht mehr anziehen! Ich hatte eine so unsagbare Wut auf diese Treter! Hätte sie am liebsten verbrannt und weggeschmissen! Und teuer waren sie auch noch gewesen! Kein Schwein braucht Wanderschuhe auf dem Jakobsweg! Einfache Turnschuhe hätten es auch getan! Man sollte ja annehmen, dass nach über 500 km die Schlappen irgendwann einmal eingelaufen sein müssten, aber auch nach drei Wochen produzierten sie nichts als Blasen und Schwielen! Zum Teufel damit! Mein linker Fuß war seit knapp zwei Wochen völlig gefühllos, sowohl die Zehen als auch der Ballen, und letzte Nacht waren meine Füße auf die dreifache Größe aufgequollen. Die Schuhe hatten mir nichts als Unheil gebracht! Von Beginn an! Und jetzt musste ich die verschlissenen Treter die ganze Zeit an meinem Rucksack mit mir rumschleppen, weil ich es nicht übers Herz brachte, die überteuerten Quadratlatschen nach nur zwei Monaten in die Abfalltonne zu werfen.

Und da ich schon beim Shoppen war, kaufte ich auch noch eine richtige Kniebandage. Sogleich schnallte ich mir die Stütze um, blickte in den Spiegel und erkannte mich selbst nicht wieder. In den letzten zwei Stunden war ich optisch um mindestens dreißig Jahre gealtert. Das Knie bandagiert, weiße Sonnencremereste auf der verbrannten Nase, nicht zu vergessen die todschicken Wandersocken in den Sandaletten. Ich war ein echter Brüller. Zu Hause hätte ich so nicht mal den Müll rausgebracht, und hier lief ich wie eine Witzfigur durch ganz Spanien.

Gegen 11 Uhr konnten wir uns dann endlich auf den Weg machen. Marion hatte ein sehr ehrgeiziges Ziel ins Auge gefasst: das gut 21 km entfernte Rabanal del Camino. Angesichts meines Tempos einigten wir uns darauf, einen Platz in der Herberge zu reservieren, um den Kopf wenigstens diesbezüglich frei zu haben. Die Hitze war heute wirklich kaum noch zu überbieten. Es war der heißeste Tag bisher. Es dauerte eine Weile, bis ich meinen Schmerzen endlich davonhumpeln konnte. An jeder Bar bestellte ich mir einen Beutel voller Eiswürfel zum Kühlen meiner geschundenen unteren Extremitäten. Ich kostete die Pausen voll aus, aber nach jeder Unterbrechung musste ich mich aufs Neue einlaufen. Es war ein Teufelskreis. In regelmäßigen Abständen verstrich ich die zähflüssige Substanz, die kaum noch einer Sonnencreme glich, zusammen mit meinem Schweiß und unzähligen Staubpartikeln auf meinen frei liegenden Körperpartien. Das hört sich nicht nur eklig an, das war es auch!

Wieder kein Schatten weit und breit. Nur verdorrtes Gebüsch am Wegrand. Von Kilometer zu Kilometer wurde es unerträglicher, und ich lamentierte, was das Zeug hielt. Aber Marion war die Stoikerin in Person und nicht aus der Ruhe zu bringen. Immer wieder wartete sie auf mich und motivierte mich aufs Neue. Die Ärmste! Aber sie meinte, dass es okay für sie sei. Ich tat ihr leid und sie mir, da sie es mit mir aushielt.

Direkt unter einem kleinen, fast verbrannten Baum befand sich eine schattige Bank. Die kam wie gerufen für eine kleine Verschnaufpause. Ich fühlte mich so multimorbid, doch noch nicht einmal die Hälfte unserer Strecke war zurückgelegt. Im Schatten bemerkte ich nun auch, dass mir die Sonne körperlich mehr zusetzte, als ich mir bislang eingestanden hatte. Mein Sichtfeld schwankte ein wenig, mir war schlecht, und ich sah grün-schwarze Punkte in der Wüstenlandschaft. Marion gab mir ein Kopftuch, um mich vor weiterer UV-Strahlung zu schützen. Manchmal machte sie mich wirklich sprachlos. Ich glaube, dass man solchen Seelen wie Marion nicht oft im Leben begegnet. Sie hatte so viel Geduld mit mir. Ich an ihrer Stelle hätte mich selbst schon längst in der Sonne stehen lassen, aber sie war einfach zu gut für diese Welt. Ich mochte sie wirklich aufrichtig. Konnte sie mir nicht ein wenig von ihrer Ruhe und Gelassenheit abgeben? Wäre ihr das möglich gewesen, hätte sie sicherlich auch das getan.

Doch alles Verschnaufen half nichts, wir mussten weiterziehen. Nicht nur die Sonne saß uns im Nacken, sondern auch die Zeit. Es war eine regelrechte Wüstensafari, was wir hier durchzumachen hatten. Staub über Staub. Unsere Outfits glichen einander immer mehr in ihren dreckigen Braun- und Grautönen. Aber etwas Gutes hatte das Ganze: Man konnte mittlerweile meine Socken nicht mehr von meinen Sandalen unterscheiden.

Marion wanderte etwa fünfzig Meter vor mir, als mir wieder einfiel, dass ich Kopfhörer hatte. Eigentlich befürwortete ich es im Allgemeinen nicht so sehr, mich mit Ohrenstöpseln von der Außenwelt abzuschirmen, aber im Moment wäre es eine wirklich passende Ablenkung von der bitteren Monotonie, die mir das Ödland hier bot. Ich schaltete also meinen Player ein und legte los. Mein Smartphone erinnerte mich mehrfach daran, dass ich die gesunde Lautstärke überschritten hatte. Ja, das machte das Kraut jetzt auch nicht mehr fett. An diesem Weg war sowieso nichts mehr gesund. Von der Hitze wie volltrunken, tänzelte ich nun durch die Wüsteneinöde und sang in allen möglichen schrägen Tonlagen mit. Die Musik war so laut, dass ich mich selbst nicht mehr hören konnte. Sehr gut! Ich vergaß alles um mich herum und auch die irritierten Blicke meiner Mitmenschen beeindruckten mich recht wenig. Hätten sie die 112 angerufen, hätte ich wenigstens ein kostenloses und klimatisiertes Taxi in die nächstgelegene Ortschaft gehabt. Wie wild fuchtelte ich mit meinen vier Gliedmaßen unkoordiniert und ganz ungeniert zur Melodie herum und gewann ganz plötzlich wieder neuen Lebenswillen. Insbesondere den konkreten Willen, nicht an Dehydratation zu sterben. Nach und nach holte ich sogar Marion wieder ein.

Im letzten Dorf vor Rabanal machten wir eine kurze Rast, bestellten uns Wasser und luden die Akkus unserer Handys um ein paar Prozent auf. In dieser Herberge gab es einige Pilger, die schon zu Abend aßen, und wir hatten noch satte sieben Kilometer vor uns. Ein Mann am Nebentisch hatte sich allem Anschein nach heute nicht genug verausgabt, da er die Hälfte seines vortrefflichen Menüs verschmähte. Es war höchste Zeit aufzubrechen, bevor ich mich auf seine Reste stürzte.

Ich verkabelte mich erneut, in der Hoffnung, dass es wieder so gut funktionieren würde wie zuvor, aber dem war leider nicht so. Meine Energieressourcen waren nun völlig aufgebraucht und die Schwäche gewann die Oberhand. Alles Wackeln mit der Hüfte brachte nichts. Im Gegenteil. Mein Gehampel bewirkte nur, dass ich vermehrt schwitzte, und da die Sonnenstrahlen auf meinen Schweißperlen reflektierten, garte ich schließlich dreifach. Irgendwann war Marion außer

Sichtweite, und sogleich ließ ich mich ins Gebüsch eines kargen, lichten Waldes fallen. Ich konnte einfach nicht mehr. Die Hitze der vergangenen Tage hatte deutliche Spuren bei mir hinterlassen. Schon wieder war mir nach Heulen zumute, und ich stellte mir die Frage, weshalb in Teufels Namen ich nicht in der letzten Ortschaft geblieben war. Wie konnte ich nur so leichtsinnig und blöd sein, mich weiterhin den gnadenlosen UV-Strahlen auszusetzen? Nach einer gefühlten Ewigkeit und einer kleinen Toilettenpause raffte ich mich wieder auf und lief weiter. Von Weitem sah ich bereits Marion, die in der prallen Nachmittagssonne auf einem Stein saß und auf mich wartete. Weder aß sie etwas, noch nahm sie Flüssigkeit zu sich. Sie saß einfach nur da und wartete auf mich. Ich war so gerührt und schämte mich zugleich für mein egoistisches Verhalten. Wie hatte ich sie nur so lange warten lassen können? Sie spürte wohl, dass sie nun bei mir bleiben musste, weil ich sie brauchte und völlig am Ende meiner Kräfte war.

Ich fragte sie, was einen Menschen ihrer Ansicht nach letztendlich dazu bewegt, freiwillig solch eine Tortur auf sich zu nehmen. Marion philosophierte. Manche waren sportlich motiviert, andere wiederum beschritten den Weg aus religiösen Gründen. Sie selbst wollte sich näherkommen, ihre Grenzen testen und über sich selbst hinauswachsen. Für sie war es schlicht und ergreifend Selbstfindung. Für mich nur Selbstmord. Wie ein Häufchen Elend saß ich unter schattigem Geäst, attackiert von dicken Schmeißfliegen, und sinnierte darüber, dass es auf der Welt wohl einfachere Methoden geben musste, um sich selbst zu malträtieren. Mit dem darauffolgenden Lachanfall ihrerseits hatte ich am wenigsten gerechnet.

Auf dem Endspurt kamen mir wieder mal die Tränen, aber da es schon spät war, waren wir mutterseelenallein unterwegs, und so konnte mich glücklicherweise niemand sehen. Als wir gegen 18 Uhr das Ortseingangsschild von Rabanal del Camino passierten, zog sich just in diesem Moment der Himmel über uns zu, und es wurde angenehm schattig. Als ob im Universum ein gehässiger Drehbuchautor Regie führte. Ich hatte noch nicht einmal mehr Kraft, mich darüber aufzuregen, und das war die eigentliche Ironie des Schicksals. Nun galt es nur noch, schleunigst die reservierte Herberge zu finden und diesen Tag endlich zu Ende zu bringen.

Als wir im Quartier ankamen, hefteten sich um diese Uhrzeit natürlich alle Blicke auf uns. Man muss uns das Elend und das Leid deutlich angesehen haben. Besonders mir. Wir einigten uns darauf, dass wir, sollte uns jemand fragen, wie weit wir gelaufen seien, »über 45 km« antworten würden. Alles andere hätte in Anbetracht der Ankunftszeit und unseres Erscheinungsbildes weder akzeptabel noch plausibel gewirkt.

Zunächst erfolgte wieder das übliche Prozedere: Personalausweis und Pilgerstempelkarte vorzeigen, bezahlen und so weiter. Alles war mir heute zu viel! Ich flehte die füllige Hospitalera um etwas Eis an. Widerwillig brachte sie mir einen Eisakku, der mir jedoch für mein Vorhaben rein gar nichts nützte. Ich schüttelte den Kopf und bat um einzelne Eiswürfel, um diese über meine verbrannte Haut gleiten und darauf schmelzen lassen zu können, was das spanische Vollweib nicht unbedingt freundlicher werden ließ. Auch für sie schien jeder Handgriff zu viel zu sein. Mürrisch brachte sie mir dann aber einen ganzen Sack voller Eiswürfel.

Ich ließ den ersten Eiswürfel auf meinen feuerroten Beinen tauen, als mir plötzlich ganz anders wurde. Ich fühlte mich schwindelig und wusste nicht, ob ich gleich ohnmächtig werden würde oder mich übergeben müsste, doch eines war mir sofort klar: Ich musste schnellstmöglich aus der Öffentlichkeit und mich in einer stillen, unbeobachteten Ecke hinlegen. In einem angrenzenden Nebenraum, wahrscheinlich dem Speisesaal, fand ich meine Rettung. Hinter einem langen Tisch war eine

Bank an der Wand angebracht. Kurzerhand erklärte ich das zu meinem Territorium, legte mich unauffällig dorthin und rollte mich unter Stöhnen auf die Seite. Hoffentlich würde ich mich nicht übergeben. Nicht im Speisesaal. Bitte nicht. Ich betete für ein baldiges Ende meines Zustands.

Nachdem Marion mit Duschen und Wäschewaschen fertig war, umsorgte sie mich liebevoll. Noch immer lag ich verdreckt und kreidebleich auf der Holzbank auf der Seite, zusammengerollt wie ein armseliger Cocktailshrimp. Ich wälzte mich hin und her und hatte zu tun, mich nicht zu übergeben. Marion brachte mir kaltes Wasser, und ich bat sie, mir einen Salat- und einen Nudelteller zu bestellen. Ich hatte riesigen Kohldampf und hoffte, dass sich durch die Zufuhr von Nährstoffen mein Kreislauf wieder stabilisieren würde. Marion zögerte zunächst, bis ein gut gebauter Radpilger mir ebenfalls empfahl, eine Mahlzeit einzunehmen. Die beiden bestellten Portionen hätten locker eine halbe Fußballmannschaft versorgen können. Marion konnte nicht fassen, wie voll die Teller waren, und musste zur Erinnerung ein Foto davon schießen.

Sonderlich schmackhaft war der Imbiss leider nicht, aber der Hunger trieb es rein, und Marion half mir selbstverständlich dabei. Beim Essen musste ich mich abermals hinlegen, um nicht zu kollabieren. Dieser Zustand hielt eine gefühlte Ewigkeit an, und dann bekam ich auch noch Schüttelfrost. Zu allem Überfluss schmolzen zudem die Eiswürfel im Beutel unauffällig, fluteten den Tisch und durchtränkten mein Portemonnaie. Ich war nicht mal annähernd in der Lage, irgendwelche Schäden zu beheben. Das erledigte alles Marion für mich. Sie organisierte mir zwei dicke Wolldecken, welche nicht gerade nach Perwoll rochen, aber zumindest ihren Zweck erfüllten. Mehrfach bat sie bei den Hospitaleras um Geschirrtücher, um jeden einzelnen Geldschein sorgfältig trocknen zu können. Ich sagte ja bereits, sie war eine Seele von Mensch.

Irgendwann kam eine Herbergsmutter in den Speisesaal und entdeckte mich auf der Bank. Sie sah meinen leidlichen Allgemeinzustand und ihr fiel nichts Besseres ein, als drauflos zu schimpfen. Wie man denn nur essen könne, wenn einem schlecht sei. Ich konnte die mütterliche Fürsorge förmlich spüren. Ich war froh, dass ich nach zwei Stunden endlich wieder in der Lage war, einigermaßen beschwerdefrei und regelmäßig zu atmen. Die sollte mich bloß in Ruhe lassen. Mühevoll raffte ich mich auf und ließ mir von Marion die Schlafgemächer und mein zugewiesenes Bett zeigen. Volltreffer! 38 belegte Betten in einem nahezu schlauchförmigen, engen Raum. Ich schlief im Bett über Marion und suchte vergeblich nach einer Leiter zum Hinaufklettern. In meinem aktuellen Gesundheitszustand konnte ich mir nichts Schöneres vorstellen, als mit Anlauf auf ein Doppelstockbett zu springen, aber alles Meckern war vermutlich verschenkte Energie.

Gegen 21 Uhr schleppte ich mich dann in den eher dürftig gestalteten Waschraum für Männer und Frauen. Drei Toiletten- und zwei Duschkabinen, welche sich allesamt nicht verriegeln ließen. Mein Glück war, dass es schon recht spät war und daher bereits alle geduscht hatten. Als ich meine Kleidung langsam auszog, staubte es unaufhörlich, und ich stand inmitten einer Dreckwolke, aber nach dem Duschen fühlte ich mich tatsächlich wie ein neuer Mensch. Anschließend gesellte ich mich zu Marion nach draußen, und wir beobachteten in den letzten Minuten vor der Nachtruhe das rege Treiben an den Restauranttischen.

Nebenan saßen einige Gäste, die deutlich über den Durst getrunken hatten, und vereinzelt trafen tatsächlich noch abgeplagte Pilger mit verschmutzter Kleidung und verdrecktem Rucksack ein und füllten die letzten reservierten Betten. Unglaublich! Einer davon war Italiener und 36 Jahre jung. Er hatte so schlimmes Heimweh nach seiner Frau und seinen zwei Kindern, dass er sich täglich mindestens 50 km zumutete, nur um schnellstmöglich in Santiago anzukommen und die Heimreise antreten zu können. Ich ließ seine Geschichte unkommentiert. Das war zu viel Futter für mein verbranntes Gemüt. Nur eines soll gesagt sein: Das ist zwar wahre Liebe – für mich jedoch kein Pilgern.

Als ich es später geschafft hatte, mein Bett zu erklimmen, bettelte ich die anderen Mitpilger an, wenigstens einen kleinen Fensterspalt für Frischluft offen zu lassen, und ich schwor mir, am nächsten Tag maximal bis ins nächstgelegene Dorf und keinen Zentimeter weiter zu laufen. Wären die Betreiber dieser Herberge etwas netter gewesen, hätte ich gern einen Ruhetag eingelegt, um mich von dem Hitzschlag erholen zu können, aber leider gab es nichts, was mich hier hielt. Also war mein morgiges Ziel das 6 km entfernte Foncebadón. Ich sagte mir, dass 6 km immer noch besser seien, als komplett auszusetzen, und erzählte Marion von meinen Plänen. Da ich bei 6 km keinen Zeitdruck hatte, wollte ich natürlich auch ausschlafen. Marion hatte sich wieder eine längere Etappe vorgenommen und wollte beizeiten aufbrechen, und so wünschten wir uns in der Nacht noch alles Gute für unseren weiteren Weg. Das war ein beklemmendes Gefühl, und wehmütig schlief ich mit dem Gedanken ein, morgen aufzuwachen und Marion nicht mehr bei mir zu haben. Aber so ist das eben. Der Camino ist ein andauerndes Kommen und Gehen.

33 111 Schritte
25,4 km
1 202 kcal
79,2 g Fett

25.05.

Von Rabanal del Camino nach Foncebadón
5,9 km

Mitten in der Nacht erwachte ich, und meine Nase war vollkommen verstopft. Klar, dass der einzige Fensterspalt wieder geschlossen worden war. Ich fasste mir an den Kopf, kletterte aus meinem Bett und machte zur Strafe die Tür zur Außenwelt auf und ließ sie mit voller Absicht weit offen stehen ließ. Irgendein Schafskopf würde sie schon wieder schließen. Im Halbschlaf bekam ich später mit, wie sich Marion auf die Socken machte. Ich drehte mich noch mal um und schlief weiter. Als ich endgültig erwachte, war ich eine der Letzten im Raum, aber das war mir heute völlig egal. Ich hatte alle Zeit der Welt. Den gesamten Tag für schlappe 6 km. An meinem Bettgitter sah ich das Kopftuch von Marion hängen, sie hatte es dagelassen, um mich vor einem weiteren Sonnenstich zu schützen. Ach Marion … Und nun war sie weg. Aber ich hatte ein Andenken an sie. Ein äußerst nützliches sogar.

Ich ließ mir an diesem Morgen ausgesprochen viel Zeit beim Fertigmachen, schluckte meine Pillen, band die Wanderboots an meinen Rucksack und legte die Kniebandage an, bevor ich dann gegen 9 Uhr endgültig aufbrach. In den Morgenstunden war es noch kühl, und ich nahm mir die Zeit, das Örtchen Rabanal in aller Ruhe anzuschauen. Eine ausgesprochen hübsche, rustikale Ortschaft. Ich lief so langsam, dass mich wenig später auf einem Feldweg eine Horde pensionierter Buspilger überholte, aber die trugen ja auch kaum Gepäck bei sich. Unter ihnen war keiner, der einen »Buen Camino« wünschte. Ich auch nicht. Wahrscheinlich ist das den Touristen nicht so geläufig.

Ich genoss die frische Luft an diesem Morgen sehr. Die Sonne stand tief am Horizont, sodass vieles noch im Schatten lag. Es erinnerte mich ein wenig an den Altweibersommer. Überall glitzerten Spinnweben in den Gräsern und die Vögel zwitscherten. Leider waren bereits unzählige Fliegen unterwegs. Ich trug lediglich meine kurze Hose und ein T-Shirt, und es fühlte sich herrlich an, ein wenig zu frösteln. Nach der letzten Nacht verspürte ich den Drang, besonders tief ein- und auszuatmen; allerdings flogen mir jedes Mal diverse Insekten ins Gesicht und ruinierten den idyllischen Moment.

Die folgenden Kilometer stellten sich dann als eher abenteuerlich heraus, da der Untergrund nicht mehr als Pfad bezeichnet werden konnte. Es sah aus, als hätte ein Bagger tiefe, unregelmäßige Gräben ausgeschaufelt, die einem das Laufen erschweren sollten. Doch nicht nur mir, auch zahlreiche Radpilger waren gezwungen, von ihren Bikes abzusteigen, um sich nicht alle Knochen zu brechen. Fixiert auf meine Füße und den Schotter unter mir, vernahm ich plötzlich ein lautes Pfeifen und hörte, wie jemand meinen Namen rief. Ich blickte mich um und erkannte Eric. Wir begrüßten einander herzlich und umarmten uns. Er war noch immer mit Marc unterwegs. Ich hatte angenommen, dass auch er schon über alle Berge sei, doch sein Tag begann nicht vor 8 Uhr. Sehr sympathisch. Eric war so unbeschwert und anders. Erfrischend anders als die breite Masse. Er bot mir auf dem Geröll seinen Wanderstab an. Ich klagte ihm das Elend mit meinen Füßen. Sie wollten einfach nicht mehr abschwellen seit Astorga. Drückte man mit dem Finger in die Haut, blieb eine Delle zurück. Auch die Episode mit meinem Sonnenstich gab ich zum Besten und dass ich mich durch die ungemütliche Atmosphäre in der Herberge hatte gezwungen gesehen, das Dorf zu verlassen. Da schienen es die beiden besser getroffen zu haben. Sie hatten auf einem Campingplatz übernachtet. Wir unterhielten uns und lachten noch eine Weile miteinander, bevor wir dann wieder Abschied nahmen. Aufgrund meines nicht gerade hochgesteckten Tagesziels war ich nicht sonderlich motiviert, mit dem Lauftempo der anderen Schritt zu halten. Wir wünschten uns einen herzlichen »Buen Camino«, und fort waren sie. Hätte ich gewusst, dass dies die letzte Begegnung war, hätte ich nach einer Telefonnummer gefragt, um mit ihm in Kontakt bleiben zu können. Wieder war ich mit dem Abschied von einem lieb gewonnenen Menschen konfrontiert.

Als ich in Foncebadón eintraf, säumte eine Herberge nach der anderen meinen Weg. Doch es war erst 10 Uhr, und alles war noch geschlossen. Ich setzte mich in ein zentrales, gut besuchtes Café, aß vortrefflich und kühlte weiterhin eifrig meine Füße und meinen Sonnenbrand. Ich beobachtete das Geschehen um mich herum und führte oberflächlichen Smalltalk mit anderen Pilgern. An tiefgründigeren Konversationen hatte ich im Moment kein Interesse, zu schmerzvoll waren die jüngsten Abschiede gewesen.

Ich bestellte noch ein paar Eiswürfel zum Mitnehmen und begab mich auf die Suche nach einer Herberge mit einer überdachten Sitzgelegenheit zum Warten. Nicht weit vom Café entfernt erspähte ich ein großes, altes Steingemäuer. Das Haus schien schon vor Jahrhunderten in die Jahre gekommen zu sein, versprühte jedoch einen gewissen Charme. Ich gesellte mich zu drei Pilgern, die dort bereits ausharrten, und erfuhr, dass dies die kirchliche Herberge auf Spendenbasis sei. Gut, dachte ich mir. In solch einer Unterkunft muss man schließlich auch einmal genächtigt haben. Jetzt hieß es noch weitere zwei Stunden warten, bis sie ihre heiligen Pforten öffnete.

Ich kam mit dem Iren, dem Spanier und dem Franzosen ins Gespräch. Sie waren alle Mitte vierzig, schätzte ich. Während der Ire und ich unsere lädierten Füße kühlten, fragte mich der Spanier ganz unverfroren, ob ich denn auch nur so ein Tourist sei. Er sprach lediglich Spanisch, aber das Unwort Tourist war deutlich zu verstehen. Ich war fassungslos und aufgebracht und zugleich verzweifelt, da es mir unmöglich war, ihm auf Spanisch zu vermitteln, dass auch ich diese pilgernden Touristen nicht mochte. Wie kam er überhaupt auf diese fixe Idee? War mein Aussehen nicht Beweis genug? Der Zustand meiner unteren Extremitäten war doch beim besten Willen nicht zu übersehen! Mit Händen und Füßen versuchte ich, ihm verständlich zu machen, dass ich seit Saint-Jean-Pied-de-Port ausschließlich gelaufen war und gelitten hatte, doch ich kann die spanischen Verben nur im Präsens konjugieren. Mein empörtes »No! No, no, no!« schien allerdings auch deutlich genug gewesen zu sein, und am Ende lachten wir darüber. Na ja, zumindest machte ich gute Miene zum bösen Spiel. Das hatte tief gesessen, und ich nahm es ihm weiterhin übel. Warum auch immer. Weshalb musste ich mich vor ihm überhaupt rechtfertigen? Es hätte mir doch egal sein können, was ein Wildfremder von mir dachte. War es aber nicht, und das ärgerte mich noch mehr.

Später traf ein weiterer Deutscher ein. Er war noch sehr jung, gerade einmal 19 Jahre, und sein Name war Dennis. Er hatte eben erst sein Abitur geschafft und wollte noch mal auf Reisen gehen, bevor er zu studieren begann. Er war ausgesprochen nett und aufgeschlossen. Der Ire organisierte zwei Flaschen Rotwein sowie reichlich Eiswürfel für uns. Und da saßen wir nun: lädiert, teilweise immer noch beleidigt und bereits am

Vormittag leicht alkoholisiert direkt vor einer Kirche. Welch unbezahlbarer Augen- und Anblick.

Endlich kam der Herbergsvater um die Ecke. Eigentlich war er vielmehr ein Vati. Knuffig, klein und rund. Er hieß Pepe und muss schon weit über 60 Jahre alt gewesen sein. Er strahlte eine Herzlichkeit aus, die mich sogleich berührte. Um die Herberge kümmerte er sich ganz allein, und so sah sie natürlich auch aus. Der Schlafsaal bot über zwanzig marode Betten. Das gesamte Gotteshaus schien noch aus vorsintflutlichen Zeiten zu stammen. Eine einsame Glühbirne schmückte die hohe, feuchte Decke. Vor noch nicht allzu langer Zeit hätte ich hier nicht mal mit der Kneifzange etwas angefasst, aber das spielte inzwischen keine Rolle mehr. Alles, was ich brauchte, war eine warme Dusche, und solange ich meinen Regenponcho zum Bettlaken umfunktionieren konnte, war ich mit mir im Reinen.

Bis jetzt war ich die einzige Frau, und das Bad gehörte nur mir. Super! Ich hatte tatsächlich noch einiges zu erledigen, wofür ich gestern keine Kraft mehr hatte aufbringen können. Meine Haare und die verdreckten Sachen waschen zum Beispiel. Dennis musste für seine Dusche anstehen und warten, und ich grinste aus lauter Übermut etwas gehässig. Doch das brachte mir wohl schlechtes Karma ein, und die Folgen ließen nicht lange auf sich warten. Ich duschte mich ab, seifte meinen ganzen Körper ein und shampoonierte mir die Haare gründlich. Dann drehte ich das Wasser wieder auf, doch das wurde mit einem Mal immer kälter, bis es selbst auf der heißesten Stufe so eisig war, dass ich schrie wie am Spieß. Das Wasser kam nur noch in Polartemperaturen, doch ich hatte noch immer einen dicken Schaumberg auf dem Kopf.

Jetzt hörte ich es auch aus den benachbarten Männerduschen raunen und quieken. Allesamt riefen wir mit stockendem Atem nach Pepe. Die kleine Flamme im Gasleitsystem schien erloschen zu sein. Pepe entfachte sie erneut, meinte, dass nun wieder alles gut sei, und verschwand. Aber nichts war gut. Nach wie vor nur eiskaltes Wasser! Wieder hörte man die Meute laut nach Pepe kreischen. Erneut entzündete er die kleine Flamme, aber das Wasser wollte einfach nicht mehr warm werden. Ich bibberte und zitterte am ganzen Körper, konnte sogar meinen eigenen Atem sehen! Diese grausame Folter erstreckte sich über geschlagene zehn Minuten. Nur mit einem Handtuch bekleidet und noch immer eingeseift, trat ich an die Tür des Waschraums und stellte fest, dass ich nicht die einzige Verzweifelte und Halbnackte auf dem Flur war. Meine männlichen Leidensgenossen hatten schon blau verfärbte Lippen. Wäre ich nicht selbst davon betroffen gewesen, hätte dieser Anblick urkomisch sein können.

Schließlich kam Pepe dahinter, dass der Gastank leer war. Das passierte wohl etwa einmal im Jahrtausend und natürlich ausgerechnet heute, wenn ich Haarwaschtag hatte. Aber alles Jammern nützte ja nichts. Die Haarpflege musste abgeschlossen werden! Unter Klagen, Wimmern und Schlottern duschte ich mich mit dem gefühlt zehn Grad kalten Wasser ab und entfernte die letzten Shampooreste aus meinem Haar. Es war ein wahr gewordener Albtraum! Ich fragte mich, womit ich das nun wieder verdient hatte.

Als ich schließlich völlig unterkühlt und mit marmorierter Haut aus der Duschkabine trat, meinte Pepe von draußen, dass der Gastank nun ausgewechselt sei und wieder alles in bester Ordnung sein müsste. Dennis und die anderen Unbeteiligten konnten sich kaum noch halten vor Lachen. Pepe tat das ganze Debakel so leid, dass ich ihn trotz allem umarmen musste. Wie ein fürsorglicher Vati kümmerte er sich um unser Wohlergehen, wenn auch etwas verspätet.

Anschließend wusch ich meine verstaubte Dreckwäsche mit der Hand, doch als ich sie aufhängen wollte, begann es fürchterlich zu regnen. Es schüttete regelrecht. All die Tage hatte ich mir nichts sehnlicher gewünscht als Regen, einen Temperaturabfall und einen Wetterumschwung. Und mein Wunsch musste natürlich ausgerechnet dann erhört werden, wenn ich meine klatschnasse, notdürftig ausgewrungene Wäsche zum Trocknen aufhängen wollte.

Vom Vortag noch völlig erledigt, legte ich mich in mein Bett und schlief geschlagene sechs Stunden durch, ohne auch nur einen Mucks von dem fürchterlichen Unwetter draußen mitzubekommen. Als ich wiedererwachte, waren alle Betten belegt, und ich ging mit Dennis erneut zu der Bar von heute Mittag. Wir unterhielten uns angeregt und nutzten das dortige WLAN. Um 20 Uhr sollten wir alle zurück in der Herberge sein, da dann das Abendessen fertig sein würde, das Pepe ganz allein für uns herrichtete. Bevor wir mit dem Dinner loslegten, gab uns Pepe einen Klatschrhythmus vor. Es war der Beat von »We Will Rock You«. Alle klatschen in die Hände und pochten auf den Tisch, während Pepe ein spanisches Gebet dazu rappte. Das hatte ich noch nie erlebt. Was für ein originelles Tischgebet!

Die Vorspeise bestand aus einem sehr einfachen, aber äußerst deliziösen Salat. Auch das Hauptmahl mundete allen hervorragend. Das waren die mit Abstand leckersten Nudeln, die mir jemals auf dem Jakobsweg vorgesetzt worden waren. Danach saßen wir noch lange zusammen am Tisch, und Pepe gab einen Schwank nach dem anderen aus seiner Jugend zum Besten. Unter anderem erzählte er, dass diese Herberge das wohl älteste Gebäude auf dem gesamten Camino sei. Demnach, wie es hier aussah, war das durchaus glaubhaft. Und dennoch sah ich nur glückliche Menschen um mich herum. Nach dem Abendessen gingen wir alle, einschließlich Pepe, noch mal in die Bar hinunter und ließen den netten Abend ausklingen. Nebenbei eignete ich mir noch ein paar spanische Vokabeln an und googelte nach den Vergangenheitsformen. Sollte mich das nächste Mal ein Spanier ohne Fremdsprachenkenntnisse in beleidigender Weise als Touristin betiteln, wollte ich gewappnet sein. Das würde mir definitiv kein zweites Mal passieren! Alles in allem war es wieder ein gemütlicher Abend in familiär anmutender Atmosphäre – mit eigentlich völlig fremden Menschen. Typisch Camino.

12 158 Schritte
9,3 km
260 kcal
16,0 g Fett

26.05.

Von Foncebadón nach Ponferrada
26,4 km

Im Großen und Ganzen war es eine entspannte Nacht, bis um 4.30 Uhr mal wieder ein paar besonders übereifrige Pilger anfangen mussten, ihren Kram zusammenzupacken. War der eine fertig, fing der nächste damit an. Ich hätte ausrasten können. Es war diesmal so laut, dass es durch die Silikonstöpsel in meinen Ohren widerhallte. Es gibt wirklich nichts, was mich um diese unchristliche Zeit rasender macht als das Geraschel mit Plastiktüten. Zu allem Überfluss krachte dann auch noch jemand samt Gepäck von der Leiter, was einen unvorstellbaren Lärm verursachte. Ich konnte nicht mehr an mich halten. Ein inbrünstiges »Vollidiot« entfleuchte mir, und ich erntete Beifall von lachenden deutschsprachigen Mitschläfern. Sie stimmten offensichtlich mit mir darin überein, dass so ein Verhalten nicht unkommentiert bleiben durfte. Um 5.30 Uhr machte dann der nächste Trottel die Festtagsbeleuchtung an. Meine Nächstenliebe war an diesem Morgen schier grenzenlos.

Schmollend stand ich schließlich auch auf und versuchte, meine Sachen zu packen, was allerdings kaum möglich war, da der äußerst schmale Gang vor meinem Bett der einzige Zugang zum Raum war und ich daher ständig beiseitetreten musste. Also ging ich ins Bad in der Hoffnung, wenigstens dort in Ruhe gelassen zu werden, aber auch hier hatten sich Massen von Menschen um das einzige Waschbecken versammelt, um ihre Zahnpasta hineinzuspucken. Was hatten die Leute eigentlich die ganze Zeit gemacht, fragte ich mich. Und woher kamen auf einmal diese Scharen von Frauen? Seit 5 Uhr wurde Krawall im Zimmer veranstaltet, und Stunden später war das Bad immer noch blockiert.

Frustriert setzte ich meinen morgendlichen Trott fort, nahm die noch feuchte Wäsche ab und setzte mich mit Dennis und zwei weiteren Pilgern an den Frühstückstisch. Alle anderen hatten bereits gespeist. So machten das die Leute also! Erst das Frühstücksbüfett wegfuttern und dann im Bad nerven. Es sah so aus, als seien wir die Letzten und alle anderen bereits losgelaufen, obwohl Pepe etwas von einer Nachtruhe bis 6 Uhr erzählt hatte. Vom Frühstück war jedenfalls nicht mehr viel übrig geblieben. Für die Allerletzten, die sich erst um 6.15 Uhr an den Tisch setzten, gab es nur noch eine dürftige Auswahl, die eher einem Resteessen glich. Selbst die Messer und die Brötchen mussten wir unter uns aufteilen, aber dafür konnte Pepe nichts. Für seine Warmherzigkeit und Gastfreundlichkeit hinterließ ich ihm eine großzügige Spende. Man sollte geben, was man hatte, erinnerte ich mich.

Zum Schluss waren nur noch Dennis und ich übrig. Ich konnte mir schon denken, worauf das hinauslaufen würde, und sagte ihm mehrfach, dass er nicht auf mich warten müsse, da ich mir extra viel Zeit ließe und ohnehin sehr langsam laufe. Er erwiderte, dass er lange nicht mehr so gelacht habe und mich richtig cool fände, weil ich die Wahrheit ausspräche und nicht immer versuchte, alles schönzureden, wie es all die anderen hoffnungslosen Optimisten taten. Er wolle mir einfach nur Gesellschaft leisten, damit ich nicht so allein sei, und schlimmer könne meine Laune heute ja wohl nicht mehr werden. Tja, wo er recht hatte …

Pepe verabschiedete jeden Pilger persönlich an der Tür. Außer natürlich die Deppen, die schon vor 6 Uhr die heiligen Pforten verließen. Ich wollte ihn beim Umarmen gar nicht mehr loslassen. Er war mir sehr ans Herz gewachsen. Ich freute mich aufrichtig über sein »Buen Camino«, und gegen 8 Uhr brachen Dennis und ich dann zur Weiterreise auf. Mein Rucksack fühlte sich durch die noch immer nasse Wäsche fünf Kilo schwerer an. Der Tag begann bewölkt und stürmisch, mit leichtem Nieselregen. Für mich das perfekte Wetter zum Laufen. Die Stimmung war beinahe mystisch, und mit jedem Schritt näherten wir uns dem Cruz de Ferro. Irgendwie erhoffte ich mir von diesem Ort eine besondere Erfahrung. Es war Tradition, dass man dort Steine ablegte, die man von zu Hause mitgebracht hatte. Sie symbolisierten das bisherige Leiden und verhießen neues Glück, da man sie dort zurückließ. Ich trug zwar keinen Stein bei mir, dafür aber andere Dinge, die mir etwas bedeuteten. Dennis und ich hatten bis zum Kreuz noch gut 2 km steilen Anstiegs vor uns. Die Sonne versuchte sich durch die graue Wolkendecke zu kämpfen, und die Aussicht war gigantisch.

Am Cruz de Ferro angekommen, stellte ich ernüchtert fest, dass das Kreuz auf dem Berg von Steinen ziemlich unspektakulär war. Vielleicht auch, weil es direkt an einer groß ausgebauten Überlandstraße lag. Das nahm dem Moment ein wenig das Ergreifende. Es waren einige andere Leute dort, aber zum Glück keine Touristen, soweit ich das beurteilen konnte. Für Busfahrende war dieser Ort ein beliebtes Ausflugsziel, und die hätten mir gerade noch gefehlt. Ich kletterte den riesigen

Steinhaufen hinauf zum Kreuz und hielt nach dem roten Herz von Dirk Ausschau. Ich wusste, dass er vor zwei Tagen hier gewesen war und es hatte niederlegen wollen. Als ich es fand, legte ich meinen kleinen Holzengel daneben, das Symbol für all meine Sorgen, Wünsche und Ängste sowie die von Familie, Freunden und Arbeitskollegen. Dann kramte ich noch ein altes Foto von meinem Opa heraus. Dieser Teil fiel mir besonders schwer. Es war nun schon zwei Jahre her, dass er von uns gegangen war, und an jenem Tag hatte ich schmerzlich erfahren, was es bedeutete, an einem gebrochenem Herzen zu leiden. Mit ihm war auch ein Teil von mir gestorben. Ich legte das Bild unter das Herz von Dirk mit dem Wunsch, mich mit einem Lächeln an ihn erinnern zu können und nicht mehr mit schmerzhaften Tränen.

Ich schien nicht die Einzige zu sein, die gerade einen bewegenden Moment erlebte. Neben mir saß eine ältere Frau auf den Steinen und schluchzte bitterlich, während sie etwas aus ihrem Rucksack hervorkramte. Es war ein großes Glas, gefüllt mit Sand. Ich fragte mich, warum der Sand wohl derartige Emotionen in ihr wachrief. Zudem war ich von der aschgrauen Farbe der feinen Körnchen irritiert. Von welchem Strand hatte sie den denn mitgenommen? Als sie das Gefäß dann aufschraubte, begriff ich plötzlich, dass es sich dabei nur um eine Urne handeln konnte! Niemand weint und schluchzt so sehr wegen ein paar Sandkörnchen! Eigentlich war das ein ziemlich ergreifender Augenblick, aber sie würde doch nicht … Doch, sie tat es tatsächlich! Trotz des starken Windes schüttete sie die Asche unbeirrt direkt neben mir aus! Fassungslos saß ich mitten in der Staubwolke und wusste nicht, ob ich gerade ihren toten Ehemann eingeatmet oder ihren eingeäscherten Hund an mir kleben hatte. Ich hatte ehrlich zu tun, neben dieser trauernden Frau nicht alle meine Hemmungen zu verlieren! Gute Kinderstube hin oder her, ich sprang auf und klopfte mir hektisch die Kleidung aus. Wie konnte man denn nur so gedankenverloren sein? Ich war jedenfalls nicht diejenige, die hier pietätlos agierte!

Schockiert kraxelte ich den Hügel wieder hinunter und entstaubte mir die Wimpern und mein Haar. Hätte sie damit nicht warten können, bis sie allein war? Jetzt fing es auch noch zu regnen an, was mir allerdings ganz gelegen kam.

Ich quetschte meine verhassten Wanderschuhe, die ich am Rucksack hängend mit mir trug, unter den Regenschutz, und als Dennis seinen Lachanfall endlich in den Griff bekommen hatte, machten wir uns wieder auf den Weg. Die Boots schleppte ich nun schon seit Tagen mit mir rum, denn bei Wind und Wetter trug ich stets meine Trekkingsandalen. Ich hätte nicht im Traum daran gedacht, meine geschwollenen Füße jemals wieder in die anderen Treter zu stecken. Eher würde ich über heiße Nadeln gehen.

Nach dem Cruz de Ferro erwarteten uns wundervolle Ausblicke über die Berge und Täler, und es entstanden tolle Fotos. Von nun an ging es nur noch steil bergab. Kilometerlang, auf steinigem Geröll oder schmalen Trampelpfaden. Das war die Feuertaufe für meine Sandalen. Der Weg war extrem anstrengend, besonders für die Knie, deswegen rannten wir des Öfteren die Abhänge hinunter, da diese Art der Fortbewegung die wesentlich angenehmere war, solange man sich dabei nicht krankenhausreif stürzte. Wir durchquerten etliche schöne kleine Dörfer, und ab und an machten wir Pause, und ich nahm Schmerzmittel ein, weil die letzten 7 bis 8 km immer die schwersten waren.

In Ponferrada angekommen, glaubte ich zunächst, in einem Ghetto gelandet zu sein. Dieser Teil der Stadt war wirklich alles andere als sehenswert. Wir suchten nach einer Herberge, und ich bestand darauf, gleich die erstbeste zu nehmen. Wir hatten Glück. Die Unterkunft war ausgezeichnet und bot sogar den

Luxus von hauseigenen Handtüchern, natürlich nur gegen einen kleinen Aufpreis. Dennis war als armer Student mit dem Preis von 12 € einverstanden und wir checkten ein. In unserem Zimmer gab es nur sieben Betten und die Einrichtung machte einen sehr sauberen Eindruck. Jeder hatte sein eigenes Nachttischbrett mit Steckdose. Die Dusche war vom Rest des Bades mit einer Milchglastür abgetrennt, und die Lichter wurden mittels eines Bewegungsmelders gesteuert. Was für ein Komfort!

Eigentlich wollte ich nur noch duschen, doch das ging leider nicht, da ich rein gar nichts mehr zum Anziehen hatte. Entweder triefte die Kleidung noch und roch nach nassem Hund, oder die Sachen waren völlig verdreckt. Keine wirkliche Alternative, daher musste ich erst einmal Wäsche waschen. Dennis duschte fix, und wir schmissen unsere Klamotten zusammen und gingen in den Waschraum. Nachdem wir uns eine Maschine geteilt und in Betrieb gesetzt hatten, machten wir uns auf die Suche nach einem Supermarkt, weil wir heute selbst etwas zubereiten wollten.

Doch vorher musste ich noch etwas Dringendes erledigen. Ein Postamt musste her! Ponferrada war nach Astorga die erste größere Stadt, wo sich diese Gelegenheit wieder bot. Dieses Mal würden meine Eltern ein besonders hübsches Päckchen erhalten, nämlich meine hässlichen Wanderschuhe! Diesen Camino-Gruß würden sie sicherlich verstehen. Im Postamt posierte ich dann mit den dreckigen Latschen samt Einlegesohlen für ein Foto. Ein erhobener Finger spielte dabei eine zentrale Rolle. Nach 550 km konnte ich nun endlich »Lebet wohl« und »Auf Nimmerwiedersehen« sagen. Die Trekkingsandalen hatten die heutige Härteprüfung mit Bravour gemeistert.

Zurück im Hostel, verfrachteten wir die Wäsche in den Trockner und machten uns anschließend daran, einen Salat zuzubereiten.

Beim Abendessen kamen wir ins Gespräch mit anderen Pilgern. Nebenbei sahen wir ständig nach dem Trockner

– schließlich hatte ich mich immer noch nicht umziehen können – aber die verdammte Ladung wollte einfach nicht trocken werden. Jedes Mal blechten wir 2,50 € für einen Trockengang. Wir leerten den Wasserbehälter, reinigten das Flusensieb, aber nach 10 € vergeblich investiertem Vermögen kamen wir zu dem Schluss, dass der Trockner einfach nicht mehr richtig funktionierte. Es blieb uns nichts anderes übrig, als die Wäsche aufzuhängen. Zurück in der Küche, stellten wir fest, dass sich unser restlicher Salat bereits auf ein Minimum reduziert hatte. Abermals hatten sich andere ungefragt und völlig ungeniert an fremdem Essen bedient. Also stopften wir den Rest auch noch in uns rein, da es offensichtlich unmöglich war, etwas für morgen aufzuheben. Teilen ist gut, aber nicht beklaut werden können, ist noch besser.

Das anschließende Duschen war eine Wohltat für Körper und Geist. Ich fühlte mich endlich wieder lebendig und frisch, auch wenn meine noch feuchten Schlafsachen an meinem Körper trocknen mussten. Im Bett kam mir dann ein echter Geistesblitz, als ich wieder einmal meine Füße betrachtete. Ich googelte, wie die Worte »Ödem«, »Füße« und »Diuretika« – also Medikamente gegen Wassereinlagerungen – auf Spanisch hießen. Einen weiteren Tag mit diesen schmerzhaften Schwellungen würde ich nicht überstehen.

43 825 Schritte
33,7 km
1 578 kcal
105,9 g Fett

27.05.

Von Ponferrada nach Cacabelos
16,6 km

Als ich morgens erwachte, war das halbe Zimmer bereits leer. Endlich mal Pilger, die sich wirklich leise aus dem Staub machten. Dennis und ich ließen uns Zeit. Er brachte die trockene Wäsche rauf und wartete geduldig, während ich mich reisefertig machte. Eigentlich ergänzten wir uns gut, aber ich musste mir eingestehen, dass ich dennoch lieber allein laufen wollte. Manchmal braucht man einfach etwas Zeit für sich, um die Seele wieder zu stabilisieren. Doch es fiel mir schwer, ihn abzuwimmeln. Immerhin war er ein guter Mensch, der es eben bevorzugte, in Gesellschaft zu laufen, und es zugegebenermaßen auch verstand, mich zu motivieren. Wir liefen durch Ponferrada, aber die Stadt wurde einfach nicht schöner. Triste, graue Straßen und unzählige Wohnblöcke prägten das Bild.

Beim Verlassen der Ortschaft kamen wir an mehreren Apotheken vorbei, die glücklicherweise sogar am Samstag geöffnet hatten. Ich offenbarte einem Apotheker meine Problematik und spulte meinen Text auf Spanisch ab. Er musterte mich skeptisch und erklärte mir dann vermutlich, dass Diuretika auch in Spanien rezeptpflichtig seien. Ich versicherte ihm, dass ich Krankenschwester sei, und um ihn von meiner Kompetenz zu überzeugen, warf ich ihm die Namen aller Diuretika-Präparate um die Ohren, die mir spontan einfielen, und präsentierte ihm meine nackten Füße. Erschrocken wich er zurück und verschwand dann für ein paar Minuten im Hinterzimmer. Stirnrunzelnd und zähneknirschend drückte er mir anschließend eine Schachtel in die Hand. Ich war ihm unendlich dankbar, denn nun hatte ich endlich das, was ich brauchte. Warum ich nicht schon viel eher darauf gekommen war, ist mir bis heute ein Rätsel.

Ich konnte es kaum erwarten, die ersten Tabletten einzunehmen, wusste allerdings nicht, wie stark sie anschlagen würden. Dann müsste ich dauernd austreten. Und da Diuretika auch stark blutdrucksenkend wirken, hatte ich Angst, auf dem Weg zu kollabieren. Ich beschloss, mir heute irgendwo ein Einzelzimmer mit eigener Toilette zu besorgen, um auf Nummer sicher zu gehen. So lange würde ich mit der Einnahme noch warten müssen.

Im dritten Dorf nach Ponferrada genehmigten wir uns dann ein zweites Frühstück. Immer wieder stellte ich fest, dass der Altersunterschied zwischen Dennis und mir doch recht groß war. Mit zarten 19 Jahren hat man noch ganz andere Dinge im Kopf. Manchmal dachten die Leute sogar, wir seien ein Paar. Das nervte mich sehr! Dachten die, ich bekäme nichts Besseres als einen Teenager ab? Ich ertappte mich immer wieder dabei, wie ich ihm gegenüber zickig wurde, was er wirklich nicht verdiente. Doch manchmal nervte er mich einfach. Ein deutliches Zeichen, wieder getrennte Wege zu gehen.

Wir zogen weiter von Dorf zu Dorf, und seine jugendlichen Gesprächsthemen schlugen mir immer mehr aufs Gemüt. Ich hörte ihm schon gar nicht mehr richtig zu, sondern konzentrierte mich auf das nervtötende Klackern der Jakobsmuschel am Rucksack meines Vordermannes. Mit jedem Schritt, den er machte, schlug die hohle Meeresfruchtschale auf einen seiner Metallreißverschlüsse. Ich hätte nicht sagen können, was schlimmer war, das Geklapper oder das Gerede.

In Cacabelos offenbarte ich Dennis, dass ich hierbleiben wollte, da mich meine schon fast zu Wasserbällen angeschwollenen Füße keinen Schritt mehr weitertragen würden. Ich war schon dabei, mich von ihm zu verabschieden, doch er meinte, dass er erst ohne mich weitergehen würde, wenn ich sicher einen Schlafplatz gefunden hätte. Auch das noch. Ich wollte doch einfach nur allein sein. Einerseits war das sehr rücksichtsvoll und aufmerksam von ihm, andererseits wollte ich einfach keine sinnlosen und langweiligen Gespräche mehr führen. Im erstbesten Restaurant fragte ich an, ob sie Zimmer hätten, und sie bejahten.

Der Abschied fiel dann recht nüchtern aus, und ich nahm anschließend erst einmal in dem vornehmen Etablissement Platz, damit er genügend Vorsprung gewinnen konnte. Sogleich kam ich mit einer jungen Frau aus Deutschland ins Gespräch und gesellte mich zu ihr an den Tisch. Die Unterhaltung war zur Abwechslung mal wieder sehr anregend, doch leider wollte sie weiterlaufen.

Ich zog weiter in das Zentrum von Cacabelos und wurde gleich in der ersten Herberge fündig. Eine öffentliche, die sogar noch bezahlbare Einzelzimmer frei hatte. Das war meine Chance, und ich bestand auf einer eigenen Toilette, da ich nicht wusste, wie die ausschwemmenden Medikamente wirken würden. Das Zimmer war ein Traum. Ein riesiges Bett, ein kleiner Balkon und mein eigenes Badezimmer. Alles war sauber und hübsch, für nur 20 € pro Übernachtung. Unverzüglich schluckte ich gleich zwei von den Tabletten und wartete gespannt auf die Wirkung. Nach circa dreißig Minuten musste ich aufs stille

Örtchen, aber es war jetzt auch nicht so, dass ich gleich eine Blasenruptur hätte befürchten müssen. Ich ließ etwas mehr Wasser als sonst. Das war es dann aber auch schon.

Unbekümmert konnte ich mich nun auf die Suche nach einem Supermarkt begeben. In einem kleinen Familiendiscounter deckte ich mich mit reichlich Lebensmitteln und Wasser ein, da morgen Sonntag war und ich beim Entwässern meinen Elektrolythaushalt nicht gefährden wollte. Zwei Anderthalb-Liter-Flaschen sollten reichen, um zu verhindern, dass ich mich in eine Trockenpflaume verwandelte. Zurück in der Unterkunft, schluckte ich zwei weitere Tabletten mit dem letzten Rest Wasser von vorhin, dann öffnete ich ganz durstig eine neue Flasche – und spuckte den ersten Schluck sofort wieder aus. Das war ja ekelerregend süß! Das reinste Zuckerwasser! Pfui bäh! Die Spanier hatten aber auch ein Talent, ihre Getränkeflaschen unzureichend zu beschriften! Mit einem breiten Grinsen dachte ich an Marion. Jetzt war es mir genauso ergangen. Das Zeug konnte ich jedenfalls unmöglich trinken, ohne dabei sofort an Diabetes zu erkranken. Also machte ich mich nochmals auf und glich diesmal das gewünschte Wasser mehrfach mit den Verkaufsschildern ab, während ich mir beinahe in die Hose machte.

Den Rest des Tages verbrachte ich mit Wäschewaschen, Ausruhen und ein paar spanischen Realityshows, auch wenn ich kaum eine Silbe verstand. Schließlich nahm ich noch drei weitere entwässernde Tabletten ein und legte mich schlafen. Es hätte alles so perfekt sein können, wären da nicht die ohrenbetäubend bellenden Hunde draußen im Hinterhof gewesen. Jetzt musste ich doch tatsächlich meine Ohrstöpsel im Einzelzimmer einsetzen. Der Lärm war so monoton und belastend, dass ich gezwungen war, die Balkontür zu verriegeln und die Klimaanlage auf sechzehn Grad zu programmieren. Wenig später stellte ich fest, dass ich fröstelte. Aber lieber machte ich mir warme Gedanken, als noch einmal das Bett zu verlassen. Gute Nacht!

26 167 Schritte
20,1 km
881 kcal
57,1 g Fett

28.05.

Von Cacabelos nach Vega de Valcarce
25,9 km

Der Morgen verlief routiniert und reibungslos. Um 8 Uhr verließ ich die Herberge und machte mich auf den Weg, der sich an diesem Tag unendlich zog. Er war steil und etappenweise gab es heftige Regenschauer. Ich marschierte durch riesige Weinfelder von Dorf zu Dorf und war den gesamten Tag allein. Ich wusste nicht, ob ich mich dabei wohlfühlen sollte oder nicht. Die Landschaft war atemberaubend. Inmitten eines gewaltigen Weinguts stand einsam ein verlassenes Sommerhaus, und manchmal konnte man weit über die Täler blicken. Wunderschöne Natur bot sich mir.

Immer wieder regnete es. Das war zwar nicht optimal, aber ich hatte vorerst genug von Sonneneinstrahlung und tropischer Hitze, schließlich wies ich an einigen Körperstellen noch immer den Farbton einer Karotte auf. Später führte der Weg an einer eher wenig befahrenen Hauptstraße entlang durch die Berge. Dort begegnete mir eine sonderbare Gruppe von Pilgern, bestehend aus zwei jungen Frauen und zwei korpulenten Männern.

Sie waren ein echter Hingucker und hätten glatt Raver aus den Neunzigern sein können. Das eine Mädchen trug über dem Sport-BH ein durchsichtiges Regencape. Schweißtücher waren zu Stirnbändern umfunktioniert worden, und dicke Pullover trug man lässig um die Hüfte gebunden. Man musste jedenfalls zweimal hinschauen. Auf der weiteren Strecke überholten wir einander mindestens ein Dutzend Mal. Mir fiel auf, dass sie kein Gepäck bei sich trugen, und mit ihren Tarnhosen hätten sie genauso gut auf einer Tagestour sein können. Aber sie folgten den gelben Pfeilen!

Ich war gut in Form und kam wunderbar vorwärts, als mir plötzlich ein merkwürdiger Mann am Straßenrand entgegenkam und seltsame Fragen stellte. Er fragte, wo mein Haustier geblieben sei, und erzählte, dass er seinen Vogel vermisse. Ich persönlich glaubte ja nicht, dass er ihm abhandengekommen war. Immer wieder schnalzte er mit der Zunge zwischen der riesigen Zahnlücke in seinem Mund. Er erzählte mir, dass er soeben beschlossen habe, den Jakobsweg hier und jetzt abzubrechen. Ich fragte mich, wie viele Jahre er wohl schon unterwegs war. Dann erkundigte er sich bei mir, wie weit es bis ins nächste Dorf sei, und fragte, ob wir uns ein Taxi teilen wollten. Ich lehnte dankend ab, verabschiedete mich geschwind und pausierte im nächsten Dorf Trabadelo für längere Zeit.

Dort inspizierte ich zunächst erwartungsvoll meine Ödeme, doch sie waren verschwunden. Voller Stolz betrachtete ich meine superschlanken Füße, auf denen endlich wieder die Adern erkennbar waren. Wie einfach es doch sein konnte! Dem mitfühlenden Apotheker sei Dank! Ich bestellte trotzdem noch einmal Eiswürfel, um einer erneuten Schwellung vorzubeugen. Dann legte ich die Füße hoch und ließ es mir so richtig gut gehen. Gelegentlich fiel ein wenig Regen, aber das interessierte mich nicht sonderlich, weil ich unter einem Sonnenschirm thronte. Ich beobachtete die Leute, die kamen, sich hinsetzten und wieder gingen. Gegenüber hatten sich die zwei schrillen Pärchen niedergelassen. Die Frage, ob sie wild miteinander flirten würden, erübrigte sich, als die Damen jeweils auf dem Schoß ihres Liebsten Platz nahmen und ein euphorischer Speichelaustausch stattfand. Ich war mir sicher, dass mir dieser Anblick heute Nacht Albträume bescheren würde. Nichts gegen Liebe in aller Öffentlichkeit, aber ein wenig befremdlich war das Verhalten schon.

Zum Glück lenkten mich bald meine neuen Tischnachbarn ab, die Texaner Suzan, Judy und Al, die ich vor vielen, vielen Kilometern in Rabé de las Calzadas kennengelernt hatte. Das heutige Etappenziel der drei war immens. Auf die Frage, weshalb sie noch so weit laufen wollten, erklärten sie, dass morgen der unerbittliche Aufstieg nach O Cebreiro anstehe, und da dieser so heftig sei, wollten sie heute so viele Kilometer zurücklegen, wie sie nur schaffen konnten, um am Tag des Aufstiegs nicht mehr so viel Strecke machen zu müssen. Meinen Reiseführer hatte ich schon vor Wochen zurückgeschickt, also war mir diese erschreckende Information neu. Ihr Plan erschien logisch und gut durchdacht, aber für mich stand es leider außer Frage, noch komplette 10 km zu bewältigen. Meine Kräfte waren bereits jetzt ziemlich erschöpft. Dennoch raffte ich mich zum Weiterlaufen auf, da mir angesichts ihrer Schilderungen ein wenig mulmig geworden war.

Auf den letzten Kilometern gab es fast alle zwei Kilometer ein Dorf mit Übernachtungsmöglichkeiten, was sehr motivierend war. Es fiel deutlich leichter, sich aufzuraffen, nur noch ein paar Hundert Meter weiterzugehen, als 7 oder gar 18 km. In Vega de Valcarce beschloss ich dann, Halt zu machen. Für heute reichte es. Und immerhin war es schon spät am Nachmittag. In einer sehr kleinen Herberge fragte ich nach einem Einzelzimmer. Irgendwie war ich nach der letzten nahezu himmlischen Nacht auf den Geschmack gekommen. Mit dem jungen Hospitalero führte ich mein erstes richtiges Gespräch auf Spanisch. Obwohl der Dialog eher simpel ausfiel, war ich mächtig stolz und erfuhr immerhin alles, was ich wissen wollte. Es gab sogar ein Einzelzimmer für 16 €. Das wurde ja immer billiger. Das muss mein Glückstag sein, dachte ich noch, bevor ich die vier Wände zu Gesicht bekam.

Das Zimmer war düster und sparsam eingerichtet. Es roch nach altem Gammelfleisch, und das winzig kleine Fenster über dem Bett ließ sich nicht öffnen. Alles erinnerte an eine Gefängniszelle und wirkte einfach schauerlich. Ich redete mir ein, dass es dennoch angenehm sein würde, nachts meine Ruhe zu haben. Aber die dünne Schiebetür aus Pappmaschee ließ anderes erahnen. Nun gut. Ich setzte mich erst einmal raus in ein Café direkt neben der Herberge und kam mit einem jungen, wohlbeleibten Pärchen aus Berlin ins Plaudern. Sie waren jut druff jewesen, und der Mann war der geborene Entertainer. Seine Geschichten waren spritzig, und man konnte sich herrlich auf seine Kosten amüsieren. Ich lachte mich fast schlapp. Sie gingen den Camino Francés seit drei Jahren etappenweise, maximal 15 km am Tag, und dieses Jahr wollten sie endlich Santiago erreichen, wo er ihr vor fünf Jahren einen Heiratsantrag gemacht hatte. Wie romantisch! Sie beschrieben mir noch den Weg zum geöffneten Supermarkt und erklärten mir, wo sich der nächste Bankautomat befand. Ich hatte einen Bärenhunger und konnte unmöglich noch vier Stunden bis zum Abendbrot ausharren. Zurück im Café, veranstaltete ich daher sogleich eine kleine Fressorgie. Ich verputzte zwei ungesunde Fertigsalate sowie diverse Schokoriegel und verleibte mir eine ganze Salami mit zwei Brötchen ein, was sogar den kompakten Eheleuten einen anerkennenden Kommentar entlockte.

Irgendwann trudelten dann auch die vier jungen nach Ravern aussehenden Pilger im Restaurant ein und bestellten sich umgehend ein Taxi. Sie sahen ziemlich fertig aus, und ich erkundigte mich, ob alles in Ordnung sei. Sie erzählten, dass sie heute Morgen zum ersten Mal ihr Gepäck vorausgeschickt hätten und dabei gleich etwas schiefgelaufen sei. Die Rucksäcke waren nicht, wie gewünscht, 25 km transportiert worden, sondern ganze 50 km. Das war für die vier natürlich unzumutbar, und so mussten sie nun ihrem eigenen Gepäck hinterherfahren. Sie nahmen es mit Humor, und ich dachte wieder einmal an die Ironie des Schicksals.

Als es dann endlich 20 Uhr war, saßen alle Pilger versammelt am Esstisch und warteten auf das Abendmahl, welches die Hospitaleros selbst zubereiteten. Die Betreiber der Herberge waren miteinander verheiratet und hatten sich ursprünglich auf dem Jakobsweg kennengelernt. Er stammte aus Chile, sie war gebürtige Italienerin. In ihrer Heimat hatten beide alles füreinander aufgegeben, um ihren Traum zu verwirklichen und eine Herberge zu eröffnen. Die Atmosphäre war insgesamt sehr liebevoll und herzlich, obgleich die Luft im Raum etwas modrig roch. Am Tisch lernte ich noch zwei Deutsche kennen, Felix und Gerd. Zunächst nahm ich an, dass es sich um ein Vater-Sohn-Gespann handelte, aber sie hatten sich tatsächlich erst hier auf dem Weg kennengelernt. Felix, der deutlich Jüngere von beiden, hatte einen ausgeprägten Dialekt, anhand dessen ich sofort seine Heimat ausmachen konnte, die gerade einmal 60 km von meiner entfernt lag. Er kam aus Leipzig.

Liebend gern hätte ich mich noch weiter mit den sympathischen Männern unterhalten, aber als der wirklich köstlich aussehende Salat mit gekochten Eiern serviert wurde, verspürte ich auf einmal den Drang, mich zu übergeben. Urplötzlich wurde mir schlecht, und ich bekam hämmernde Kopfschmerzen. Ich musste schleunigst hier weg und mich hinlegen. Es schmerzte mich in der Seele, das köstliche und bereits bezahlte Menü stehen lassen zu müssen, aber bevor ich noch mit dem Kopf auf der Tischplatte aufschlug, entschuldigte ich mich und flüchtete in mein Zimmer. Tja, das hatte ich nun von meinem zügellosen Appetit und meiner maßlosen Völlerei am Nachmittag. Ich stellte einen kleinen Mülleimer bereit und legte mich, so wie ich war, ungewaschen und mit verschwitzten Wanderklamotten, ins nicht bezogene Bett. Ganz vorsichtig atmete ich mich in den Schlaf, während ich noch immer meinem verlorenen Essen nachtrauerte.

38 930 Schritte
29,9 km
1 344 kcal
86,1 g Fett

29.05.

Von Vega de Valcarce nach Fonfría

25,3 km

Als ich erwachte, hasste ich mich selbst dafür, derart ungepflegt ins Bett gefallen zu sein. Ich ging ins Bad, putzte mir die Zähne und wusch mir das Gesicht. Wenn man sich selbst riechen kann, ist das niemals ein gutes Zeichen, aber vom morgendlichen Duschen war auf dem Camino dringend abzuraten, da dadurch die Haut an den Füßen aufweichte, was die Blasenbildung förderte. Es machte ohnehin wenig Sinn, vor einem kilometerlangen, steilen Marsch zu duschen, wenn ich sowieso gleich wieder schwitzen würde. Also hieß es wohl, den Schweiß von zwei Tagen auf einmal zu ertragen. Einen Vorteil hatte meine Faulheit vom Vortag wenigstens: Ich musste keine Sachen zusammenpacken. War ja alles noch im Rucksack. Trotzdem schaffte ich es nicht, vor 8 Uhr in die Gänge zu kommen.

Der Morgen war kühl und bewölkt, und ich war sehr gespannt, ob Judy und Suzan mit ihren entmutigenden Vorankündigungen recht behalten sollten. Ich lief durch malerische Landschaften und erklomm kürzere Anstiege. Einmal kam mir ein streunender

Hund entgegen, der mich fixierte, also blieb ich stehen und ging dann ein Stück zurück, aber es kam niemand, der mich an dem Hund hätte vorbeibegleiten können. Wäre ich noch weiter zurückgelaufen, hätte ich den Anstieg zweimal in Angriff nehmen müssen. Also stellte ich mich lieber meiner Angst, auf die Gefahr hin, dass mich der Hund möglicherweise zerfleischte. Ich hielt die Luft an, blickte starr in die andere Richtung und marschierte schnurstracks an ihm vorbei, wobei er es für interessanter hielt, mit Schmetterlingen rumzutollen. Dennoch klopfte mir das Herz bis zum Hals. Ich lief weiter, und mit einem Mal lagen überall am Wegrand kleine Holzschilder mit Lebensweisheiten. Sogar in den Ästen baumelten sie. »Genieße dein Leben.« »Gib niemals auf.« »Glaube an dich selbst.« »Folge deinen Träumen.« »Liebe dich so, wie du bist.« In Anbetracht meines momentanen Körpergeruchs nicht gerade hilfreich.

Ich meisterte den nächsten Hügel. Was hatten die bloß alle? So schlimm war es doch gar nicht. Ich hatte den Gedanken noch nicht ganz zu Ende gedacht, da wurde die asphaltierte Straße immer steiniger und schmaler. Und irgendwie auch steiler und damit zunehmend anstrengender. Schließlich kam die volle Härte. Fast senkrecht und unglaublich kurvenreich musste man durch einen lichten Wald auf losen Gesteinsbrocken bergan kraxeln. Zeitweise verringerte sich der Abstand zwischen meinen Armen und dem Boden so sehr, dass ich auch auf allen vieren hätte krauchen können. Und dann kam noch das Wetter hinzu. Eigentlich war es kalt, aber bei sehr hoher Luftfeuchtigkeit. Mein Körper wusste nicht, wie er darauf reagieren sollte, schwitzen oder frieren, also tat er beides. Während ich mit Gänsehaut auf den nackten Armen fröstelte, tropften mir die Schweißperlen nur so von der Stirn herab. Ich klebte und stank zudem noch vom Vortag. Ich fühlte mich so erbärmlich wie dreimal wiedergekäut und ausgespuckt. Ich hechelte und röchelte, doch der Berg wollte kein Ende nehmen.

Immer wieder blieb ich stehen, um einem Herzinfarkt vorzubeugen. Meine Herzfrequenz war bestimmt bei 180 Schlägen pro Minute. Wie Dauerbelastung auf der höchsten Stufe beim Kardiotraining fühlte sich das an. Ich war fassungslos, dass ich nach all den Wochen noch immer nicht mehr Kondition hatte. Der Pfad zwang mich in die Knie.

Vor mir kämpfte ein älteres Paar mit dem Weg. Die Frau war extrem übergewichtig, aber nur minimal langsamer als ich. Na ja, das war wenigstens etwas, aber im Gegensatz zu mir konnte sie noch lächeln. Nach einer gefühlten Ewigkeit voller Tortur und Folter wurde es dann wieder flach, und die ersten Häuser kamen in Sicht. Ich war heilfroh, endlich angekommen zu sein. Judy und Suzan hatten meines Erachtens trotz allem ein wenig übertrieben. Zwar war der Anstieg heftig, aber dafür kurz und schmerzvoll.

Ich ging zu einer Pferdetränke und beschüttete mich von Kopf bis Fuß mit dem eiskalten Wasser, um mich ein wenig zu erfrischen. Was für eine Wohltat! Ich meinte zu einer anderen Pilgerin, dass es schön hier sei. Hier in O Cebreiro. Fragend schaute sie mich an und klärte mich dann auf, dass dies die Ortschaft La Faba sei. Und ich hatte mich schon häuslich niederlassen und mit einem isotonischen Erfrischungsgetränk belohnen wollen!

Ich seufzte tief und machte mich wieder auf den Weg. Ab und an waren die Berge etwas weniger steil, und man konnte einen wirklich märchenhaften Ausblick genießen. Die Sonne schien bereits oberhalb der grauen Wolken. Das letzte Mal, dass ich das Gefühl gehabt hatte, über den Wolken zu sein, war in den Pyrenäen gewesen. Welch ein wunderbares Naturschauspiel. Von Weitem erspähte ich dann ein kleines Dorf, in dem überall freilaufende Hunde auf dem Boden rumlagen.

Vor einer Taverne saßen Judy und Suzan. Ich gratulierte den pensionierten Damen aus Texas zum gemeisterten Aufstieg.

Sie kicherten, und ich ging erschöpft in die Bar, weil ich natürlich unbedingt den Stempel aus O Cebreiro in meinem Pilgerpass haben wollte. Die Stempel standen überall herum, und man konnte sie einfach so benutzen. Mit stolzgeschwellter Brust drückte ich den Stempel ganz fest in mein Heft und wunderte mich, weshalb ich mir »Laguna de la Castilla« eingestempelt hatte. Irritiert fragte ich beim Barkeeper nach, wo er denn den O-Cebreiro-Stempel versteckt habe, aber er nahm mich irgendwie nicht für voll. Erneut erkundigte ich mich, wie denn das Kaff hier heiße, in dem wir uns befanden. Mürrisch und entnervt zeigte er auf meinen Stempelabdruck. Ganz verstört fragte ich ihn, ob ich denn dann vielleicht bereits durch O Cebreiro gelaufen sei, ohne es bemerkt zu haben. Er dachte bestimmt, ich sei intelligenzgemindert. Ungläubig sah er mich an und machte eine weit ausholende, winkende Bewegung mit dem Arm, was wohl bedeuten sollte, dass es noch ein Stück zu laufen sei. Was für ein netter und gesprächiger Artgenosse.

Ich war einem Nervenzusammenbruch gefährlich nahe. Noch höher konnte man doch nicht mehr gehen. Der Himmel war ja schon greifbar nah. Ich hasse es abgrundtief, bergauf zu laufen. Und langsam konnten mich auch die sagenhaften Landschaften mal an meinem Allerwertesten küssen! Ich hatte es satt! Ich fragte Suzan und Judy, wie weit es denn nun noch nach O Cebreiro sei. 2,7 km. Hört sich nicht viel an, aber unter diesen Voraussetzungen war es eine Zumutung!

Und wie nicht anders zu erwarten, war es auch weiterhin sehr, sehr steil und steinig. In einem Anflug von Überheblichkeit dachte ich: Lieber Camino, du fängst an, mich zu langweilen. Such dir doch mal eine neue Masche, um mich zu foltern. Nur bergauf kann ja jeder.

Ich entdeckte eine kleine Gruppe von Menschen vor mir, die sich an einem großen Stein versammelt hatten und Fotos schossen. Es war der Stein, der die Eintrittspforte zum angeblich schönsten Teil des Camino Francés darstellte: Galizien. Also wenn das der Vorgeschmack auf Galizien war, ginge ich lieber wieder in die Meseta zurück. Trotzdem wollte ich auch einen Schnappschuss von mir mit dem bekritzelten Stein. Also bat ich den jungen Mann vor mir, mich abzulichten. Er drehte sich um, lächelte mich an, und seine großen blauen Augen drangen sofort bis in meine Seele. Was für ein Blick! Mann, sah der vielleicht schnuckelig aus!

Das war das erste Mal, dass mir auf dem Jakobsweg jemand optisch so zusagte – obwohl er eigentlich gar nicht meinem Beuteschema entsprach. Er trug ein Kopftuch und einen langen Bart, war sehr schmal gebaut und wirkte ein wenig wie ein Hippie. Mir fiel auf, dass er an beiden Knien eine Bandage trug. Leidensgenosse! Kumpel sozusagen! Ich stotterte gleich drauflos, wusste dann aber nicht mehr, was ich sagen sollte. Er fotografierte mich, wir grinsten uns abermals an, und jeder ging wieder seines Weges. Aber das Sahneschnittchen wollte mir eine ganze Weile nicht mehr aus dem Kopf gehen.

Beim weiteren Aufstieg durch die Hölle überholten mich ein paar arme Pferde, die Touristen hinauftransportierten. Für 20 € konnte man sich den Aufstieg schenken, aber für die Pferde war das Ganze wie russisches Roulette. Entweder trugen sie ein kleines Kind, oder aber sie mussten eine übergewichtige Matrone zum Gipfel befördern. Ich erkannte eine Lichtung am Ende des Pfades. War das jetzt endlich O Cebreiro? War das endlich das Ende und die Erlösung? Oben angekommen, wurden alle zu Fuß Laufenden von den Reittouristen beklatscht. Ich war extrem peinlich berührt und fragte nach dem Grund. Dieser Aufstieg habe ja wohl eine kleine Anerkennung verdient, bekam ich zur Antwort. Ich ließ das unkommentiert stehen, da ich zu schwach war, um mir an den Kopf zu greifen.

Ich erspähte die Sahneschnitte. Er machte doch tatsächlich gerade auf der Aussichtsmauer einen Kopfstand. Der schien offenbar noch nicht ausgelastet zu sein. Man konnte perfekt vorgaukeln, dass man nur den Ausblick knipste, und mit dem kopfstehenden Burschen drauf lohnte dieser sich wahrhaftig. Oh, was war ich froh, endlich irgendwo im Nirgendwo angekommen zu sein. Jetzt hatte ich auch eine Erklärung, wie das kleine Cebreiro zu seinem O gekommen war.

Es war mir eine Genugtuung, mir nun den richtigen O-Cebreiro-Stempel zu holen, und prompt war mein Heftchen voll. Aber die konnte man problemlos an fast jeder Bar nachkaufen, und so erwarb ich alsbald meinen zweiten Pilgerausweis.

Zwischen unzähligen Touristen legte ich eine kurze Verschnaufpause ein, denn leider war meine Etappe für diesen Tag immer noch nicht geschafft. Minütlich hielten hier die Busse und ließen die Fotografierwütigen frei. Teilweise wurde man sogar begafft und gefragt, ob man ein echter Pilger sei. Ja, was denn sonst? Oder glaubten die, dass ich immer so stinke? Vom Busfahren oder Pferdereiten rieche ich jedenfalls nicht so. Ich belächelte es ein wenig, wie sie in all die Souvenirläden rannten und Muscheln und anderen Plunder kauften. Ich für meinen Teil wollte die Zirkusaufführung jedenfalls beenden und machte mich zum Weiterlaufen bereit. Ein weiteres Mal versuchte ich, dem jungen Mann mein verführerischstes Lächeln zuzuwerfen. Von nun an sollte es nur noch bergab gehen.

Ich durchlief einen Ort, der Hospital, übersetzt »Krankenhaus«, hieß und hielt es für ein schlechtes Omen, hier zu verweilen. Ich lichtete das Ortsschild ab und nahm mir vor, das Bild bei der nächsten WLAN-Gelegenheit an meine Kollegen zu schicken. Komisch war das schon. Es war nicht die Arbeit, die ich vermisste, sondern meine Kollegen. Besonders Elke. Eigentlich war sie diejenige, die mich überhaupt erst auf die Idee gebracht hatte, diesen Weg zu gehen, und die zum Schluss ein derart schlechtes Gewissen gehabt hatte, dass sie mich am Omnibusbahnhof noch einmal zum Abschied überrascht hatte.

Sie machte sich große Sorgen, ob auch alles gut gehe. Ab und an schickte ich ein paar Grüße in die Heimat, und immer war sie erleichtert, dass ich noch lebte.

In den nächsten kleinen Dörfern machte ich immer wieder Rast, um zu verschnaufen. Der heutige Tag hatte mich wahrhaftig in die Knie gezwungen. Und überall waren da diese riesigen streunenden Hunde, die so mitgenommen und krank aussahen. So hungrig, als würden sie mich am liebsten verspeisen, aber zu schwach, um anzugreifen. Doch sie waren allesamt lieb und holten sich ihre Streicheleinheiten ab. Beim Umgang mit ihnen wurde ich immer ruhiger und mutiger. Irgendwie war ich tatsächlich auf den Hund gekommen. Schweren Herzens trennte ich mich schließlich von dem traurigen Rudel und lief auf einer großen, asphaltierten Straße weiter, bis diese sich plötzlich gabelte.

Rechter Hand führte die angenehme Straße weiter bergab ins Tal, und linker Hand schraubte sich ein verwilderter Pfad in unermessliche Höhen, wie ich sie mir in meinen kühnsten Träumen nicht hätte vorstellen können. Es versteht sich von selbst, dass der gelbe Pfeil nach links wies. Es wäre ja sonst zu einfach gewesen. Nein, nein. Auf allen vieren sollte man zu seiner Unterkunft kriechen.

Natürlich spielte ich mit dem Gedanken, den einfacheren Weg zu wählen, aber dann fügte ich mich meinem Schicksal schließlich doch. Ich hatte ohnehin keine andere Wahl. Ich untertreibe, wenn ich sage, dass dies der abartigste Aufstieg meines Lebens war, auch wenn er sich vielleicht nur über hundert Meter erstreckte. Es fehlte nicht mehr viel, und man hätte Karabiner gebraucht. Alle zwanzig Meter musste ich anhalten, um nach Luft zu schnappen. Der Schweiß rann mir nur so von der Stirn. Wie beim Treppensteigen konnte man sich problemlos während des Laufens auf den Oberschenkeln abstützen. Ich hatte schon wieder so eine Wut in mir! Zum Glück verfügte ich über keine Karabinerhaken, denn die hätte ich höchstwahrscheinlich als Waffe gegen andere gerichtet. Und zwar gegen all die anderen Pilger, die weniger litten und mich auch noch zu einem »Buen Camino« beglückwünschten.

Dennoch gab es niemanden, der diesen Abschnitt ohne Pause durchlief. Ich sah, dass nach jenem Hügel nichts mehr zu sehen war. War das nun endlich der Gipfel, oder verbarg sich hinter der nächsten Kurve ein weiterer Anstieg? Glücklicherweise bestätigte sich meine Befürchtung nicht. Nachdem ich nun »Little Kilimandscharo« bezwungen hatte, musste alles raus. Ich schniefte, stöhnte und fluchte, was das Zeug hielt. Der Weg samt seiner Anwohner verhöhnte und verspottete mich. »Von jetzt an geht es nur noch bergab.« »Das Schlimmste ist überstanden.« *Am Arsch! Hör nie wieder auf andere!* »Schlimmer geht immer« war ein weitaus zutreffenderes Sprichwort. Lauthals schimpfte ich. Was zur Hölle war das nun wieder? Ich blickte mich um und sah in grinsende Gesichter. Die wussten schon, wovon ich sprach.

Direkt am Berggipfel befand sich eine Herberge mit dazugehörigem Restaurant. Ich verfrachtete meinen Rucksack und mich in einen Stuhl und streckte erst einmal alle viere von mir. Hier würde ich heute bleiben! Keinen Zentimeter würde ich mich von diesem Ort weiterbewegen. Ich ging zur Bar, um ein Bier zu ordern und mich nach freien Betten zu erkundigen, aber es war niemand an der Theke. Ich wurde immer ungeduldiger. Ich wollte jetzt endlich meine Belohnung haben! Ich lief wieder nach draußen, um mich selbst zu bedauern.

Dort traf ich auf Felix und seinen väterlichen Freund, die bereits eingecheckt hatten, und wir redeten eine Weile. Wir spekulierten über die vielen Abzweigungen und ob die anderen Wege auch mit geringerem Aufwand ans Ziel geführt hätten. Wir stellten Theorien auf, dass es bestimmt ein paar Bürgermeister gab, die sagten: »Hey, mein Dorf will auch Umsatz machen und vom Jakobsweg profitieren!« Infolgedessen wurden dann vermutlich kurzerhand ein paar umständliche Umwege ausgeschildert.

Ich sah, dass zu dieser Herberge zwei monströse Hunde gehörten, aber sie wirkten zum Glück ganz friedlich. Sie aalten sich im Schatten und schienen von ihrer Umgebung völlig unbeeindruckt. Kraulen wollte sie dennoch keiner. Plötzlich hielt ein großer Pkw vor dem Restaurant, und eine Familie mit zwei Kindern und einem aufgeregten Vierbeiner stieg aus. Die kleine Töle kläffte wie wild, gottlob an der Leine, sprang umher und machte alle Umstehenden und leider auch die beiden Kolosse verrückt. Irgendwann waren die drei Hunde so aufgekratzt, dass ich nicht einschätzen konnte, ob sie bloß spielen wollten oder ob gleich ein waschechter Hundekampf bevorstand. Einer der großen Hunde sprang auf und legte die Ohren an, und nun konnte ich erkennen, dass sein Halsband aus Stacheldraht bestand. In diesem Moment ergriff mich wieder die alte Panik. Ich stopfte alles Ausgepackte zurück in den Rucksack und rief Felix und Gerd aus der Ferne zu, dass das zu viel für mich sei. Wenig später war ich über alle Berge verschwunden.

Mit Staunen erkannte ich, dass die Streuner tatsächlich ungefährlicher und weniger angsteinflößend waren als Hunde mit einem Besitzer. Es sind ja auch immer letztere, die einen hinter dem Gartenzaun aggressiv anbellen und ihr Revier verteidigen. Nach wenigen Minuten realisierte ich, dass ich nun doch wieder am Laufen war, obwohl ich mir eigentlich etwas anderes geschworen hatte. Ich hatte mir mehr oder weniger unfreiwillig weitere 3,5 km aufgehalst. Und jetzt begann sich auch noch der Himmel mit schwarzen Wolken zuzuziehen.

Als ich in Fonfría ankam, konnte ich spontan nur eine Herberge ausfindig machen.

Liebes Universum, bitte schenk mir hier ein freies Bett!

Ein paar Plätze waren tatsächlich frei, und ich ergatterte sogar noch einen Fensterplatz. Zudem bestellte ich mir ein

Pilgermenü, da es in diesem Kuhkaff keine andere Möglichkeit gab, um an Lebensmittel zu gelangen. Ich richtete zunächst mein Schlafgemach, das obere in einem Etagenbett, ein, aber bevor ich in der Lage war zu duschen, setzte ich mich erst mal an die Bar direkt am Eingangsbereich. Dort genoss ich endlich in vollen Zügen mein wohlverdientes Bier und unterhielt mich mit anderen am Tisch.

Judy und Suzan waren auch da, mit ihrem ständigen Wegbegleiter Al. Wie wir so am Tisch saßen, waren wir alle einhellig der Meinung, dass der Weg über O Cebreiro neben der Etappe durch die Pyrenäen der schlimmste überhaupt war. Es tat gut, sich rege auszutauschen und die Füße ruhen zu lassen.

Schließlich ging ich in die Duschen dieser kleinen Luxusherberge, um mich zu waschen. In jeder Kabine gab es sogar einen winzig kleinen Kleiderschrank, damit man seine Wäsche nicht draußen unbeaufsichtigt ablegen musste, und so blieb sie auch trocken. Ich wusch mir die Haare und duschte ausgiebig, um den Gestank von zwei Tagen loszuwerden. Was für eine Wohltat! Wie frisch geboren kehrte ich in den großen, aber dennoch komfortablen Schlafsaal zurück. Es war alles picobello und gut in Schuss. Als ich mit allem fertig war, waren es noch immer geschlagene zwei Stunden bis zum Dinner. Warum aßen die Spanier nur immer so spät? Sehr pilgerunfreundlich, wenn man bedenkt, dass man schon seit den frühen Morgenstunden läuft. Mit vollgeschlagenem Wanst lässt es sich zudem auch nicht sonderlich gut schlafen.

Ich bestellte mir einen überteuerten Snack, um nicht vor Hunger ohnmächtig zu werden, und setzte mich wieder zu den anderen an den Tisch. Ganz unerwartet kam plötzlich die Sahneschnitte herein. Er registrierte mich sogleich, und wir lächelten einander zu. Zum Glück stank ich nicht mehr, dachte ich zufrieden. Eigentlich hatte er mit seiner Truppe weiterlaufen wollen, aber ein Unwetter war hereingebrochen und hatte sie überrascht. Das war Schicksal. Es regnete zunächst Bindfäden, doch nachdem das Gewitter weitergezogen war, setzten wir uns alle wieder raus, weil es in der kleinen Bar langsam stickig wurde. Er saß am Nachbartisch, und wir prosteten einander mehrfach zu.

Das Kuhkaff machte seinem Namen alle Ehre, als an die sechzig Kühe im Gänsemarsch an uns vorbeitrotteten. Rushhour! Fast hätte ich darüber das Abendbrot verpasst. Der rustikale Speisesaal lag ungefähr fünfzig Meter entfernt und war bedrückend und dunkel. Die meisten beschwerten sich über das Essen. Ich war mit der Suppe und der Paella ganz zufrieden. Bis zum Dessert schaffte ich es nicht mehr, da mir wieder so ungemein schlecht wurde, dass ich den Raum vorzeitig verlassen musste. Auf dem Weg begegnete ich einem angeleinten Schäferhund. Er saß direkt in der Mitte des schmalen Pfades und fixierte mich. Seine Leine war so lang, dass er mich bis nach Bagdad und wieder zurück hätte verfolgen können. Langsam näherte ich mich ihm, doch er wandte seinen Blick keine Sekunde von mir ab. So, das reichte jetzt! Mir war speiübel, und ich wollte nur noch in mein Bett, also lief ich einen immensen Umweg von über dreihundert Metern um das gesamte Grundstück der Herberge herum, nur um den Wachhund zu umgehen.

Als ich völlig entkräftet in mein Bett klettern wollte, lernte ich meine Unterschläferin Anja kennen. Sie war ebenfalls Deutsche und mir sogleich sympathisch. Sie erzählte, dass sie bereits jung Mutter geworden sei, da ich sehr überrascht war, als sie von ihren größeren Kindern sprach, obgleich sie nicht viel älter als 30 sein konnte. Mit ihren blonden Korkenzieherlocken war sie ein echter Hingucker. Ich erzählte ihr, dass ich auf dem Jakobsweg immer fetter wurde, und prompt waren wir sogleich die dicksten Freundinnen. Von ihr durften nur noch Fotos von hinten geschossen werden, weil die Speckröllchen über dem Bauchgurt hervorquollen. Das kam mir ziemlich bekannt vor. Ich zog für Fotos stets den Bauch ein, bis ich fast blau anlief.

Die spanische Küche ist zwar köstlich, aber auch sehr fetthaltig und energiereich. Angefangen von Oliven, Bocadillos und Schokocroissants über reichhaltige, deftige Paellas bis hin zur herzhaften Salami. Und die verkorksten Essenszeiten taten ihr Übriges. Ein Frühstück scheint in Spanien völlig unbekannt zu sein. Gegessen wird erst ab 21 Uhr oder noch später. Den Pilgern zuliebe manchmal schon um 20 Uhr, was aber dennoch im normalen Pilgeralltag zu spät ist, da dieser für gewöhnlich um 6 Uhr losgeht. Am späten Nachmittag ist dann der Hunger am größten, und die Energiespeicher wollen wieder aufgefüllt werden. Doch man muss noch Stunden ausharren oder mit Snacks überbrücken, da die meisten Restaurants erst ab 20 Uhr oder teilweise noch später ein Abendmahl anbieten. Danach geht man dann mit vollem Magen zu Bett und wacht morgens wieder hungrig auf.

Die Herberge füllte sich allmählich, und es wurde Zeit, schlafen zu gehen. Ich bat Anja inständig darum, das Fenster geöffnet zu lassen. Sie war damit einverstanden, sofern es nicht zog. Ich lag eingekuschelt in meinen Schlafsack und war kurz davor, in tiefen Schlummer zu sinken, als ich plötzlich einen bestialischen Gestank wahrnahm. Da hatte wohl jemand die Kontrolle über seinen Schließmuskel verloren. Natürlich übernahm wie immer keiner die Verantwortung dafür. Ich rief zu Anja hinunter, dass dies ja wohl Grund genug sei, das Fenster selbst bei einem Hurrikan geöffnet zu lassen, und vergrub meine Sinnesorgane im Polyester meiner Laken. Was für ein ereignisreicher Tag – und die wohl härtesten 25 km überhaupt!

Heute wäre Opa 83 Jahre alt geworden. In stiller Trauer habe ich den ganzen Tag an ihn gedacht. Zwei Monate nach seinem Tod »feierte« ich meinen ersten Geburtstag ohne ihn. Es war trotz fröhlicher Gesellschaft der einsamste. Einer fehlte, und weil ich das nicht ertragen konnte, ging ich noch an diesem Tag an sein Grab, um ihm dennoch irgendwie nahe sein zu können. Ich weinte bitterlich und bin seitdem nie wieder auf dem Friedhof gewesen …

34 835 Schritte
28,9 km
1 588 kcal
91,7 g Fett

30.05.

Von Fonfría nach Aguíada

24,2 km

Wie so oft war ich eine der Letzten, die erwachte, und das Fenster war genauso dicht verschlossen wie meine Nasennebenhöhlen. In aller Ruhe trug ich mein Make-up auf. Das war der Luxus, den ich mir gönnte. Schließlich verzichtete ich hier auf frische Luft, frische Lebensmittel, BHs, einen Stielkamm und noch vieles mehr. Als ich meine Sandalen anzog, lief die Sahneschnitte an mir vorbei und verabschiedete sich frech grinsend mit einem spanischen Gruß von mir.

Nach meinem Standardfrühstück, bestehend aus einer Banane und zwei Schmerztabletten, lief ich im dichten Nebel los. Man konnte die Hand nicht vor Augen sehen. Es war nicht nur nebelig, sondern auch kalt an diesem Morgen.

Über ein paar Kilometer lief ich allein leicht bergab ins Tal und erinnerte mich, dass mein Großvater heute vor zwei Jahren beerdigt worden war. Die erste Beerdigung, der ich jemals beigewohnt hatte, und ich muss sagen, dass dieser Tag neben seinem Todestag der schlimmste meines Lebens war. Alle waren da. Familie, Freunde, Bekannte, alte Arbeitskollegen, und jeder hatte einen Schwank zu erzählen. Je mehr sie ihn ehrten, desto schlimmer wurde es für mich. Dadurch wurde mir der Verlust erst so richtig bewusst. Ein großartiger Opa, der mir das Fahrradfahren beibrachte, mich jeden Mittwoch aus dem Hort abholte und mir einen Sandtaler vom Bäcker zusteckte, der immer wieder Mathe mit mir übte und danach die Bleistifte mit einem Messer wieder scharf schnitzte. Das alles waren jetzt nur noch Geschichten und Erinnerungen, und später, beim Ausräumen seiner Wohnung, wurde ich das Gefühl nicht los, diese auszulöschen. Die meisten Dinge spendeten meine Eltern an soziale Einrichtungen. Ich fand unzählige Fotos unserer Vorfahren aus dem frühen neunzehnten Jahrhundert, und auch den rosa Plüschelefanten aus meiner Kindheit hatte Opa über die Jahre aufbewahrt. All diese Dinge und seine schwarze Ledermütze, die mindestens doppelt so alt war wie ich, rettete ich. Auch wenn sie keinen materiellen Wert hatten, waren sie für mich die kostbarsten Schätze. Sein Hut hängt seitdem am Haken meiner Garderobe und gibt mir das Gefühl, dass er immer bei mir ist.

In Gedanken versunken, bemerkte ich erst nach einer Weile den sagenhaften Ausblick, der sich mir bot. Eine riesige, fast schwarze Wolke hing über dem tiefen Tal, während in den Bergen die aufgehende Sonne die Wolken rosa, violett und gelb färbte. Wie ein Paparazzo lichtete ich das Spektakel unzählige Male ab.

Einige Abhänge rannte ich hinunter, weil sie so steil waren, und mit einem Mal stand plötzlich der hübsche Unbekannte ganz allein am Wegrand und fotografierte ebenfalls das großartige Naturschauspiel. Ich fragte ihn, ob ich vielleicht ein Foto mit seiner Kamera von ihm machen solle und er nickte zustimmend. Doch er schien mich missverstanden zu haben und machte ein Selfie von uns. Darauf war ich nicht vorbereitet, und es ließ mein Herz etwas höher schlagen. Anschließend liefen wir eine Weile gemeinsam. Sein Name war Noah. Er war gebürtiger Kubaner, lebte aber schon lange in Miami. Unsere Kommunikation gestaltete sich etwas holprig, denn seine Muttersprache war Spanisch, und sein genuscheltes Englisch verstand ich kaum.

In der nächsten Ortschaft warteten bereits seine Gefährten auf ihn. Das schienen sie wohl öfter so zu machen. Die Truppe bestand neben Noah aus den zwei Italienern Simon und Marc und der jungen Taylor aus Australien, die ich noch aus Frómista kannte. Sie schien sich in der Männerrunde sichtlich wohlzufühlen. Ich dafür umso weniger. Sie alle wirkten auf mich so abgeklärt, abgebrüht und obercool. Fehlte nur noch der Joint, Alter. Ihr heutiges Etappenziel war Sarria, und sie hatten über drei Ecken gehört, dass dort schon alle Unterkünfte so gut wie ausgebucht seien. Einer von ihnen reservierte bereits Betten am Telefon, und sie fragten mich, ob ich mit ihnen kommen wolle. Ich lehnte ab, schließlich war es noch nicht einmal 9 Uhr und damit früh am Tag. Sarria hat auf dem Camino einen besonderen Status, da es die letzte größere Stadt ist, die mehr als 100 km von Santiago entfernt liegt und 100 km die Mindeststrecke sind, um die Urkunde über den Camino ausgestellt zu bekommen. Daher gab es zahlreiche Quereinsteiger, vor allem auch Einheimische, denen es bloß um die Urkunde, und damit um die letzten 100 km, ging und die sich deshalb erst hier auf den Weg machten. Doch Sarria bot neben anderen größeren Städten die meisten Herbergen auf dem Jakobsweg, daher machte ich mir keine allzu großen Sorgen. Außerdem wusste ich noch gar nicht, wo ich heute letztendlich ankommen würde, und wollte mir diese Freiheit auch nicht nehmen lassen.

Dennoch liefen wir erst einmal gemeinsam los, und ich bemerkte rasch, dass Noah wirklich von weit her kam, da er glatt von jedem Laubbaum und jeder einzelnen Kuh auf der Weide ein Foto machte. Alles schien ihm fremd zu sein. Insgesamt waren mir die vier sogar ein wenig zu langsam unterwegs. Ich war froh, wenn ich meinen Schmerzen einmal davonlaufen konnte, und so dauerte es nicht lange, bis ich mich verabschiedete und die Truppe hinter mir ließ.

In Triacastela passierte ich einige Häuser. Bei einem Grundstück waren die Tore geöffnet, und ich registrierte einen großen Wachhund auf dem Hof. Er brauchte nicht lang, um mich als potenziellen Feind wahrzunehmen und loszubellen. Ehe ich mich versah, rannte er plötzlich zähnefletschend auf mich zu. Er war nicht angeleint! Ich zögerte keine Sekunde, nahm die Beine in die Hand und vergaß all meine guten Manieren. Schreiend rannte ich um mein Leben. Vor mir sah ich einen Mann mittleren Alters laufen und brüllte ihn an: »Wait! Wait! Waaaiiit!!!« Irritiert blieb er stehen, drehte sich um und öffnete seine Arme, als wollte er mich auffangen. Ich rannte direkt hinein, und er drückte mich unbekannterweise ganz fest an sich. Nach einem kurzen Schockmoment starrte er mich dann völlig entgeistert an und fragte, was in mich gefahren sei. So etwas war ihm wahrscheinlich auch noch nicht widerfahren. Ich stotterte etwas von einem blutrünstigen Monster. Ein Ungetüm, das mich zerfleischen und zerfetzen wollte. Ich blickte mich um, doch da war nichts. Nichts! Kein Mensch, kein laues Lüftchen, welches wehte, geschweige denn ein menschenmordender Hund. Zum Glück auch kein Noah! Das wäre die Krönung gewesen.

Ich entschuldigte mich für mein ungehöriges Benehmen und schämte mich in Grund und Boden. Hoffentlich dachte er nicht, das sei ein verzweifelter Anmachversuch gewesen. Doch für seine menschliche Reaktion war ich ihm sehr dankbar. Nicht jeder öffnet einfach seine Arme, wenn eine völlig Fremde schreiend auf ihn zu rennt. Auch gab er mir nicht annähernd das Gefühl, dass ich geisteskrank sei. Ein kurzes Stück liefen wir zusammen, doch er war mir letztendlich zu schnell. Er hatte sich ein beachtliches Tagesziel von 40 km gesteckt. Da wollte und konnte ich nicht mithalten und legte in der nächsten Bar eine Pause ein.

Wenig später trafen auch Noah und seine Leute dort ein, und wir frühstückten gemeinsam ausgelassen mit Bier und Wein. Die vier hatten die Ruhe weg. Während ich schon wieder meine Sachen zusammenpackte, spielte es für sie offensichtlich keine Rolle, dass sie vielleicht erst spät abends gegen 22 Uhr an ihrem Ziel ankommen würden. Das war so gar nicht meins. Um diese Uhrzeit sah ich mich am liebsten frisch geduscht und mit vollem Magen in meinem Schlafsack liegen, in dem Wissen, dass meine Wäsche auf der Leine trocknete. Also verabschiedete ich mich kurzerhand wieder von der Gruppe, da ich nicht bis 22 Uhr jede einzelne Kuh auf der Weide bestaunen wollte.

Der weitere Weg gestaltete sich eher bergig und das Wetter blieb weiterhin trüb. Am Ende der Straße sah ich zwei kleine und einen großen Hund mitten auf dem Weg sitzen. Ich konnte nicht erkennen, ob es Streuner waren oder ob sie zu jemandem gehörten. Ich für meinen Teil hatte heute jedenfalls genug von Hunden! Mir schlotterten jetzt schon wieder die Knie. Ich setzte mich auf eine Steinmauer und beschloss, mich den nächsten Vorbeilaufenden anzuschließen, ob sie das für gut befanden oder nicht. Nach einer gefühlten Ewigkeit kamen zwei Blondinen um die Ecke, und ich fragte sie, ob es okay sei, wenn ich die nächsten Meter mit ihnen liefe, wegen der Hunde. Sie lächelten und meinten, dass es kein Problem sei. Als wir noch ungefähr zwanzig Meter entfernt waren, preschten die Hunde auf einmal wie von der Tarantel gestochen direkt auf uns zu – und dann zielgerichtet an uns vorbei. Mein Adrenalin schoss in astronomische Höhen, und ohne die Mädels wäre ich höchstwahrscheinlich direkt an Ort und Stelle an einem Herzanfall verstorben.

Aufgrund meines lauten Gefluches stellten wir fest, dass wir alle aus Deutschland kamen. Daniela war aus Hamburg, Shania wohnte nicht weit davon entfernt. Sie waren beste Freundinnen und kannten sich seit dem Kindergarten. Darüber hinaus befanden wir uns sogar alle im gleichen Alter. Die Wellenlänge stimmte, und aus ein paar Hundert Metern wurden etliche mehr. Wir hatten viel zu lachen, denn jede von uns hatte so ihre Eigenheiten. Shania war die etwas kühlere, unnahbare Tätowierte, die beim Zoll arbeitete. Daniela mit der wasserstoffblonden Mähne liebte das Dorfleben, Bagger und den Geruch von Kuhdung abgöttisch. Sie waren den Camino Francés in Astorga gestartet, da sie nicht länger Urlaub hatten und sich auch nicht mehr als diese Strecke zutrauten. Für die beiden war es unvorstellbar, allein zu laufen, und sie lauschten aufmerksam den Erzählungen über meine Erfahrungen.

Am nächsten Donativo-Stand, den wir passierten, musste ich ihnen das Prinzip erklären, dass man sich dort frei bedienen konnte und das bezahlte, was man für angemessen erachtete. Sie waren wirklich noch nicht lange auf dem Jakobsweg. Auch Noah und seine Kumpane trudelten dort ein. Wir tranken Säfte, aßen Kekse und knabberten Karotten und Gurken, während »die Gang«, wie wir sie mittlerweile scherzhaft nannten, mit dem Betreiber des Standes Yoga übte und meditierte. Zwischendurch erzählte der Besitzer uns seine Lebensgeschichte und zeigte Shania im Nebenraum seine Gemälde. Etwas verwirrt kam sie zurück und erklärte uns kichernd, dass er offenbar ein Vaginal-Fetischist sei, mit besonderem Bezug zu Schwangerschaft und Entbindung. In seinem kleinen Vorhof befanden sich zahlreiche Porträts von nackten schwangeren Frauen, und einige zeigten sie auch abstrakt gemalt – während des Geburtsvorgangs. Das war schon irgendwie verstörend!

Plötzlich begannen die beiden Frauen zu lachen und faselten etwas davon, dass die Sonne äußerst ungünstig stehe. Die

Sonne stand äußerst ungünstig? Dann hatte auch ich es begriffen. Der meditierende Fetischist trug eine weiße, fast durchsichtige und ausgesprochen weite Baumwollhose. Er offenbarte uns damit nicht nur seine freigeistige Denkweise. Sein Gemächt schwang in harmonischem Einklang mit der Natur, doch er ließ sich durch nichts beirren. Regelrecht rhythmisch pendelten seine äußeren Organe zu seinen Worten, wenn er die Gang dazu anleitete, doch jetzt bitte den herabschauenden Hund auszuführen. Mich wunderte, dass die Gang das nicht mitbekam. Wahrscheinlich waren sie zu vollgedröhnt. Da wir uns mit unserem Gelächter unweigerlich immer kindischer aufführten, mussten wir schließlich zügig die Flucht ergreifen. Noch Stunden später kugelten wir uns über diese Skurrilität. Der Freigeist, der den Pilgern Obst und Gemüse schenkte und selbst seinem besten Stück keine Grenzen aufzeigen mochte.

Eigentlich hatte ich vorgehabt, in Sarria zu nächtigen, aber es wurde immer später, und ich genoss die erfrischende Gesellschaft der Mädels. Pläne sind manchmal da, um sie über den Haufen zu werfen. Eine Ortschaft vor Sarria gab es eine wunderschöne Herberge, die förmlich dazu einlud hierzubleiben. Wir fragten an und ergatterten die letzten freien Betten in einem 6-Mann-Zimmer. Zum Glück hatte ich in Sarria kein Bett reservieren lassen. Spätestens jetzt hätte ich es bereut. Wir teilten uns eine Waschmaschine, und nach der Dusche gönnten wir uns in den Hängematten ein Sonnenbad, während wir Kätzchen streichelten. Was für eine tolle Herberge!

Auch Anja, die quirlige Blondine mit den Korkenzieherlocken aus der letzten Herberge, war anwesend. Mittlerweile hatte sie es nur noch satt. Sie wollte schnellstmöglich in Santiago ankommen und dort den Heimflug antreten. Irgendwie war ich traurig, das zu hören. Das konnte es doch nicht gewesen sein. Den Jakobsweg nach all den Wochen so zu beenden? Ich war mir sicher, dass sie nur einen schlechten Tag hatte.

Während ich noch im Speiseraum mein Pilgermenü verdrückte, sahen Shania und Daniela gegen 21 Uhr die Gang an unserer Herberge vorbeiziehen, welche die letzte vor Sarria war. Die zogen das echt durch! Es war bereits dunkel geworden, und sie hatten noch mehr als 4 km vor sich. Ich für meinen Teil war einfach nur erleichtert, dass meine duftende Wäsche im Halbschatten auf der Leine hing und der einzige Weg, den ich heute noch zu absolvieren hatte, der in mein Bett war.

Eine Frau in unserem Schlafsaal schien besonders müde und wenig stressresistent zu sein. Bei jeder raschelnden Tätigkeit stöhnte sie sich einen ab und brachte ihren Unmut offen zum Ausdruck. Das hätte ich sein können, nur tat ich das nicht vor 22 Uhr! Shania bereitete ihre Sachen für morgen vor, und Daniela schminkte sich im Badezimmer ab. Der Drache schaltete demonstrativ das Licht aus, und Shania konnte die Dreistigkeit kaum fassen. Während die Furie laut in ihrem Laken herumscharrte, machte Shania wütend ihrem Ärger Luft. Hätte die Mimose ihre Worte verstanden, wären sicherlich Köpfe durch das dunkle Zimmer gerollt. Ich lag in meinem Bett, beobachtete das Ganze von oben und lachte mich fast kaputt. Die Frau sollte sich mal beruhigen und sich vorstellen, Pilger wie die Gang kämen erst in zwei Stunden hier an.

32 158 Schritte
27,6 km
1 014 kcal
72,4 g Fett

31.05.

Von Aguíada nach Portomarín
27,6 km

Gegen 6 Uhr standen wir auf. Die Drachenfrau lag mit verschränkten Armen und Augenmaske wie aufgebahrt in ihrem Bett und scharrte wieder – oder immer noch? – mit den Füßen. Seltsam, aber immer noch besser, als von ihr ermordet zu werden, dachte ich mir. Wir streichelten die Katzen noch ein paarmal und machten uns dann im Morgengrauen auf den Weg. Wir liefen an stinkenden Kuhmastbetrieben vorbei und legten dann eine kurze Frühstückspause in Sarria ein. Die Stadt war eher unauffällig und erinnerte mich in ihrer Trostlosigkeit etwas an Ponferrada. Ich bereute es keine Sekunde, die vergangene Nacht stattdessen im Paradies verbracht zu haben.

Nicht weit von unserem Café sah ich Simon und Taylor in einem anderen Lokal frühstücken. Als wir an ihnen vorbeiliefen, erspähte ich auch Noah und wünschte ihm mit einem eher gestammelten »buen provecho« einen guten Appetit. Ich fühlte mich ein wenig unter Zugzwang, irgendetwas zu sagen, und die Mädels kicherten, sodass ich froh war, gleich weitergehen zu können.

Es folgten wieder sehr steile Abstiege, die man allerdings schlecht im Rennen bewältigen konnte, sonst hätte man sich überschlagen. Wir liefen durch eine einsame Gegend mit einem leerstehenden Haus, auf dessen Grundstück ein süßer Esel am Zaun graste. Ich hatte noch Nüsse dabei und Daniela und ich versuchten, ihn damit durch den Zaun zu füttern, was sich eher schwierig gestaltete. Irgendwann hatten wir den Esel so weit konditioniert, dass er beim Füttern den Kopf schräg hielt, sodass die Leckerlis nicht mehr zu Boden fielen. Wir waren ungemein stolz, den Esel dressiert zu haben! Dann kamen andere Pilger und gaben dem Esel eine Bananenschale zum Fressen, welche er mit Genuss vertilgte. Wieder etwas gelernt!

Eine Pilgerin mit Tagesrucksack wiederum hielt wie selbstverständlich ihre Hände auf, um meine Nüsse zu bekommen. Frechheit! Die Dreistigkeit mancher Menschen kannte offenbar keine Grenzen. Mit einem bitteren Lächeln sagte ich: »Of course not.« Wer war ich? Die Wohlfahrt? Ein Futterspendeautomat? Ich schlussfolgerte, dass man, wenn man so dreist war, eine Jakobsmuschel an seinen *Tagesrucksack* zu hängen, auch zu so etwas fähig war.

Zwei Dörfer und 6 km weiter rasteten wir. Kurz darauf erschien auch die Gang und setzte sich an den Nebentisch. An der Bar kam ich wieder mit Noah ins Gespräch. Er erzählte mir, dass sie gestern noch über drei Stunden bei dem freizügigen Guru vom Donativo-Stand geblieben seien und meditiert hätten, deswegen erst nach 22 Uhr in Sarria eingetroffen seien, aber dennoch bis 3 Uhr nachts in irgendeiner Kneipe gefeiert hätten. Diese Art, den Camino zu gehen, war mir neu, und ich war irritiert. Ich sagte gar nichts und grinste ihn bloß an.

Shania und Daniela bemerkten, dass er zum Anbeißen aussehe, aber ich machte klar, dass ich ihn zuerst entdeckt hatte. Ein bisschen Spaß muss sein.

Wir brachen auf, und mit einem Schlag wurde es wieder unerträglich heiß, sodass eine Runde Lichtschutzfaktor 50 auf mich ging.

Später stießen wir mitten in der Wildnis auf ein recht überfülltes Straßencafé. Ein Tisch im Halbschatten war noch frei und lud zum Rasten ein. Wir gönnten uns ein Bier und beschlossen, demnächst irgendwo ankommen zu wollen, da die Hitze immer drückender wurde und es schon fast 14 Uhr war. Ich rief in der nächsten Herberge an, aber die war schon ausgebucht. Wenig später traf die Gang ein und setzte sich auf den Boden. Mit ihren Yogapants lümmelten sie nun im Schneidersitz auf dem Asphalt im Dreck. Das war schon wieder so klischeemäßig, dass wir nicht anders konnten, als zu lachen. Wir nannten sie nur noch »die Gääång«, weil sie so obercool agierten und augenscheinlich gegen jede Norm rebellierten. Noah war der Einzige, der uns allen sympathisch war. Wir scherzten, dass sie vielleicht in ähnlicher Weise über uns witzelten. »Diese verzogenen Gören. Denken, sie sind was Besseres und sitzen hochnäsig auf ihren Stühlen. Die haben bestimmt reiche Eltern.« Ich machte mir beinahe ins Hemd vor Lachen.

Manchmal hätte man uns wirklich nicht belauschen dürfen. Aber das war genau diese besondere Wellenlänge, die ich meinte. Es passte einfach. Man schloss eben manchmal Bekanntschaften mit Menschen, mit denen man sich auf Anhieb blind verstand und über den größten Unsinn lachen konnte.

Noah stand auf, kam mit seinem Bierkrug an unseren Tisch und stieß mit mir an. Nur mit mir. Ich war peinlich berührt. Shania meinte, dass er sicher wisse, warum er das tue.

Wir brachen auf, stellten uns in der Herberge, in der ich bereits angerufen hatte, unwissend und fragten noch einmal persönlich nach freien Betten. Aber sie hatten tatsächlich nur noch zwei, und wir waren mächtig frustriert. Diese Unterkunft wäre wieder ein kleines Paradies auf Erden gewesen, und innerlich hatten wir bereits damit abgeschlossen, noch weiterzulaufen, was das Ganze nicht einfacher machte. Es war extrem heiß. Die beiden anderen sonnten sich auf der Wiese, während ich an der Bar Schatten und Abkühlung suchte. Immer wieder versuchte ich, mein Spanisch durch ein wenig Smalltalk zu verbessern. Als ich mich mit dem Barkeeper über das Wetter unterhielt, meinte ich stöhnend: »Estoy caliente!« Der Chef, der gerade zur Tür hereintrat, blickte mich entgeistert an und fragte sich allem Anschein nach, was mit mir nicht stimmte. Für einen kurzen Augenblick herrschte Stille, bis alle Anwesenden plötzlich in schallendes Gelächter ausbrachen. Jemand meinte, dass meine Freundinnen gern die letzten beiden Betten haben könnten; für mich gebe es noch genug Platz in seinem Bett.

Oh Herr, was habe ich gesagt? Was hatte ich schon wieder vom Stapel gelassen? Ich wollte doch nur zum Ausdruck bringen, dass mir unendlich warm war, aber anscheinend hatte ich ganz unverblümt verkündet, wie heiß ich sei. Heiß auf Liebe. Grundgütiger! Wenigstens berichtigte mich der Kellner und klärte mich auf, dass es »tengo calor« hieß, also wörtlich »ich habe Hitze«. Der Unterschied zwischen »calor« und »caliente« war mir bis dato nicht geläufig gewesen, und ganz offensichtlich konnte man »mir ist heiß« nicht so einfach Wort für Wort übersetzen.

Ich suchte die Mädels und sagte, dass es allerhöchste Zeit sei, aufzubrechen. Ich musste hier weg. Alles Hinauszögern half ja doch nichts, und es wurde immer später.

Die nächste Ortschaft mit Herbergen war das 7 km entfernte Portomarín. Am späten Nachmittag kamen wir an dem legendären Stein vorbei, der die letzten 100 km vor Santiago markiert. Damit hatten wir gar nicht gerechnet. Was für ein hässlicher Meilenstein. Er war mit unlesbaren Kritzeleien und unschönem Graffiti beschmiert, sodass man die Aufschrift kaum entziffern konnte. Doch wenigstens war die Natur wunderschön.

Anders als in der Meseta spendeten hier Bäume und Sträucher Schatten, der die Hitze erträglicher machte. Dennoch waren wir erschöpft und müde, schwitzten unaufhörlich und wollten einfach nur noch ankommen. Im letzten Dorf vor Portomarín sah ich bereits von Weitem einen kleinen, freilaufenden Hund auf der Straße sitzen. Ich wollte schon in Panik verfallen, doch als wir uns dem Chihuahua-Mischling näherten, erkannten wir, dass es ihm nicht gut zu gehen schien. Aus seinen Augen trat gelbe Flüssigkeit, die schon verhärtet war. Er sah richtig krank aus, und wenn man versuchte, sich ihm vorsichtig zu nähern, wich er ängstlich zurück. Wer weiß, was dem armen Lebewesen schon alles widerfahren war. Es brach mir das Herz. Daniela und ich waren den Tränen nahe. Keine von uns hatte noch etwas Essbares dabei. Und ein Supermarkt war in diesem Kaff auch außer Reichweite. Der Schmerz dieses Hundes war das Schlimmste, was ich jemals in Tieraugen gesehen habe. Am liebsten hätten wir ihn eingepackt und in ein fröhlicheres Leben mitgenommen, aber er hatte Angst vor Menschen. Wir waren hilflos und fühlten uns miserabel, ihn einfach zurückzulassen. Es ist ein Jammer, dass viele Tiere grundsätzlich auf den Menschen angewiesen sind. Ich wischte mir die Tränen aus dem Gesicht und zwang mich, nach vorn zu blicken.

Kurz vor Portomarín mussten wir eine riesige Brücke über einen breiten Fluss queren. Wir machten Fotos und genossen den Ausblick, als Shania auf einmal wie am Spieß schrie und panisch ihr Handy wegwarf. Daniela und ich sprangen erschrocken auf, um sie zu fragen, was passiert sei. Mit blassem Gesicht stotterte sie aufgeregt etwas von einem riesigen Vieh. Ihrer Reaktion nach zu urteilen ein riesiges Ungeheuer. Sie deutete auf die Bestie, die sie ins Gras katapultiert hatte. Wir machten uns darauf gefasst, eine monströse Tarantel oder Ähnliches im umliegenden Gebüsch vorzufinden, aber es war nur ein etwas dick gewachsener Grashüpfer. Angesichts der Tatsache, dass Shania wegen eines Insekts fast ihr

Handy in den Fluss geschmissen hatte, war es bei uns vorbei. Wir bekamen kaum noch Luft vor Lachen und mussten uns die Bäuche halten. Es war einfach zu komisch.

Schließlich beruhigten wir uns alle wieder und passierten die Brücke. Vom Flussufer aus sahen wir Pilger baden. Die hatten es gut, schon irgendwo in einer Herberge angekommen zu sein und nun die Seele baumeln lassen zu können. Und wir? Wir realisierten gerade, dass wir vor einer schier endlosen Treppe standen, die wir zunächst bezwingen mussten, um ins Stadtinnere zu gelangen. Endspurt!

Die erstbeste Herberge sollte uns gehören, und so war es dann auch. Sie trug sogar ein »Spa« in ihrem Namen, dem sie aber nur auf den ersten Blick wirklich gerecht werden konnte. Der Preis war noch passabel, und uns wurde ein Schlafsaal auf dem Dachboden gezeigt. Ein Schlafgemach direkt unter dem Dach macht sich bei über sechsunddreißig Grad Außentemperatur nicht unbedingt gut. Der weitläufige Raum mit vierzig Betten erstreckte sich über den gesamten Gebäudekomplex. Die Betten waren glücklicherweise nicht einmal zu einem Viertel belegt. Das wäre sonst ziemlich unerträglich gewesen.

Die beiden anderen gingen erst einmal essen, während ich bloß noch duschen und den ganzen Staub samt klebrigen Sonnencremeresten von mir abwaschen wollte. Ich machte mich in dem winzig kleinen Badezimmer breit, packte all meine Sachen aus, stellte mich voller Erwartung unter die Dusche und drückte den Knopf. Nichts passierte. Ich schlug mehrmals auf den Knauf ein, doch nichts tat sich. Da bemerkte ich ein Schild, auf welchem zu lesen war, dass diese Brause defekt sei. »Bitte benutzen Sie das gegenüberliegende Bad.« Übersetzt in sechs Sprachen. Die Dusche schien schon seit Längerem defekt zu sein. Das war doch schon wieder zum Kotzen!

Ich linste durch den Türspalt und rannte dann splitterfasernackt mit meinen sieben Sachen über den Korridor in das gegenüberliegende Bad. Dort gab es keinerlei Möglichkeit, die Klamotten irgendwo aufzuhängen, also legte ich sie voller Ekel auf den Toilettenspülkasten. Die Tür ließ sich nicht verriegeln, und es war auch nicht möglich, die Temperatur des Wassers zu regulieren. Aus dem fest montierten Duschkopf kam ausschließlich kochend heißes Wasser. Ich kreischte und sprang zur Seite. Ich hätte schon wieder heulen können vor Wut, als das glühend heiße Wasser meine verbrannte Haut hinunterrann. Wie beim Ballett sprang ich immer wieder von links nach rechts durch den Duschstrahl, weil ich es keine Sekunde direkt darunter aushielt. Ich ersparte es mir, jeden Winkel meines Körpers einzuseifen. Umso länger hätte ich in der Folterkabine garen müssen. Ich fühlte mich wie ein Schmorbraten und hatte hinterher das Gefühl, noch mehr zu schwitzen als vorher. Ich drehte den Wasserhahn am Waschbecken auf eiskalt und beträufelte mich zur Schmerzlinderung mit dem kühlen Nass. In dieser winzig kleinen Kammer gab es weder Fenster noch Lüftung. Somit war es mir fast unmöglich, in dieser Dampfsauna trocken zu werden. Immer noch völlig klamm, versuchte ich, mir nun den ebenfalls feuchten und äußerst engen Sport-BH überzurollen. Die Sachen klebten an mir wie eine zweite Haut. Nichts wie raus hier!

Da die Dusche nicht den gewünschten Effekt gehabt hatte, gesellte ich mich etwas missgestimmt zu Shania und Daniela. Noch immer wütend, erzählte ich ihnen von meiner Tortur, während der Schweiß schon wieder von meiner Stirn perlte. Ich bestellte ein Pilgermenü und betrachtete von der Terrasse aus die übergroßen Buchstaben, die den Stadtnamen Portomarín bildeten. Mannshoch waren sie in den Boden einbetoniert, und ich war ganz angetan von der Idee, sie zu erklimmen oder mich in das gigantische »O« zu setzen, aber allein wollte ich mich nicht zum Gespött machen. Shania und Daniela kamen erholt von ihrer Dusche zurück. Sie hatten das Badezimmer eine Etage tiefer genutzt. Die beiden waren hellauf begeistert von meinem Einfall, und so bestiegen wir nun im wahrsten Sinne des Wortes Portomarín. Manche Buchstaben erwiesen sich als ziemlich herausfordernd. Ich wollte unbedingt im »P« sitzen, aber es war fast ein Ding der Unmöglichkeit, das allein zu bewältigen. Shania machte eine Räuberleiter und half mir, indem sie mich am Hintern nach oben drückte. Hinterher sahen wir aus wie die Schornsteinfeger, aber der Spaß war es wert.

27 571 Schritte
21,2 km
902 kcal
58,8 g Fett

01.06.

Von Portomarín nach Airexe
17,7 km

Am Morgen wollte ich bereits eher loslaufen, verirrte mich aber gnadenlos, weil ich keine gelben Pfeile finden konnte. Also kehrte ich zurück zum Ausgangspunkt, wo Shania und Daniela noch ihren Kaffee schlürften. Sie waren genauso ratlos wie ich. Ihr Reiseführer wollte uns erst einmal die Treppe wieder hinunterschicken, und ich hoffte inständig, dass wir sie später nicht wieder würden hochlaufen müssen. In diesem Ort schienen alle etwas desorientiert zu sein. Ich rief einige Pilger zurück, die sogar die gesamte Brücke wieder zurücklaufen wollten. Anschließend beratschlagten wir uns in der Gruppe und schlugen schlussendlich tatsächlich den richtigen Weg ein.

Wie in den letzten Tagen war das Wetter in Galizien am frühen Morgen kalt, nass, düster, trüb und nebelig. Auf uns wartete zunächst wieder ein steiler Anstieg durch den Wald, dann ging es über ein Feld, und schließlich führte der Weg an einer stark befahrenen Straße entlang. Nach ungefähr 8 km kam das erste Café, wo natürlich fast alle erst einmal pausierten.

Auch wir bestellten uns dort Bocadillos. Daniela war eigentlich überzeugte Vegetarierin, konnte aber der legendären spanischen Salami heute nicht widerstehen und gönnte sich ein Wurst-Sandwich, das ihr so mundete, dass sie sogleich noch eins bestellte. Ihr genussvolles Stöhnen beim Essen war kaum zu übertreffen. Getreu dem Motto: Man gönnt sich ja sonst nichts. Just in diesem Moment fuhr ein Transporter mit in Käfigen eingepferchten, quiekenden Schweinen an uns vorbei. Prost Mahlzeit. Da verging es nicht nur Daniela. Doch damit das Schwein nicht umsonst geschlachtet wurde, aß sie aus Anstand vollständig auf, mit einem Hauch von Wehmut.

Natürlich kam bald auch die Gääång hier an und ließ sich häuslich nieder, während wir schon wieder unsere Sachen zusammenpackten. Irgendwie wurde ich das Gefühl nicht los, dass die beiden Mädels ihre Zweisamkeit etwas vermissten, um sich über persönliche Dinge auszutauschen. Den Eindruck hatte ich schon gestern beim Abendbrot gehabt. Lieber würde ich mein Smartphone aufessen, als jemandem auf den Sack zu gehen, also sorgte ich für Abwechslung. Mal liefen wir einige Kilometer gemeinsam, mal zog ich zwischendurch mein Tempo erheblich an und ließ die beiden eine Weile allein.

Santiago de Compostela war inzwischen schon greifbar nah. Gestern hatten wir die letzten 100 km begonnen; da kam man schon ins Grübeln, wie es danach weitergehen würde.

Shania und Daniela wollten vermeiden, genau an den Pfingstfeiertagen in Santiago anzukommen. Also planten sie jeden Tag mit genauer Kilometeranzahl durch, um erst am Dienstagmorgen in Santiago anzukommen und noch am gleichen Tag einen Bus zum Kap Finisterre zu nehmen. Dieses Kap, dessen Name »Ende der Welt« bedeutet, liegt noch einmal 90 km von Santiago entfernt und gilt vielen als der eigentliche Endpunkt des Jakobsweges. Manche liefen weiter bis dorthin, andere nahmen den Bus. Das kollidierte natürlich mit meinen

Plänen – da ich keine hatte und auch eigentlich keine schmieden wollte.

Es war unglaublich, was für Massen von Menschen nun auf einmal auf dem Jakobsweg anzutreffen waren. Wie Lavaströme bei einem Vulkanausbruch ergossen sie sich von links und rechts auf den Weg, und allesamt trugen sie die berühmte Muschel bei sich. Bei einigen war die Muschel sogar größer als der gesamte Rucksack. Kein Kommentar. Ich wartete im Grunde nur noch darauf, dass mir ein »Pilger« über den Weg lief, der einen Trolley hinter sich herzog.

Inmitten des Getümmels erspähte ich einen älteren Mann, der an Krücken lief. Wahrhaftig! Er humpelte an zwei Stöcken und kämpfte sich Meter für Meter voran. Voller Ehrfurcht überholte ich ihn und wünschte ihm einen guten Weg. Dieser Mann war in meinen Augen ein Held. Ein wahrer Kämpfer, der um jeden Preis ankommen wollte. Ich bereute es, nicht mit ihm ins Gespräch gekommen zu sein.

Im nächsten kleinen Café bestellten die Mädels und ich uns noch eine Kleinigkeit zu trinken. Sie hatten sich darauf geeinigt, im nächsten Dorf Ligonde zu bleiben, was mir allerdings noch nicht weit genug war. So verabschiedeten wir uns vorerst voneinander, und ich reservierte ein Bett in Airexe. Als ich bald darauf wieder allein unterwegs war, traf ich erneut auf den Mann an den Krücken, der gerade auf einer Bank Halt machte. Das war Schicksal, und diesmal nutzte ich die Gelegenheit und sprach ihn an. Sein Name war David, und er war gebürtiger Australier. Er hatte Probleme mit den Sehnen im rechten Vorderfuß. Die Ärzte hatten ihm geraten, abzubrechen und nach Hause zu fliegen. Ich setzte mich zu ihm und erzählte von meinem täglichen Elend und den nicht enden wollenden Schmerzen. Ich hatte das Gefühl, dass es ihm etwas Kraft spendete, zu wissen, dass er mit seinen Qualen nicht allein war. Er war noch nicht einmal mit richtigen Schmerzmitteln ausgestattet, also gab ich ihm alles, was ich entbehren konnte. Er schluckte zwei meiner Zauberpillen, und die nächsten 2,5 Kilometer bis nach Airexe bestritten wir zusammen.

Natürlich passte ich mich seinem Tempo an. Ich dachte an Marie, die mich in meiner größten Not einfach nur begleitet hatte, sodass ich etwas abgelenkt war, und daran, wie dankbar ich auch Marion für ihre Geduld mit mir gewesen war. Jetzt hatte ich die Chance, ebenfalls jemandem etwas Gutes zu tun. Ich sagte ihm, dass er verrückt sei – und ebenso stur wie ich. Ich hätte es nicht anders gemacht! Daher zollte ich ihm für seine Leistung meinen aufrichtigen Respekt.

Im gemächlichen Tempo zogen wir an der einzigen Herberge in Ligonde vorbei. Daniela und Shania saßen im Vorgarten und riefen mir zu, dass noch einige Schlafplätze frei seien. Dankend lehnte ich ab. Ich hatte in Airexe reserviert und zog es vor, David noch ein Stück zu begleiten. Er taute allmählich auf und meinte, dass er in Airexe eine Pause mit mir machen wolle, da er noch knapp 8 km vor sich habe. Sein Gepäck wartete in Palas del Rei auf ihn. Für solche Ausnahmesituationen waren die Transportmöglichkeiten wirklich sinnvoll und ursprünglich sicherlich auch dafür gedacht.

Im Dorf angekommen, setzten wir uns raus an einen der vielen Tische im einzigen Restaurant vor Ort. Die erste Runde Bier ging auf mich, und ich organisierte ein paar Eiswürfel für David, um seine Verletzung zu kühlen. Ich riet ihm, seine Gehstrecken vielleicht nicht ganz so ehrgeizig zu planen und nicht mehr als 15 km am Tag zu absolvieren, um auch wirklich ans Ziel zu gelangen. Er war sehr einsichtig und auch dankbar, für ein paar Stunden seine eigene Krankenschwester zu haben. Die nächste Runde ging auf ihn, und er erzählte, dass er auf dem Weg bisher nur positive Erfahrungen mit Deutschen gemacht habe. Schweren Herzens ließ ich ihn dann weiterziehen und wünschte ihm alles Gute für den Rest des Weges.

Ich checkte in der gegenüberliegenden Herberge ein, doch leider sprach die Hospitalera nur Spanisch, weswegen die Kommunikation etwas einseitig verlief. Ich genoss eine erfrischende Dusche, wusch meine Wäsche mit der Hand und wunderte mich, dass ich eine der Ersten in dem riesigen Schlafsaal war. Der Tag war noch lang, also begab ich mich erneut in das Restaurant und setzte mich wieder in den Schatten, dieses Mal allein. Plötzlich zog es mir förmlich die Augenlider zu, mein Kopf sank tiefer und tiefer, und ich bin mir sicher, dass irgendwann mein Mund offen stand. Das Nächste, woran ich mich erinnern kann, ist, dass mich jemand schüttelte. Noah! Oh Gott, wie peinlich! Er dachte allem Anschein nach, ich sei betrunken, aber das war ich nicht! Ich war einfach nur fertig und müde. Die letzten Tage hatten mich ziemlich geschlaucht, deshalb hatte mich die Müdigkeit derart übermannt. Im Halbschlaf verabschiedete ich mich von ihm und hoffte inständig, dass ich nicht gesabbert hatte.

Ich schloss die Augen wieder und schlummerte auf meinen verschränkten Armen auf dem Tisch, bis mich letztendlich die wandernde Abendsonne weckte. Erschöpft und desorientiert, wusste ich zunächst weder, wie spät es war, noch weshalb mich die Leute von den anderen Tischen anstarrten. Irgendwann sprachen mich ein paar Deutsche an und fragten, ob es mir gut gehe. Man habe sich bereits Sorgen gemacht, ob ich überhaupt noch lebe, da ich seit mehr als vier Stunden auf dem Tisch gelegen hätte. Soso. Wie lange hätte ich denn da noch vor mich hindämmern müssen, bis jemand Erste-Hilfe-Maßnahmen ergriffen hätte? Klar, alle waren davon überzeugt, dass ich bloß einen über den Durst gekippt hatte.

Ein älteres deutsches Ehepaar bot mir seine Gesellschaft beim Essen an. Ich tat ihnen offenbar leid, weil ich so allein war. Schon wieder jemand, der mir anscheinend einreden wollte, dass es etwas Schlechtes sei, allein zu sein. Ich erklärte ihnen, dass ich damit kein Problem hätte, hatte aber ein komisches Gefühl dabei. Also nahm ich ihre Einladung dankend an, fühlte mich dennoch nicht so recht wohl. Es hatte einen faden Beigeschmack, dass man möglicherweise lediglich aus Mitleid mit mir zusammen aß, auch wenn wir viel Spaß miteinander hatten. Im Prinzip war es eine nette Geste, nur dass ich bislang ausschließlich Menschen getroffen hatte, die mir den Eindruck vermittelt hatten, dass sie mich wirklich um meinetwillen kennenlernen wollten.

Später dachte ich nach. War ich wirklich allein? Augenscheinlich schon, aber war das so schlimm? Vielleicht war es ja tatsächlich meine größte Sorge, allein in Santiago anzukommen. Freude und Glück können schließlich nur größer werden, wenn man sie teilt. So viele waren hier allein unterwegs, und doch war es meine Wenigkeit, die darauf angesprochen wurde. Vermutlich sollte ich mich damit auseinandersetzen.

Am Nebentisch saßen sieben korpulente Engländer, die sich einen Wodka nach dem anderen durch die Kehle jagten. Und auf ihrem Tisch befanden sich bereits leere Whiskeyflaschen. Schwer vorstellbar, dass das Pilger sein sollten. Mit ihren Körperöffnungen machten sie Lärm für zwanzig Mann und verpassten dem Restaurant das Flair einer Säuferkneipe. Nur gut, dass *mich* alle für den Trunkenbold hielten. Das konnte ja noch heiter werden. Wenn die in meiner Herberge schlafen würden … Ich ahnte Schlimmes, da sie ja bereits hier draußen nicht gerade die besten Manieren an den Tag legten. Es fehlte nur noch der Eimer, aus dem sie saufen konnten. Strohhalme waren in diesem Fall ohnehin überbewertet. Was bewegte solche Sauftouristen, diesen Weg zu gehen? Waren sie beim Buchen ihrer Reise schon so volltrunken gewesen, dass sie den Jakobsweg mit dem Ballermann verwechselt hatten? Getreu dem Motto: Hauptsache Spanien?

Ich verabschiedete mich von dem Ehepaar und richtete mein Schlafgemach her. Vom Fenster aus konnte ich die Engländer beobachten. Es war gleich 22 Uhr, doch ihre Party hatte anscheinend erst begonnen. Im Schlafsaal waren von den knapp dreißig Betten gerade einmal sieben belegt. Und das auf den letzten 100 km. Es war mir ein Rätsel, wie das sein konnte, aber ich erhoffte mir dadurch eine ruhige Nacht. Ich unterhielt mich noch mit anderen Pilgern, und wir stellten fest, dass ich von allen Anwesenden hier die Einzige war, die in Saint-Jean losgelaufen war. Die meisten waren erst in León oder Astorga gestartet. Sie waren verblüfft und konnten sich gar nicht vorstellen, so lange unterwegs zu sein. Erst jetzt wurde mir so richtig bewusst, was ich bereits geleistet hatte.

Kurz vor Mitternacht trudelten dann die Betrunkenen ein und machten bei Licht einen Krawall, als seien sie allein auf der Welt. Teilweise fanden sie ihre Betten nicht oder schafften es nicht, die Leitern zu erklimmen. Ungewaschen wie sie waren, fielen sie in irgendwelche freien Betten. Der Dickste von allen musste natürlich direkt neben mir liegen. Gerade mal ein halber Meter trennte uns voneinander. Und kaum lag er auf dem Rücken, fing er auch schon lautstark zu grunzen an. Ich fragte einen seiner Kumpels, ob er mir einen Gefallen tun und ihn mal kurz durchschütteln könne, da ich ihn nicht anfassen wollte. Er rüttelte an ihm, bis wieder Ruhe war, und verzog sich dann mit zwei weiteren Kumpanen in die Räume eine Etage tiefer. Weshalb sie das taten, wurde mir erst später bewusst. Das Schnarchkonzert konnte nun erneut beginnen.

42 192 Schritte
32,4 km
1 530 kcal
105,7 g Fett

02.06.

Von Airexe nach Boente
29 km

Kurz nach Mitternacht steigerte sich der Lärm des dicken Schnarchers ins Unermessliche. Aus all seinen Poren und Ritzen kamen die unterschiedlichsten Klänge und Gerüche, bis sie schließlich den kompletten Raum ausfüllten. Es war unerträglich. Diese Rücksichtslosigkeit gegenüber allen Mitschläfern schürte in mir erneut abgrundtiefen Hass. Ich war tags zuvor so müde gewesen, dass ich in einer Bar mit dem Kopf auf dem Tisch eingeschlafen war und mich alle für eine Schnapsdrossel gehalten hatten, obwohl Schnarchmonster wie er der Grund für meine Übermüdung und Schlaflosigkeit waren.

Was sollte ich noch tun? Mit »heeey« und »pssst« kam ich nicht weit. Ich begutachtete mein Bett und erkundete, ob es mir erneut möglich sein würde, meine Matratze aus dem Bett zu ziehen, doch die Leiter war im Weg, und ich hätte ohnehin nicht gewusst, wohin damit. Vor dem Schlafsaal befand sich nur ein schmaler Gang zwischen den Toiletten und Duschräumen, und dann war da auch schon diese enge Treppe, die ins Untergeschoss führte. Grübelnd ob der ohrenbetäubenden Geräuschkulisse schlich ich über den Flur, der Verzweiflung nahe, und hoffte, dass mir umgehend etwas einfallen würde. Irgendwie musste dieses Rhinozeros doch ruhigzustellen sein! Ich dachte an seinen Kumpel, der ihn kräftig durchgerüttelt hatte, aber anfassen wollte ich ihn nun wirklich nicht. Ich musste irgendwie denselben Effekt erzielen, ohne ihn dabei berühren zu müssen. Schließlich konnte ich nicht wiederholt an sein Bett rennen und mir anschließend jedes Mal die Hände waschen, nachdem ich mit seinen speckigen Klamotten in Kontakt gekommen war.

In einem Schirmständer sprangen mir die Laufstöcke der anderen Pilger ins Auge. Ich inspizierte sie genauer und stellte fest, dass sie unten besonders spitz waren. Fabelhaft! Doch dann schaltete sich wieder meine Vernunft ein. Die Laufstöcke anderer Pilger zu kontaminieren, wäre irgendwie doch zu weit gegangen … Und plötzlich lachte mich aus der Ecke ein uralter Holzbesen mit roten Borsten und dicken Spinnweben an. Perfekt! Das Universum hatte mich erhört. Fest entschlossen ging ich mit dem Besen zurück in das Opernhaus für Taubstumme. Anfangs noch etwas zaghaft, stupste ich ihn mit dem Besen leicht an seinem Bierbauch an, und prompt war Ruhe – die aber nicht lange andauerte. Von meinem Bett aus stocherte und piekte ich immer wieder auf ihn ein, bis ich schließlich endgültig meine Hemmschwelle verlor und ihm das verdreckte Ding förmlich um die Ohren schlug.

In seinem Rausch versuchte er nur ab und an, nach dem Besen zu greifen, und schwafelte wirr mit sich selbst. Ich war erbarmungslos. Wie konnte man sich nur so mutwillig mit Alkohol zuschütten, wusste man doch, dass man in einer Gemeinschaftsunterkunft untergebracht war. Ich hatte die Rücksichtslosigkeit mancher Menschen hier so satt, dass ich mich regelrecht an ihm austobte und ihn ordentlich verdrosch, aber er bemerkte noch nicht einmal, wie ich ihm die Borsten durchs Gesicht zog. Damit er das Ganze bloß nicht für eine Streicheleinheit hielt, griff ich jetzt zu härteren Maßnahmen, packte meine Wasserflasche und schüttete ihm einen Schwall von meinen wertvollen Restbeständen in seine Visage. Jetzt war er endgültig wach und röchelte nach Luft, als würde er gleich ertrinken. Verdattert stand er auf, torkelte ins Bad, und nachdem er sich abgetrocknet hatte, kam er wieder zurück und legte sich instinktiv ein Bett weiter weg von mir auf eine nicht bezogene Matratze. Na toll! Jetzt reichte die Länge des Besenstiels nicht mehr aus, um ihn bequem von meinem Bett aus zu foltern.

Im Suff hatte er all seine Sachen aus dem Rucksack gekippt und sie auf dem Boden liegen lassen. Das sollte dem Lump noch leidtun. Fein säuberlich kehrte ich mit meiner Waffe all sein Gerümpel tief unter sein Bett, damit er auch nach seinem Hangover noch etwas davon haben würde. *Leg dich besser nicht mit mir an!*

Jetzt meldete sich auch eine Argentinierin im Zimmer zu Wort. Sie hatte es tatsächlich noch schlimmer getroffen. Sie war umzingelt von diesen Störenfrieden und ebenfalls am Rand des Wahnsinns. Erst ging sie zu dem einen, dann zu dem nächsten und schrie sie nacheinander an: »Basta, basta, basta!« Und noch einmal: »Basta, basta, basta!« Das Gelächter aller nüchternen Mitschläfer war kaum noch zu stoppen. Das Drama hatte nun sein retardierendes Moment und war zu einer Komödie mutiert.

Für wenige Minuten war es plötzlich völlig still, dann ging das Ganze von vorn los. Erneut vergaß ich meine gute Kinderstube und griff irgendwann wieder zur Flasche, um dem schnarchenden Ungetüm dieses Mal reichlich in die Fratze zu kippen. Das hatte gesessen! Er war auf einen Schlag putzmunter und rastete völlig aus. Lauthals brüllte er mich an: »Bitch! You fucking bitch!« Weiter reichte sein begrenzter Wortschatz vermutlich nicht. Erst befürchtete ich, dass er mir gleich im Dunkeln eine reinhauen würde, aber das geschah glücklicherweise nicht. Irgendwann wurden mir seine stupiden Wiederholungen lästig, und ich wetterte eifrig zurück: »I'm not a fucking bitch! You are a fucking English asshole! Drunken pig!«

Fluchend stampfte er erneut ins Bad, um sich abzutrocknen, und fuchtelte währenddessen ständig drohend mit seiner Faust in meine Richtung. Gehässig entschuldigte ich mich bei ihm und sagte, dass es mir leidtäte, ihm keinen Wodka ins Gesicht gekippt zu haben. Dann griff ich zu Plan B und flehte ihn an, doch bitte draußen auf einer Parkbank zu nächtigen. Mit den Lauten, die er ausstieß, würde er jedes noch so wilde Tier in die Flucht treiben. Den Gefallen tat er mir natürlich nicht, aber zumindest konnte ich sicher sein, dass er so schnell kein Auge mehr zutun würde, aus Angst, erneut von mir attackiert zu werden.

Irgendwann in den frühen Morgenstunden raffte mich dann endlich die Müdigkeit dahin. Da soll mir mal noch jemand erzählen, dass man hier zur Besinnung kommen und zu sich selbst finden kann, wenn es in den Pilgerherbergen zu Gewalt und Ausschreitungen kommt.

Am Morgen stand ich wie alle anderen beizeiten auf. Wir alle waren übermüdet und gestresst und sahen mit unseren Augenringen aus wie große Waschbären. Als ich mich im Bad zurechtmachte, entdeckte ich in der Ecke einen alten, nassen und angeschimmelten Wischmopp. Es war sein Glück, dass ich das Ding erst jetzt fand.

Zurück im Zimmer, fragte ich leise, ob noch jemand schlafe. Als die Antwort »nur die Engländer« lautete, schaltete ich prompt das große Licht im Zimmer an und fuhr meine Lautstärke deutlich hoch. Ich lachte und raschelte, was die Plastiktüten hergaben. Und das noch vor 6 Uhr! Jetzt hatte unsere Stunde der Genugtuung geschlagen.

Nach und nach verließ einer nach dem anderen die Herberge. Ich ging zügig und holte die Argentinierin ein. Sie war eine Frohnatur, und mit Galgenhumor ließen wir die letzte Nacht noch einmal Revue passieren. Danach lief ich eine ganze Weile allein und dachte an Shania und Daniela. Die hatte ich gestern wohl das letzte Mal gesehen. Ich versuchte auszublenden, dass es nur noch wenige Kilometer bis zum Ziel waren. Ich war noch nicht wirklich bereit, anzukommen und meinen Weg zu beenden. Sosehr ich mich auch jeden Tag quälte, so sehr genoss ich andererseits die Freiheit und Unabhängigkeit. Ich wurde das Gefühl nicht los, dass es das noch nicht gewesen sein konnte.

Als ich an einer Lichtung vorbeilief, hörte ich leise Musik spielen, und plötzlich überholte mich von hinten ein riesiger Hund, vermutlich ein Streuner. Aufgrund der Musik hatte ich ihn nicht kommen hören. Das Herz rutschte mir erst mal zwei Etagen tiefer, obwohl ich glücklicherweise uninteressant für ihn war.

Ein paar Dörfer weiter sah ich Noah mit seiner Gang in einem Café frühstücken, aber da ich weder Hunger verspürte noch aufdringlich erscheinen wollte, lief ich einfach weiter. Und da war er auch schon wieder. Der Streuner. Überall, wo er entlangspazierte, stellten ihm offenbar die Kellner Wassernäpfe und manchmal auch ein paar Leckerlis raus. Er schien bereits bekannt zu sein. Er war so eine Art Mischling aus Husky und Schäferhund und sah so verwildert aus, dass er als abgemagerter Wolf hätte durchgehen können. An nahezu jeder Straßenecke wurde er von Hunden hinter den Zäunen oder an der Leine angekläfft und verjagt. Selbst vor Artgenossen in Meerschweinchengröße riss er aus und vermied konsequent jede Konfrontation. Bestimmt hatte er schon einige schlechte Erfahrungen sammeln müssen. Wieder bestätigte sich meine Theorie, dass die streunenden Hunde weitaus ungefährlicher waren als die, die jemandem gehörten.

Nach einer längeren Rast begegnete ich einem alten Bekannten wieder, dem bereits verloren geglaubten Tim aus den Pyrenäen. Die Wiedersehensfreude war groß. Er berichtete von seinen Startschwierigkeiten und dass er jetzt endlich eingelaufen sei und jeden Tag im Schnitt 25 km absolviere, nachdem er zwischendrin für eine Woche hatte aussetzen müssen. Tim war ein Einzelgänger, und ich ließ ihm den Freiraum. An diesem Tag überholten wir einander ständig und hielten gelegentlich Smalltalk. Auch die Gang sah ich des Öfteren, aber meist zu spät, sodass ich bereits an ihnen vorbeigelaufen war, nachdem sie mich zwischendrin irgendwo überholt hatten.

Und auch David mit seinen Krücken lief ich abermals über den Weg. Es fiel mir ein Stein vom Herzen, ihn so entspannt zu sehen, und stolz verkündete er, dass er meinen Ratschlag befolge, nicht mehr als 15 km am Tag zurückzulegen und sich damit besser zu fühlen. Das freute mich für ihn, und erneut war ich von seinem Willen durchzuhalten, mehr als nur beeindruckt.

In einer etwas größeren Stadt kaufte ich mal wieder eine halbe Apotheke leer. Wenig später führte ein kurzer Feldweg zur nächsten Abzweigung. Die paar Meter bis dahin lief ich noch mit Tim und ein paar anderen – und mit dem Streuner, dem ich seit fast 20 km immer wieder begegnete. Er lief die ganze Zeit neben uns her, als gehöre er zu uns. Tim und die anderen schlugen den linken Pfad ein, während ich den rechten wählte, der durch einen dichten Wald führte. Der große Hund entschloss sich, mir zu folgen. Hätte ich das vorher gewusst, hätte ich es vermutlich vorgezogen, in Gesellschaft der anderen Pilger weiterzugehen. Er lief die ganze Zeit brav neben mir her. Manchmal rannte er dreißig Meter voraus und wartete dann auf mich, und wenn ich ihn wieder einholte, begleitete er mich weiter. Ich war mutterseelenallein mit diesem Husky-Mischling inmitten eines verlassenen Waldes. Stellenweise war mir schon etwas mulmig zumute. *Lass ihn bitte meine Angst nicht riechen,* war mein einziger Gedanke. Das raten einem schlaue Menschen ja immer gern, um einen ironischerweise damit zu beruhigen. Doch tatsächlich hatte ich gar keine richtige Angst mehr, im Grunde war es eine Mischung aus Unbehagen und Urvertrauen. Ab und an knuddelte ich ihn sogar kräftig durch, damit er wusste, dass ich ihm nichts Böses wollte.

Einen kleinen Teich passierte er zunächst, aber als er registrierte, dass ich Fotos machte, nutzte er die Gelegenheit, um daraus zu trinken. Und jetzt wartete ich wie selbstverständlich auf ihn.

Wieder rannte er voraus, um dann wieder auf mich zu warten, als wolle er mich vor etwas beschützen. Er schien sich hier besser auszukennen als ich. Dieses Tier war für weitere fast 5 km mein einziger Weggefährte, und in dieser Zeit konnte ich meine Panik vor Hunden ablegen. Ich schwor mir, ihm eine Kleinigkeit zu fressen zu kaufen, sobald der nächste Supermarkt käme. Aber kaum verließen wir den Wald, war er auch schon spurlos verschwunden. Ich sah ihn nie wieder.

Was hatte das alles zu bedeuten? Wieso ich und wieso er? War ich wieder mit dem Alleinsein konfrontiert? Oder mit meiner Phobie? Fragen über Fragen.

Kurz vor Boente war ich erneut an meinem Limit. Jeden Tag das Gleiche: Erst lief man den Schmerzen davon, bis sie irgendwann beim Gehen wiederkamen, weil man die Grenze der Belastbarkeit erreicht hatte. Kraftlos machte ich an einem kleinen Imbiss Halt und kaufte mir überteuerte Himbeeren, die es mir aber wert waren. Tim zog in der Zwischenzeit an mir vorbei und meinte spöttisch, dass er mir jetzt in Boente das letzte Bett wegschnappen werde. Gnade ihm Gott! Dort gab es nur zwei Herbergen. Ich glaubte ihm aufs Wort und humpelte mit den fünf neu erworbenen Blasen an meinen Füßen los. Gleich in der ersten Herberge erkundigte ich mich nach einem Schlafplatz und hatte Glück. Ein paar wenige Betten waren in dem 20-Mann-Schlafsaal nicht reserviert worden.

Auf den ersten Blick war ich von der Unterkunft ernüchtert, stellte dann aber fest, dass ich das perfekte Bett bekommen hatte. Oben und direkt am einzigen Fenster in dem großen Raum. Und der Fenstergriff war so hoch angebracht, dass nur ich ihn problemlos aus meinem Bett heraus erreichen konnte. Was für ein Luxus! Ich hatte die Macht! Dass ich jetzt direkt an einer Straße schlief, war mir egal. Lauter Verkehr würde wenigstens das geräuschvolle Atmen anderer Mitschläfer übertönen.

Ich ging runter in die Bar. Auch Tim hatte sich hier einquartiert, aber ich kam an der Theke mit einem Mann namens Mario ins Plaudern. Ein Ex-Marinesoldat aus Montreal. Ich schätzte ihn auf ungefähr sechzig Jahre, und er machte einen sehr netten Eindruck auf mich. Wir hatten beide ungemein Kohldampf und beschlossen daher, das Pilgermenü zu ordern. Als wir bereits den Hauptgang verdrückten, gesellte sich ein weiterer Kanadier zu uns an den Tisch. Sein Name war Donald und er stammte aus Toronto. Wir unterhielten uns über Alltäglichkeiten und stellten die üblichen Fragen. »Warum gehst du den Weg?« »Was wirst du danach tun?« »Wo bist du losgelaufen?« »Wie lange hast du Zeit?«

Im Grunde war ich recht teilnahmslos. Ich unterhielt mich zwar mit ihnen, war aber bei der Konversation nicht mit dem Herzen dabei. Auch konnte ich mir kaum ihre Namen merken. Ich hatte in letzter Zeit einfach zu viele schöne und bedeutungsvolle Bekanntschaften gemacht, und jedes Mal musste ich mich anschließend mit einem schmerzhaften Abschied auseinandersetzen. Vielleicht war ich deshalb inzwischen zurückhaltender geworden.

Beim Dessert konnten Mario und ich wie üblich zwischen einem Apfel und einer Banane wählen. Als der Kellner dann allerdings Donald die Nachspeise offerierte, umfasste das Angebot auf einmal auch noch Orangen und Wassermelone. Ich erblasste vor Neid und regte mich innerlich maßlos auf, weil ich dazu genötigt worden war, einen eingedellten, mehligen Apfel zu bestellen. Natürlich ließ Donald sich die Wassermelone kommen. Mario hatte den Tisch bereits verlassen, und als ob Donald meinen Frust gespürt hätte, gab er mir, ohne dass ich danach fragte, ein großes Stück von seiner Wassermelone ab. *Das ist aber lieb.*

Wir redeten noch eine ganze Weile miteinander. Er fragte mich unter anderem, ob ich letzte Nacht gut geschlafen hätte. Die Frage an sich war ziemlich untypisch und doch im Grunde oberflächlich, aber mit meiner Antwort hatte er sicherlich nicht gerechnet! Ich kramte mein Handy hervor und zeigte ihm kommentarlos die unzensierten Aufnahmen der letzten Nacht. Als er erkannte, dass der Dicke tatsächlich einen Besen im Gesicht hatte, fiel er fast vom Stuhl vor Lachen. Von jetzt an nannte er mich nur noch »witch«, also Hexe. Anschließend beichtete er mir, dass er wohl auch ziemlich stark schnarche und nun die Befürchtung habe, ich könnte nachts auch auf ihn losgehen. Doch dahingehend konnte ich ihn beruhigen. Fürs Schnarchen selbst konnten die Betroffenen ja nichts, wohl aber für ihren Trunkenheitszustand.

Ich hopste bald darauf in mein Bett, genoss das gute WLAN im Zimmer und öffnete das Fenster direkt an meinem Fußende. Es war herrlich, dem Straßenlärm zu lauschen und ein wenig Stadtluft zu schnüffeln. Hauptsache kalte Luft. Dank meiner Ohrstöpsel konnte ich das restliche Zimmer für den Rest der Nacht komplett ausblenden und hätte hier gern noch eine weitere zugebracht.

40 662 Schritte
31,3 km
1 355 kcal
103,1 g Fett

03.06.

Von Boente nach Santa Irene
25,7 km

Am Morgen fiel es mir nicht leicht, mich wieder auf die Socken zu machen, da ich hier seit Langem mal wieder hatte durchschlafen können und die Rahmenbedingungen auch ansonsten ziemlich gut waren. Unten an der Bar vertilgte ich meine tägliche Ration an Bananen und Schmerzmitteln, und Donald und Mario kamen noch zu mir, um Tschüs zu sagen, bevor sie aufbrachen. Doch vorher musste ich noch Donalds Rucksack anheben, was ich ihm am Vortag beim Essen versprochen hatte. Er hatte wirklich nicht untertrieben. Das Ding musste an die 25 kg wiegen. Ich fragte nicht näher nach dem Inhalt. Allem Anschein nach waren es Ziegelsteine oder auch vereinzelte Leichenteile. Wer wusste das schon so genau.

Zum Abschied grinste er mich an und sagte: »I slept with one eye open.« Fast hätte ich meine ganze Banane wieder herausgeprustet. Ich stellte mir vor, wie er beim Schlafen immer ein Auge auf mich warf, nur um sicherzugehen, dass ich mich nicht mit dem Besen an ihm verging. Meinen Ruf hatte ich jetzt zumindest weg: die Hexe vom Camino. Aber damit konnte ich gut leben.

An diesem Morgen startete ich wieder allein. Der Himmel wollte an diesem Tag wieder nicht so richtig aufklaren, es blieb diesig und frisch. Ich lief an Donald und Mario vorbei, die gerade in einem verlassenen Örtchen frühstückten. Flüchtig winkte ich ihnen zu, marschierte jedoch weiter, da ich gerade gut eingelaufen war. Mehr als 9 km später beschloss ich, in der kleinen Stadt Arzúa in einem Straßencafé eine Essenspause einzulegen. Ich blieb nicht lang allein, da sich ein Mann Mitte vierzig unaufgefordert zu mir gesellte und gleich ganz direkt fragte, ob er mir die nächsten Tage Gesellschaft leisten dürfe. Ich war in letzter Zeit zwar tatsächlich etwas einsam, aber das war mir dann doch etwas zu stürmisch.

Er stellte sich als Pepe aus Gran Canaria vor und drückte mir zur Begrüßung gleich zwei dicke Schmatzer auf die Wangen. Leicht irritiert und auch etwas angeekelt angesichts der fehlenden Distanz, ließ ich das Ganze erst einmal auf mich wirken. Er plauderte lustig drauflos, aber hauptsächlich auf Spanisch. Sein Englisch war miserabel. Ähnlich wie mein Spanisch. Ich versuchte, etwas Interesse zu heucheln, und stellte ihm ein paar Fragen, die er genauso wenig verstand wie ich seine Antworten. Das konnte ja heiter werden.

Plötzlich tauchten Donald und Mario auf. Ich war sehr erleichtert, sie zu sehen, und bot ihnen sogleich eine Sitzgelegenheit an. Mario nahm Platz, was Pepe nicht besonders zu gefallen schien. Donald blieb stehen, da er den Schmerz, der sich stets nach längerem Sitzen und Ausruhen der Füße einstellt, vermeiden wollte. Sehr klug, denn es war tatsächlich jedes Mal eine Qual, nach einer Rast wieder zu starten. Man brauchte eine gewisse Zeit, um sich einzulaufen und die Schmerzen in den Griff zu bekommen. Die beiden machten sich bald wieder auf den Weg und ließen mich mit dem merkwürdigen Pepe zurück.

Leider konnte ich nicht mit ihnen gehen, da ich weder bezahlt noch aufgegessen hatte. Kurz darauf brach ich ebenfalls auf, und er heftete sich wie selbstverständlich an meine Fersen. Er nervte mich schon nach kurzer Zeit mit seinen ungewöhnlichen Fragen. Unter anderem wollte er wissen, was mein Musikgeschmack sei. Ich liebe den Eurodance aus den Neunzigerjahren, weil mich das an glückliche Kindheitstage erinnert, als Oma und Opa noch lebten, die Schule noch Spaß machte, mein großer Schwarm ein Mitglied der Backstreet Boys war und mir tagtäglich der Sandmann eine gute Nacht wünschte. Doch er schüttelte nur verächtlich den Kopf, als sei diese Musik völlig unmöglich, was mich ziemlich kränkte. Lauthals begann er auf einmal zu singen. Irgendetwas Spanisches, was ihm scheinbar gefiel. Er traf keinen einzigen Ton, und ich schämte mich unglaublich fremd. Immerzu blickte ich mich um, ob mich jemand, den ich kannte, mit ihm sah. Hoffentlich war dieses Lied ohne Melodie bald zu Ende.

Er erkundigte sich nach meinem heutigen Etappenziel. Ich wollte nach Santa Irene, da diese Ortschaft genau die Hälfte der Strecke zwischen Boente und Santiago markierte und weil es der Name meiner Mutti war und ich meinem Papa versprochen hatte, ein Foto vom Ortsschild zu senden. Pepe meinte, dass er zwei Dörfer vor Santa Irene in Salceda ein luxuriöses Einzelzimmer gebucht habe, jedoch problemlos auf ein akzeptables Doppelzimmer umbuchen könne. Ich verschluckte mich fast vor Schreck. Igitt! Mir war danach, auf der Stelle zu flüchten, um diesem Grusel ein Ende zu bereiten, aber ich wusste ja nicht mal, wie man »Hau ab!« auf Spanisch sagt. Ich versuchte, mein Tempo erheblich anzuziehen, aber ich hatte keine Chance. Er hing wie eine Klette an mir und war einfach um Längen schneller als ich. Auf einmal holten wir wieder Donald und Mario ein, und ich war überglücklich, sie zu sehen. Ich unterhielt mich fortan nur noch mit ihnen und schenkte Pepe keinerlei Beachtung mehr. Irgendwann gab er tatsächlich auf und zog von dannen.

Ich erzählte den beiden, wie aufdringlich er mir auf die Pelle gerückt war. Donald war ehemaliger Polizist und Mario mehr als fünfundzwanzig Jahre beim Militär gewesen. Einen besseren Begleitschutz hätte ich mir nicht wünschen können. Von jetzt an lief ich mit den beiden Kanadiern, die sich auch erst hier auf dem Weg kennengelernt hatten. Heute war der erste Tag, an dem sie gemeinsam liefen. Sie hatten sich zuvor immer wieder zufällig in derselben Herberge getroffen, ohne es miteinander abgesprochen zu haben. Und nun luden sie mich herzlich ein, sie zu begleiten.

Wir verstanden uns auf Anhieb. Die beiden kamen mit meinem Humor zurecht und konnten mir auch ordentlich Kontra geben. Donald war eher ein gemächlicher Läufer, der seine Tagesstrecke ohne Pause durchlief, Mario hingegen war flotter unterwegs, rastete dafür aber hier und da mal. Als er sich einmal vorübergehend für eine Pause von uns verabschiedete, fiel mir auf, dass Donald in giftgrünen Crocs wanderte. Ich durfte ein Foto von ihm machen. Er erzählte mir, dass ihm ein italienisches Pärchen die Schuhe geschenkt hatte, als er vor einiger Zeit außerstande war, in seinen Trekkingboots weiterzulaufen, da seine kompletten Fersen und Sprunggelenke offen waren. Er zeigte mir die Schrunden und Narben. Ich war schockiert. Das musste vor Kurzem noch viel übler ausgesehen haben.

Wir sprachen über Gott und die Welt und lachten auch Stunden später noch über den beleibten Engländer und die Hexe. Auch stellten wir fest, dass wir uns beide für Tschernobyl interessierten und uns die Geisterstadt einmal ansehen wollten. Das gab es doch nicht! Er war der erste Mensch, der mich nicht umgehend für verrückt erklärte, wenn ich das offenbarte. Im Gegenteil. Er schien ebenso fasziniert davon zu sein. Während wir uns mit jedem Schritt Santiago näherten, wurden wir innerlich immer unruhiger.

Anfangs liebäugelte ich noch mit dem Gedanken, es Shania und Daniela gleichzutun und von Santiago aus ohne Übernachtung gleich Richtung Kap Finisterre weiterzulaufen. Vielleicht auch, weil ich befürchtete, allein zu sein? Doch mittlerweile war ich von der Idee, bereits am Pfingstsonntag anzukommen, hellauf begeistert. Nach 800 km verspürt man dann doch das dringende Bedürfnis, wenigstens eine Nacht in der Stadt zu bleiben, deretwegen man das Ganze ursprünglich auf sich genommen hat.

In einem Café entdeckten wir Mario, gesellten uns zu ihm und schauten gleich, in welcher Herberge wir reservieren wollten. Unter den unzähligen Unterkünften im kanadischen Reiseführer sprang mir sogleich die Herberge »Last Stamp« ins Auge, und ich erinnerte mich daran, dass mir die netten älteren Engländer in Viscarret diese wärmstens empfohlen hatten. Ich rief dort an und reservierte uns erfolgreich auf Spanisch drei Betten. Innerlich war ich ungemein zufrieden und erleichtert. Ich wusste nun, dass ich nicht allein dort ankommen würde, und wir drei verstanden uns wirklich prächtig. Meine Gebete schienen erhört worden zu sein, nachdem der Streuner und Pepe sich nicht als tragfähige Alternativen erwiesen hatten.

Donald und Mario waren zunächst einverstanden, mit mir in Santa Irene zu bleiben. Laut Reiseführer gab es dort nur eine Herberge, aber die wirkte alles andere als einladend, als wir von draußen durch die Fenster hineinschauten. Das Ganze erinnerte an einen in die Jahre gekommenen Bauernhof, und kein einziges Bett war belegt. Wir waren alle drei nicht sonderlich angetan, und deshalb entschieden wir uns schweren Herzens, weitere 4 bis 5 km auf uns zu nehmen, obwohl mich meine Schmerzen wieder fast um den Verstand brachten. Keine zweihundert Meter weiter kamen wir jedoch plötzlich an einer weiteren Unterkunft vorbei, die für 6 € einen astreinen Eindruck erweckte. Ich stellte fest, dass ihre Reiseführer wohl unvollständig waren. Vermutlich nicht die einzigen, bei denen das der Fall war. Hoffentlich hatte die Telefonnummer vom »Last Stamp« gestimmt, dachte ich, während Donald meinen Rucksack ganz gentlemanlike nach oben trug. Nicht dass ich in irgendeiner fadenscheinigen Klitsche reserviert hatte.

Wir waren die Ersten in dem Schlafraum mit knapp zwanzig Betten. Unglaublich – und das auf den letzten Kilometern vor Santiago. Wie war das bei all den Massen möglich?

Für mich war es mal wieder an der Zeit, Haare und Wäsche zu waschen, allerdings war meine Haarkur völlig aufgebraucht. Ich fragte eine junge Koreanerin, die nach uns eintraf. Aber sie wusch sich nur mit einem Stück Kernseife. Auch die Haare. Und mehr Frauen gab es bislang nicht, die ich hätte fragen können. Mein blondes Gestrüpp ohne Spülung waschen zu müssen, ließ mich fast verzweifeln. Zu allem Überfluss machte sich Donald auch noch über mich lustig. »Mimimi, I have no hair conditioner, mimimi.« Er kostete den Moment voll aus, während er aus seinem überladenen Rucksack eine kleine Tube Pflegespülung zog, die er in León aus einem Luxushotel mitgenommen hatte. Der männlichste Mann im Raum, den ich im Leben nicht nach einer Haarkur gefragt hätte, hatte eine dabei. Das würde den Bart vorm Rasieren geschmeidiger machen, rechtfertigte er sich. Kein Wunder, dass sein Gepäck so ein abnormes Gewicht aufwies.

Nachdem ich mit dem Duschen fertig war und meine Haare wieder in frischem Glanz erstrahlten, lernte ich im Zimmer noch eine Gruppe junger Italiener kennen, die gemeinsam mit einem Deutschen unterwegs waren. Sie gingen den Camino del Norte, eine andere Pilgerstrecke, die sich auf den letzten Kilometern vor Santiago mit dem Camino Francés vereinigt, und waren alle Anfang zwanzig. Spontan teilte ich mir mit ein paar von ihnen eine Waschmaschine. So konnte es gern weitergehen.

Anschließend setzte ich mich draußen vor der Herberge auf eine Bank und begann wieder ausführlich meine Füße zu verarzten. Meine linke Ferse schmerzte von Tag zu Tag mehr. Heute war es kaum noch zu ertragen gewesen, doch diesmal war es keine Blase, sondern Hornhaut. Sie war über die Wochen bei den vielen Strapazen so dick geworden, dass sie nun an einer Stelle bis zum Fleisch eingerissen war. Und ich betone es gern immer wieder: Ich hatte mal so schöne Füße! Abkleben half in diesem Fall nichts. Ich musste die dicke Hornhautschicht um den Riss herum irgendwie abschneiden, damit das offene Fleisch überhaupt eine Chance hatte, wieder zuzuwachsen und abzuheilen. Ekliger konnte es nicht mehr werden, peinlicher hingegen schon.

Während ich so an meinen Füßen herumdokterte, musste natürlich Noah um die Ecke kommen. Seit O Cebreiro hatte ich ihn nun jeden Tag gesehen. Er wollte sich meine Schrunden sogleich ansehen, aber das musste ja nun um Himmels willen nicht auch noch sein. Da gab ich doch lieber vor, schüchtern zu sein.

Er erzählte, dass seine Gang schon sonst wo sein müsste. Reserviert hatten sie weitere 15 km von hier entfernt. Na dann viel Spaß! Wir sprachen nur kurz miteinander, dann musste er weitereilen. Sie wollten morgen spätestens gegen Mittag am Ziel sein, deswegen setzten sie sich heute so unter Druck.

Meinem Fuß war jedenfalls im Moment nicht zu helfen. Ohne Badesalz, einigermaßen sterile Badewanne und Hornhautraspel war da nichts zu machen.

Im einhundert Meter entfernten Restaurant setzte ich mich zu Donald und Mario, und wir aßen reichlich. Salate, Burger, Pommes und Steak. Wir unterhielten uns und scherzten ausgelassen mit der Bedienung. Donald und Mario brachen beizeiten auf, um in die Herberge zurückzukehren, aber ich war noch in Feierlaune und setzte mich raus zu den Italienern an den Tisch. Ich fragte sie über den Camino del Norte aus. Dort war es nicht üblich, dass es alle paar Kilometer eine Herberge gab.

Auch wetterten sie über den nun völlig überlaufenen Camino Francés. An und für sich hatten wir aber viel Spaß miteinander.

Mit Donald und Mario hatte ich vereinbart, dass wir morgen noch vor Sonnenaufgang aufbrechen würden. Mario hatte offenbar Hummeln im Hintern und konnte es kaum erwarten, endlich anzukommen. Bettfertig in meinen Schlafsack gehüllt, hielt ich bei weit geöffnetem Fenster weiterhin mit meinen Pilgerbekanntschaften Kontakt. Einer von ihnen, dessen Namen ich anonym belasse, schilderte mir, dass er sich aufgrund menschlicher, äh männlicher Bedürfnisse ein Virus aufs Handy geholt habe. Vermutlich hatten nicht wenige meiner männlichen Mitpilger mit ähnlichen Problemen zu kämpfen. Doch da ich mich nicht näher mit diesem Tabuthema beschäftigen wollte, kicherte ich mich stattdessen in den Schlaf.

36 887 Schritte
29,6 km
1 257 kcal
84,1 g Fett

04.06.

Von Santa Irene nach Santiago de Compostela

23,9 km

Punkt 4 Uhr klingelte mein Wecker mit Lautstärke zehn, und alle im Raum schreckten entnervt zusammen. Donald rammte sich den Schädel am oberen Bettgestell. Mario war schon fast fertig. Meine Mitschläfer kümmerten mich dieses Mal eher wenig. Rache wird am besten kalt serviert. Und zwar am letzten Tag.

Wir waren die Ersten, die aufbrachen. Nachdem ich abermals meine Fußsohlen mit Pflastern zugeklebt hatte, liefen wir bei tiefster Dunkelheit los. Zunächst ging es durch einen nachtschwarzen Wald, und ich leuchtete uns bis zum Sonnenaufgang mit der Taschenlampe den Weg.

Als wir später in einem Café frühstückten, musste ich dringend zur Toilette, aber da das Damenklo besetzt war, wich ich auf die Herrentoilette aus. Ein Mann trat doch tatsächlich gegen die Tür, da ihm mein Aufenthalt anscheinend zu lange dauerte. Das waren also die Sitten auf der Herrentoilette. Obendrein war die Spülung defekt, aber das interessierte mich in diesem Fall nicht besonders. Sollte sich doch der ungeduldige Typ draußen mit dem Problem auseinandersetzen.

Das Wetter war heute nahezu perfekt. Sonnig, mit ein paar Wolken bei angenehmen dreiundzwanzig Grad. Mario lief etwas langsamer, und sogar Donald, der sonst nie anhielt, machte immer wieder Pause mit uns. Wir stellten uns aufeinander ein, da wir die letzten Kilometer zusammen meistern wollten. Der Weg gestaltete sich wieder einmal als ewige Hügellandschaft. Wenn ich auf dieser Tour etwas gelernt habe, dann, dass ich Hügel, Berge und sonstige Anstiege, wie kurz sie auch sein mögen, verabscheue. Donald und ich wetteten vor jedem Hügel, ob man dahinter bereits die Kathedrale sehen könnte. Keiner wollte jedoch dem anderen ein Bier spendieren, weswegen wir immer wieder stritten, wer nun recht hatte, bis er mich irgendwann in den Schwitzkasten nahm, meine Haare rubbelte und seine Spülung zurückverlangte. Wir amüsierten uns köstlich. Die Stimmung war ausgelassen, und dennoch waren die letzten Kilometer die mit Abstand längsten. Jede geringfügige Erhebung war zu viel für mich. Ich wollte einfach nur noch ankommen.

Eine gefühlte Ewigkeit liefen wir neben der Autobahn am Flughafen entlang, als sich bei mir ein Unwohlsein in der unteren Bauchgegend meldete. Jetzt hieß es schnell handeln. Zum Glück zweigte ein Pfad vom Hauptweg ab, und ich fand zwischen all dem dicken Gebüsch und Geäst ein geschütztes Plätzchen. Donald und Mario warteten auf mich, doch es dauerte nicht lange, bis sich dieses Grummeln wieder meldete. Nochmals entschuldigte ich mich und bat sie darum, einstweilen weiterzugehen, weil mir das einfach zu peinlich war. Ich ging exakt zur gleichen Böschung zurück. Als ich zurückkam, sah ich, dass die beiden sich keinen Zentimeter vom Fleck gerührt hatten und geduldig auf mich warteten. Ich versuchte, sie von einer nervösen Blase zu überzeugen, bis Donald mir gestand, dass es auch ihm an diesem Vormittag nicht gut ging. Wer weiß, was die uns gestern Abend ins Essen gemischt hatten, nachdem ich über meine Gewichtszunahme lamentiert hatte.

Die verbleibenden Kilometer waren spannend, auch wenn die Landschaft etwas zu wünschen übrig ließ. Auf den letzten Metern wechselten wir die Straßenseite, um zum Ortseingangsschild zu gelangen. Pünktlich um 12 Uhr erreichten wir am Pfingstsonntag Santiago de Compostela! Das war der Moment, der uns alle Strapazen vergessen ließ. Wir lichteten uns in allen möglichen Posen ab. Es war einfach gigantisch!

Wir waren keinen Augenblick allein. Unaufhörlich trafen Pilger ein und passierten das Schild, und man konnte förmlich spüren, wie es in jedem etwas veränderte. Wir beglückwünschten uns unbekannterweise und stellten allesamt fest, dass wir in diesem Moment keinerlei Schmerzen verspürten. Sie waren wie weggeblasen, und wir sprangen fröhlich umher.

Nun mussten wir in dieser riesigen Stadt unsere Herberge finden. Nach gut 3 km stellten wir fest, dass sie wohl direkt im Zentrum und sehr nahe an der Kathedrale lag. Die beiden anderen stritten sich kurz, weil Mario direkt zur Kirche wollte, Donald jedoch erst all seinen Ballast in der Herberge abliefern wollte. Ich blieb unparteiisch, und am Ende entschieden wir uns dafür, zuerst einzuchecken.

Diese Unterkunft war anders als die üblichen Pilgerquartiere. Sehr schlicht gehalten. Weiß, modern und sehr schön. Beim Preis von 18 € pro Nase schluckten wir zunächst. Wir bekamen drei Betten zugewiesen. Zwei obere Betten und ein unteres. Mario und Donald waren so lieb und überließen mir das untere, da ich sonst immer oben geschlafen hatte und heute mal nicht klettern wollte. Wir richteten uns häuslich ein. Jedes Bett hatte ein Kissen und eine richtig dicke, flauschige Decke. Da sie jedoch ohne Bezug war, gab ich Donald mein Bettzeug. Ich zog es vor, in meinem Schlafsack zu nächtigen.

Anschließend machten wir uns auf den Weg zur Kathedrale. Man hatte uns einen Stadtplan gegeben, und während wir vor unserer Herberge standen und versuchten, uns zu orientieren, kam uns Noah entgegen. Er kam gerade vom 12-Uhr-Gottesdienst und hatte das berühmte Weihrauchfass schwingen sehen. Er schien überwältigt. Das wollte ich auch gern erleben. Das wohl bekannteste Wahrzeichen der Kathedrale ist der wahrscheinlich größte Weihrauchkessel der Welt. Sein Duft hat symbolische Bedeutung für das Gebet und die spirituelle Reinigung. Der Kessel hängt in zwanzig Meter Höhe und wird von der Kuppel aus bewegt. Es musste ein beeindruckendes Schauspiel sein. Täglich fanden drei Gottesdienste statt – vielleicht hatten wir ja Glück.

Wir gingen zur Kathedrale und waren zunächst ernüchtert. Das historische Gebäude präsentierte sich eingerüstet. Alles Baustelle. Das hatte auch in keinem Reiseführer gestanden. Aber egal. Wir hatten nun einen straffen Zeitplan: Apotheke, Compostela abholen, 20 Uhr Gottesdienst, danach essen gehen. Mario fragte uns verwirrt, was wir denn andauernd von einer Compostela faselten. »Was ist das?«

Donald und ich sahen einander ungläubig an und brachen in Gelächter aus. Wir erklärten ihm, weshalb er seit Wochen Stempel sammelte. Dass diese der Nachweis für die zurückgelegte Strecke waren und man dafür eine Urkunde, eben die Compostela, erhielt. Mario war völlig unwissend – und uns damit im Grunde einen Schritt voraus, denn er war den Weg ausschließlich für sich gegangen und nicht, um am Ende ein Zertifikat abstauben zu können. Witzig war es trotzdem, dass er erst in Santiago nachfragte.

Im Gewühl fanden wir eine Apotheke, die eine riesige Personenwaage im Raum stehen hatte, sodass auch wirklich jeder sehen konnte, was man wog. Donald hatte unglaubliche zwanzig Kilo abgespeckt. Ich weigerte mich zunächst, mich draufzustellen und mir damit den ganzen Tag zu versauen.

Die beiden redeten auf mich ein.

»Von wegen.«

»Du hast nicht zugenommen.«

Woher wollten die das eigentlich wissen? Wir kannten uns doch erst seit zwei Tagen.

Letztendlich stellte ich mich dann doch drauf, und mir blieb fast das Herz stehen, als sich der Zeiger bei 110 kg einpendeln wollte – bis ich bemerkte, dass Mario und Don hinter meinem Rücken heimlich mit aller Kraft ihre Füße auf die Waage drückten. Diese Schweine! Nichtsdestotrotz hatte ich ganze acht Kilogramm zugenommen. Mit aller Mühe versuchte ich, den riesigen Zeiger auf dem großen Zifferblatt abzudecken. Es war mir klar gewesen, dass ich zugelegt hatte. Das jetzt aber schwarz auf weiß vor mir zu sehen, machte es nicht unbedingt leichter.

Meine Lebensgeschichte: »Wie ich nach 800 km zu Fuß erst richtig fett wurde.« Oder: »Nein, ich bin nicht Bus gefahren.«

Auf dem Weg zum Pilgerbüro liefen wir nun durch die Stadt, die sich am Pfingstsonntag in all ihrer Pracht präsentierte. Abertausende von Menschen tummelten sich auf den Straßen, und alle wirkten glücklich und bereit zum Feiern. Ich erinnerte mich an die Worte Kerkelings, der in seinem Buch schrieb, dass man so empfangen wird, wie man es verdient. Oder so ähnlich.

Bereits aus der Ferne hörten wir die Trommeln. Die Musiker machten wirklich was her! Von der mitreißenden Stimmung bekam ich eine Gänsehaut. Der Trommelwirbel war wie bestellt für die ankommenden Pilger. Wir lauschten dem lauten Spektakel bis zum letzten Trommelschlag, und ich bereute es keinen einzigen Moment, an diesem bedeutsamen Feiertag eingetroffen zu sein. Die Atmosphäre ließ mir immer wieder den Atem stocken.

Als wir das Pilgerbüro, in dem es die Compostela gab, entdeckt hatten, fanden wir uns in einer ewig langen Warteschlange wieder. Hunderte von Pilger standen an. Darunter auch die rothaarige Dänin, der ich sogar ein Lächeln schenkte, sowie Tim, der es ebenfalls geschafft hatte. Einst hatten wir zusammen die Pyrenäen überlebt und trafen uns nun knappe sieben Wochen später beim Abholen der Compostela wieder. Das war es dann auch schon an Leuten, die ich kannte. Es gab ein paar Gesichter, an deren Namen ich mich nicht mehr erinnern konnte, aber meine langfristigeren Begleiter waren wahrscheinlich alle viel schneller als ich unterwegs gewesen. Ich wusste, dass Dirk gestern hier eingetroffen und von seiner Familie überrascht worden war. Wir hatten versucht, ein Treffen zu vereinbaren, uns aber leider knapp verpasst. Ich hätte erwartet, mehr Weggefährten wiederzutreffen. Es war ein wenig enttäuschend.

Nach fast zwei Stunden erhielt ich im Rahmen einer Art Massenabfertigung an einem der vierzehn geöffneten Schalter meine Urkunden. Die erste Urkunde war auf Latein, die bekam jeder mit seinem Namen versehen ausgestellt, und für weitere 3,50 € konnte man ein zusätzliches Zertifikat erwerben mit Name, Datum, Ort des Beginns und der zurückgelegten Strecke. Nach all den Strapazen gönnte ich mir das natürlich und war etwas verbittert, als ich sah, dass die Strecke mit 799 km angegeben war. Die wollten mich doch verarschen. Jeder der Anwesenden hier war der felsenfesten Überzeugung, dass es mehr als 800 km gewesen sein mussten. Schon allein die ganzen Umwege oder wenn man sich verlaufen hatte. Aber 799 km? Das war frustrierend! Konnten sie einem nicht diesen einen Kilometer gönnen?

Urplötzlich liefen mir die Tränen übers Gesicht, als ich endlich dieses blöde Ding mit meinem Namen darauf in den Händen hielt. Ich dachte an all die Zweifler und Ungläubigen aus meinem Bekanntenkreis. Denen hatte ich es gezeigt! Aber vor allen Dingen hatte ich es mir selbst bewiesen. Eine für mich fast unlösbar erscheinende Aufgabe, die ich ganz allein nur mit Sturheit und Willenskraft bewältigt hatte. Ich war so unendlich stolz darauf, mich diesem Abenteuer und dieser Herausforderung gestellt zu haben.

Wie aus dem Nichts tauchte Anja neben mir auf, und ich freute mich unendlich, sie zu sehen. Sie war bereits am Vortag angekommen. Ich war froh, wenigstens ein paar meiner Pilgerkameraden wieder getroffen zu haben. Gut gelaunt suchten wir nun nach einem Restaurant. Davon gab es hier etliche. Wir schlenderten durch die Gassen an den unzähligen Souvenirläden vorbei, und Donald rief mir zu: »Look! That's you!« Dabei deutete er auf eine kleine Hexe aus Kupfer, die auf ihrem Besen ritt, eingearbeitet in einen kleinen Stein. Für schlappe 40 € war sie meine. Jetzt besaß ich ein Souvenir mit wirklicher Bedeutung, was sicher nicht jeder Tourist von sich behaupten konnte. Die stürzten sich ja allesamt nur auf die Jakobsmuscheln und die gelben Pfeile, die es überall zu kaufen gab.

In einem Irish Pub pausierten wir, bevor es dann zum Gottesdienst ging. Auf den Tischen lagen Stadtpläne für Fisterra und Muxía. Bis dato hatte ich noch nie etwas von der Stadt Muxía gehört. Der Kellner erläuterte, dass der Pilgerweg hinter Santiago noch bis zum Atlantik weitergehe. Sowohl in Fisterra als auch in Muxía erhielt man entsprechende Zertifikate. Des Weiteren erklärte er, dass man am Kap Finisterre, am »Ende der Welt«, drei Rituale zelebrieren solle, um sich »reinzuwaschen« und anschließend wie neugeboren zu fühlen. Man sollte ein Bad im Atlantik nehmen, die Sonne am Ende der Welt untergehen sehen und eine Habseligkeit am Kap verbrennen. Und prompt war eine neue Idee geboren. Ich wollte erst das 90 km entfernte Fisterra ansteuern und anschließend noch die 33 km nach Muxía weiterlaufen. Nicht dass mich die Aussicht auf weitere lange Fußmärsche so ungemein gereizt hätte, aber ich hatte noch nicht das Gefühl, wirklich angekommen zu sein. Mein Rückflug ging zudem erst in zehn Tagen, und alle um mich herum hatten konkrete Pläne, entweder weiterzulaufen, den Bus zu nehmen, noch irgendwo Urlaub zu machen oder gleich nach Hause zu fliegen. Jeder ging seinen eigenen Weg. Und auch ich hatte jetzt einen Plan geschmiedet. Vielleicht brauchte ich das einfach noch für mein Ego.

Wir verließen die gut gefüllte Kneipe, duschten und suchten dann die Kathedrale erneut auf. Ich lief noch in meinen Jeansshorts herum, hatte aber vorausschauend meine langen, dünnen Leggings eingepackt. Nur gab es leider nirgendwo eine Möglichkeit, sich umzuziehen. Ich wollte rasch in die Herberge zurücklaufen, aber die beiden Männer meinten, dass die Zeit zu knapp und mein Aufzug doch ganz passabel sei. Wider besseres Wissen ließ ich mich überreden.

Donald und ich betraten untergehakt die Kathedrale, als liefen wir gemeinsam zum Traualtar. Komisch, dass sich das so vertraut anfühlte. Die Kathedrale war düster, prunkvoll und sehr beeindruckend.

Kaum hatte der Priester die ersten lateinischen Worte gesprochen, eilte eine Frau auf mich zu, brabbelte etwas Unverständliches und tätschelte ganz ungeniert meine Beine. Ich begriff sogleich, was sie damit zum Ausdruck bringen wollte. Donald und Mario schienen anzunehmen, ich würde die Frau kennen angesichts ihrer doch sehr privaten Berührungen. Nein, das tat ich nicht. Während der Kniegebete kramte ich die lange Hose aus meinem Beutel hervor und zog sie mir einfach über die kurzen Jeans. Es war mir egal, wie das aussah. Noch mal würde ich mich sicherlich nicht begrapschen lassen. Erst recht nicht in derart heiligen Gemäuern.

Die Veranstaltung erinnerte mich phasenweise sehr an eine Touristenattraktion. In den ersten Reihen saßen die Urlauber mit ihren Canon-Kameras um den Hals. Höchstwahrscheinlich war das im Preis ihrer Pauschalreise rund um den Jakobsweg inbegriffen. Die Pilger durften hinten sitzen. Seit über einer

Stunde harrten wir bereits aus. Ich war weder christlich noch mein Latein gut genug, als dass ich auch nur einen Satz verstanden hätte, obwohl es bestimmt bewegende Worte waren.

So, das war es also. 799 km, acht Kilo mehr Speck, eine übergriffige Frau und kein schwingendes Fass. Die Ernüchterung stand mir sicherlich ins Gesicht geschrieben. Aber davon ließen wir uns den restlichen Abend nicht verderben. Einerseits war ich überwältigt, endlich am Ziel angelangt zu sein, andererseits wurden meine zu hohen Erwartungen ein wenig enttäuscht. Es war ein Tag voller Höhen und Tiefen.

Wir gingen in den Irish Pub zurück und bestellten uns eine deftige Mahlzeit, schließlich war es schon nach 22 Uhr, was nach spanischem Gesetz so viel wie Abendbrotzeit bedeutete. Wir tranken Bier und Wein, und jeder von uns gab die interessantesten Anekdoten vom Weg zum Besten. Donald sang Shaggys Song »Oh Carolina« in einer immens tiefen und sinnlichen Tonlage. Das hörte sich richtig reizvoll an. Zum krönenden Abschluss spendierte Mario für alle eine Runde Schnaps. Gar nicht meins. Nach langem Zaudern, Luft-Anhalten und Nase-Zuhalten kippte ich den Shot hinunter und spülte, ohne zu fragen, mit Donalds Rotwein nach. Ich war mir sicher, dass dies meinen endgültigen Absturz in die Volltrunkenheit bedeutete.

Draußen an der frischen Luft war mir dann auch tatsächlich etwas schwummerig, und Donald beschloss spontan, dass ich dringend noch einen kleinen Spaziergang brauchte. Mario ging derweil ins Bett, und wir schlenderten bei Vollmond durch die fast leeren Gassen von Santiago. Nach dem alkoholischen Exzess machte sich nun plötzlich mein Darm wieder bemerkbar. Um diese Zeit war die Stadt allerdings schon wie ausgestorben, und mir blieb nur noch die Möglichkeit, ins ortsansässige Luxushotel direkt am Platz vor der Kathedrale zu gehen. Die Fassade war prachtvoll und teils vergoldet. Dieses Etablissement hatte bestimmt um die sechs Sterne. Donald schämte sich für unsere Pilgeroutfits. Mit pinken Flip-Flops und knallgrünen Crocs betraten wir den Marmorboden, und ich steuerte zielgerichtet auf die Hotelgäste in feiner Abendrobe zu. Eine Dame im diamantenbestickten Abendkleid ließ sich nicht zu einer Konversation mit mir herab. Ein netter Herr in schwarzem Anzug und Krawatte hingegen schon. Hilfsbereit erklärte er mir den Weg zu den Toiletten.

Als ich wieder zurückkam, saß Donald auf einer roten, samtüberzogenen Couch, umzingelt von älteren Damen und Herren in feinem Zwirn, die ihn ungläubig und zugleich fasziniert darüber ausfragten, wie es denn sei, ein echter Pilger zu sein und ob er wirklich den gesamten Weg gelaufen sei. In ihrer Welt war das offensichtlich unvorstellbar, und sie schossen sogar Fotos von uns. Wenigstens waren sie nett, denn anstatt uns von oben herab zu behandeln, zollten sie uns Respekt für unsere Leistung.

Wir steuerten nun unser Hostel an, aber auf dem Weg dorthin bemerkten wir, dass unser Pub noch immer geöffnet hatte. Da ich noch nicht bereit war, diesen unglaublichen Tag zu Ende gehen zu lassen, überredete ich Donald zu einem letzten Absacker. Eine Country-Band spielte unplugged, und wir schunkelten Arm in Arm dazu. Ich wurde das Gefühl nicht los, dass wir uns schon seit Ewigkeiten kannten, und fühlte mich wahnsinnig und aufrichtig hingezogen zu diesem Mann. Ein buddhistisches Sprichwort besagt, dass, wenn du jemanden triffst, bei dem dein Herz pocht, deine Hände zittern und deine Knie weich werden, es nicht der eine ist. Wenn du deinen Seelenverwandten triffst, bist du ruhig und empfindest keine Angst und keine Aufregung. Ich fühlte mich in seiner Gegenwart uneingeschränkt wohl und hatte zu keinem Zeitpunkt das Gefühl, mich verstellen zu müssen.

Irgendwann torkelten wir beide dann zurück ins »Last Stamp«, und es war, als hätten wir niemals einen Spaziergang zum Ausnüchtern gemacht.

Ich putzte mir die Zähne und hatte zu tun, unser Schlafabteil wiederzufinden. In absoluter Finsternis versuchte ich, zu Donald ins Bett zu klettern. Ich erklomm die Leiter, doch als ich oben ankam, war da links nur eine Wand, und auch rechts gab es nichts zum Festhalten, sodass ich lautstark von der Leiter krachte und meine Badelatschen im Raum verteilte. In diesem Moment wurde mir bewusst, dass ich zum Ebenbild der adipösen Engländer in Airexe mutiert war. Ich musste über mich selbst lachen und hoffte, dass mich in dieser Nacht niemand mit Haushaltsutensilien bearbeiten würde. Dann startete ich meinen zweiten Versuch, die Leiter zu bezwingen. Oben angekommen, erblickte ich im Nachbarbett den nackten Hintern von Mario. Er war also ein Nacktschläfer! Und das in einer Massenunterkunft. Donald und ich kicherten. Ich war mir sicher, dass er uns gesehen hatte, nachdem er durch meinen Lärm aufgeweckt worden war, aber Donald versuchte, mich zu beruhigen. Zu zweit war es ziemlich eng, aber auch kuschelig und warm. Und die ganzen daunenweichen Decken und Kissen fühlten sich nun auch ohne Bezug an, als würde man auf Wolken liegen. Nach einer kurzen alkoholbedingten Karussellfahrt fielen meine Augenlider wie von selbst zu.

48 708 Schritte
37,5 km
1 540 kcal
105,3 g Fett

05.06.

Von Santiago de Compostela nach Negreira
19 km

Am Morgen erwachte ich relativ spät und leicht verkatert. Ich suchte nach meinem Ladekabel. Ich war mir sicher, dass ich es an meinem Schlafplatz angebracht hatte. Auch wunderte ich mich, weshalb ich nicht in meinem Schlafsack lag. Und da fiel es mir wieder ein. Hatte ich nicht eigentlich das untere Bett? Und ich schlief gerade oben. Ich ließ den Abend noch einmal vor meinem geistigen Auge Revue passieren, und mir fiel bruchstückhaft wieder ein, was vorgefallen war. Ich erinnerte mich sogar an Küsse. Ich weiß auch nicht wieso, aber irgendwie schämte ich mich in Grund und Boden. Und wo waren die beiden anderen eigentlich? Marios Bett war bereits gemacht und von seinen Sachen weit und breit keine Spur. Sie hatten es doch nicht etwa gewagt, sich aus dem Staub zu machen, ohne Tschüs zu sagen?

Ich blickte mich um und sah nach unten. Die grünen Crocs stachen mir sofort ins Auge. Die würde Donald niemals hierlassen, dessen war ich mir sicher. Auf diese Treter schwor er. Und dann sah ich Donald in meinem Bett liegen. Er hatte meinen Schlafsack zur Bettdecke umfunktioniert. Ich musste schmunzeln. Ohne seine Kontaktlinsen war er nahezu blind. Er hatte den Eingang meines Schlafsacks nicht gefunden und sich fast zu Tode gefroren, wie er mir später berichtete, während ich in einem flauschigen Paradies aus Daunen schlief. Es war einfach zu komisch. Er hatte das Bett getauscht, nachdem ich eingeschlafen war, damit es am Morgen nicht unangenehm wäre, wenn man uns zusammen im Bett entdeckte.

Beim Packen unserer Sachen ließen wir uns besonders viel Zeit. Wahrscheinlich weil wir wussten, dass es vermutlich ein Abschied für immer sein würde. Donald zeigte mir eine Wanderkarte für Fisterra mit Höhenmeterangaben. Das sah ja abartig und Furcht einflößend aus! Ich forderte ihn auf, das Ding schnell wieder wegzupacken. So etwas Entmutigendes wollte ich nicht sehen. Es hatte schon seinen Grund, weshalb ich all die Wochen bewusst auf einen Reiseführer verzichtet hatte.

Mario und Donald hatten die Absicht, mit dem Bus nach Fisterra zu fahren und am nächsten Tag mit dem Zug nach Porto zu reisen, um dort ihre letzten Urlaubstage zu verbringen. Ich ging nicht mehr mit ihnen frühstücken, denn ich wollte den Abschied kurz und schmerzlos über die Bühne bringen. Ich hatte die beiden zuvor inständig angefleht, mit mir zu kommen, aber Donald meinte, dass jetzt jeder seinen eigenen Weg gehen müsse. Gegen 11 Uhr verließ ich mal wieder im Alleingang die Stadt.

Mein Frühstück bestand aus ein paar gekauften Lebensmitteln, die ich zusammen mit einer jungen Italienerin auf einer Steintreppe zu mir nahm. Ich fühlte mich so einsam wie nie zuvor. Der Weg aus Santiago heraus gestaltete sich als äußerst schwierig, da alle Wegweiser zur Kathedrale führten. Selbst Einheimische konnten nur bedingt weiterhelfen und waren verblüfft, dass ich vorhatte, weitere 90 km zu laufen. Das machte das Kraut nach 799 km nun auch nicht mehr fett.

Später lief ich eine Zeit lang mit einem jungen Italiener, der mich sogar noch kannte vom Weg nach Sahagún, bevor er mit Adera verschwunden war. Er erzählte, dass er seinen Körper überfordert habe, da er zu schnell unterwegs gewesen sei, und deswegen sein Tempo erheblich reduziert habe. Deswegen war er nur einen Tag eher in Santiago angekommen als ich. Trotzdem war er noch immer zu schnell für mich.

Ich hatte kaum die Kraft weiterzulaufen. Neben meinen körperlichen Beschwerden schwächte mich meine Psyche ungemein. Es war unglaublich schwer für mich gewesen, Abschied von den beiden Kanadiern zu nehmen. Überhaupt dachte ich an all meine lieb gewonnenen Weggefährten zurück. Marie und Kim waren bereits seit geraumer Zeit wieder in ihrer Heimat. Dirk flog heute heim. Marion war schon seit zwei Tagen in Fisterra und, und, und … Ich fühlte mich unglaublich einsam.

Die Strecke nach Fisterra war eine echte Herausforderung, denn es befand sich kaum noch eine Menschenseele auf dem Weg. Alles war wie ausgestorben. Meine Einsamkeit tat mehr weh als meine Füße. Da half auch kein Schmerzmittel mehr. Ich fühlte mich verloren und wusste eigentlich nicht mehr, was mein Ziel war. Apathisch folgte ich nur noch den gelben Pfeilen, und immer wieder brach ich aus heiterem Himmel in Tränen aus.

Die Gegend war von Waldstücken, Feldern und Dörfern geprägt, doch ich konnte die Landschaft einfach nicht genießen. Auch wies der Weg einige ziemlich steile Anstiege auf. Ich versuchte, die entmutigenden Höhenangaben der Landkarte aus meinem Gedächtnis zu streichen. Als ich gerade einen gewaltigen Berg erklomm, kam mir eine kleine Asiatin entgegen. Sie trug einen riesigen Rucksack auf dem Rücken, der fast größer war als sie selbst. Einen kleineren hatte sie sich vorn um den

Bauch geschnallt, und in jeder Hand trug sie eine vollgepackte Plastiktüte. Als sie näher kam, erkannte ich, dass es Hyunjin aus Saint-Jean-Pied-de-Port war. Das letzte Mal hatten wir uns in den Pyrenäen gesehen. Ich kreischte vor Freude. Wir umarmten und drückten uns, machten ein fröhliches Selfie und tauschten unsere Nummern.

Sie erzählte mir, dass sie bereits Mitte Mai in Santiago angekommen und schon nach Fisterra und Muxía gelaufen sei. Dort hatte sie Urlaub gemacht, und nun lief sie wieder zurück, um von Santiago aus den portugiesischen Jakobsweg in die andere Richtung zu beschreiten. Ich war sprachlos. Dieser laufende Meter mit all dem Gepäck. Die war doch verrückt! Ich zog innerlich meinen Hut vor ihr, denn ich bewunderte sie aus tiefstem Herzen für ihre unglaubliche Leistung. Auch sie berichtete, wie schon einige andere zuvor, dass Muxía wohl um einiges schöner war als Fisterra. Zum Abschied umarmten wir uns noch einmal ganz fest und wünschten einander alles Gute.

Später am Nachmittag konnte ich mich gerade noch mit letzter Kraft vor einem schlimmen Unwetter in eine Herberge retten. Ich hatte keine Ahnung, wo ich war, und es spielte auch keine Rolle mehr. Der Stempel würde es mir schon verraten. Weit konnte ich heute nicht gekommen sein. Die Herberge war hübsch und gepflegt und bot für 12 € die Nacht noch viele freie Betten. Hier begegnete ich dem Leipziger Felix wieder. Ein ausgesprochen lieber Kerl. Wir tranken noch gemeinsam ein Bier, aber zum Plauschen war ich heute nicht mehr aufgelegt. Völlig entkräftet schleppte ich mich die letzten Stufen in unser Zimmer mit drei Doppelstockbetten hinauf, duschte noch kurz und fiel dann in einen dornröschenähnlichen Tiefschlaf.

Gegen 20 Uhr wachte ich kurz auf. Eigentlich hatte ich noch einkaufen gehen wollen, aber sowohl das Unwetter als auch mein miserabler Gemütszustand hinderten mich daran. Ich war unendlich allein in diesem Zimmer, obwohl alle anderen

Betten belegt waren. Ich gab mich meiner depressiven Episode völlig hin, drehte mich auf die andere Seite und schlief einfach weiter. Das brauchten Körper und Seele wahrscheinlich. Die letzten Wochen, der gestrige Tag. Es war einfach zu viel, was es zu verarbeiten galt.

31 162 Schritte
23,9 km
1 052 kcal
72,3 g Fett

06.06.

Von Negreira nach Oliveira
31 km

Als ich erwachte, saßen bereits alle um mich herum auf gepackten Taschen und schienen fit und startklar. Schön für sie. Ich war weiterhin demotiviert, konnte mich kaum dazu durchringen, mich überhaupt in Bewegung zu setzen, und hatte einen Bärenhunger. Felix war so lieb und gab mir etwas von seinem Sandwich ab. Die anderen sprachen mich auf meine Müdigkeit an und meinten, dass sie es noch nie erlebt hätten, dass jemand einen halben Tag und eine ganze Nacht tief und fest durchschlief. Sie sagten, dass sie immer wieder mal nach mir gesehen hätten, ob es mir denn gut ginge und ich noch atmete. Die Antworten lauteten aktuell Nein und Ja. In genau dieser Reihenfolge.

Gegen 10 Uhr brach ich auf. Allein. Der Weg führte über viele Straßen und weite Felder. Ich frühstückte in einer Bar und holte mir satte drei Mal Nachschlag, so ausgehungert war ich. Noch immer hatte ich keinen blassen Schimmer, wo ich mich gerade befand und bis wohin ich heute laufen wollte. Stupide folgte ich den gelben Pfeilen. Die würden mich schon irgendwo hinführen.

Ich kam an einer verlassenen und geschlossenen Herberge vorbei, vor der sechs süße Katzenbabys spielten und miteinander kuschelten. Beim Beobachten und Streicheln der Miezen vergaß ich völlig die Zeit und muss mich wohl über anderthalb Stunden dort aufgehalten haben. Das war Balsam für meine einsame Seele. Etwa einhundert Meter weiter saß erneut eine Katze mitten auf dem Weg. Als ich sie fotografierte, lief sie zu mir und schmuste wie wild mit meinen Schuhen. Ich setzte mich zu ihr in den Dreck und knuddelte sie lange Zeit. Es war, als ob sie spürte, dass es mir nicht gut ging.

Seit dem Aufbruch in Santiago war ich schwerfällig und ziemlich schweigsam geworden. Alles um mich herum schien so unwirklich zu sein. Man hätte noch nicht einmal die Gelegenheit gehabt, mit jemandem ins Gespräch zu kommen, weil man hier so gut wie niemanden traf.

Der Weg war bei Weitem nicht mehr so gut ausgeschildert wie vor Santiago. So musste es früher oder später dazu kommen, dass ich etwa 2 km in die falsche Richtung lief, bis mich ein Wegweiser nach Santiago stutzig machte. Zu allem Überfluss war ich auch noch bergauf in die falsche Richtung gegangen. Am Gipfel konnte ich kilometerweit in die Ferne blicken und erspähte eine große, endlos erscheinende Wasserfläche wie in die Natur gemalt. Ich nahm an, dass dies bereits der Atlantik sei. Tatsächlich hatte ich nach wie vor keinen Plan, wo genau auf dem Erdball ich mich gerade befand.

Ich lief die 2 km zurück, bis ich wieder gelbe Pfeile erspähte. Anschließend durchquerte ich weitere Dörfer, Industriegebiete und ausgedehnte Felder. Mit einem Mal sah ich vor mir eine kleine Ansammlung von Menschen in Aufregung, die alle wild umherrannten. Als ich näher kam, erkannte ich, dass sie versuchten, ein kleines Lamm einzufangen, welches unter einem

Zaun hindurch aus seiner Herde entflohen war. Die ältere Schäferin war zum Rennen augenscheinlich nicht mehr in der Lage. Wäre da nicht dieser unnütze Schäferhund gewesen, für den es interessanter war, Menschen anzubellen, als das Tier zurückzutreiben, hätte ich glatt mitgeholfen. Letztendlich fand das kleine Lamm auch ohne fremde Hilfe wieder zurück zu seiner Herde, und alle konnten ihren Weg fortsetzen.

Ich fragte einige andere Pilger, ob sie denn wüssten, wie weit es noch bis zur nächsten Herberge sei, aber keiner verstand mich. Mit Händen und Füßen mimte ich eine Uhr und den Vorgang des Schlafens, aber als Antwort bekam ich nur Unverständliches zu hören. Bevor ich richtig aggressiv wurde, beließ ich es lieber bei einem Augenrollen und lief weiter. Ja, ich war wirklich nicht in der Stimmung für Gesellschaft. Mir tat alles so weh. Die Schmerzen waren höllisch. Die Füße schrien, und das Herz weinte.

Nach etwa 10 km entdeckte ich endlich eine Herberge mit dazugehörigem Restaurant und checkte gegen 18 Uhr ein. Sie hatten viele Schlafsäle mit jeweils zehn Betten, welche aber kaum zu einem Drittel belegt waren. Insgesamt war die Herberge rustikal und eher schlicht gehalten. Die Zeit verging, während ich allein an einem Tisch für acht Personen saß. Ich kontaktierte meinen Papa und schrieb mit Donald, Marion und Kim und sämtlichen anderen Personen, die ich in meiner Kontaktliste finden konnte, in der Hoffnung, dass sie mir etwas Trost und Kraft spenden könnten. In diesem Augenblick war ich wirklich am Ende. Unaufhörlich liefen mir die Tränen über die Wangen, und beinahe wäre mein Smartphone ein zweites Mal ersoffen. Ich vermisste meine alten Freunde und war nicht fähig, neue Kontakte zu knüpfen. Nichts hätte ich in diesem Augenblick mehr gebraucht als einen mir bekannten und vertrauten Menschen. Stundenlang saß ich mutterseelenallein in der Kneipe und konnte noch nicht einmal richtig sagen, warum genau ich so unglaublich missmutig gestimmt war.

Spät am Abend schleppte ich mich mühevoll auf mein Zimmer. Es war ein anstrengender Tag gewesen, wobei ich glaube, dass meine Psyche mich mehr als alles andere belastete. Im Bett schrieb ich erneut mit Marion, die sich derzeit noch in Fisterra befand, aber übermorgen abreisen wollte. Ich hatte jedoch noch über 35 km vor mir und würde in meinem Gemütszustand locker zwei Tage brauchen, um diese Strecke zurückzulegen. Daher würde ich Marion höchstwahrscheinlich knapp verpassen. Ich sehnte mich so sehr nach einer lieben Frohnatur, wie sie es war. Ich vermisste sie. Grübelnd sank ich in die Kissen. Alles schien mit einem Mal so traurig zu sein. Tief im Innern hoffte ich, dass Donald in Fisterra auf mich warten würde, doch diese Aussicht wurde durch ein Foto, das er mir aus Porto schickte, endgültig zerstört. Mir zog es förmlich den Boden unter den Füßen weg, und ich fühlte mich emotional so am Ende, dass ich außerstande war, noch zu duschen. Mir war, als müsste ich mich übergeben. Müde und unendlich traurig schlief ich ein.

46 626 Schritte
35,9 km
1 743 kcal
125,2 g Fett

07.06.

Von Oliveira nach Fisterra
35 km

Die Nacht verbrachte ich unruhig und wälzte mich von der einen auf die andere Seite. Obwohl niemand schnarchte, konnte ich einfach keinen inneren Frieden finden. Mitten in der Nacht erhielt ich eine verworrene, deutsche Nachricht von Donald. Er vermisste mich. Toll. *Warum bist du dann nicht mit mir gelaufen? Warum hast du mich gehen lassen?* Ich antwortete ihm nicht. Anschließend hatte ich Albträume.

Als ich gegen 9 Uhr erwachte, hatte ich einen Entschluss gefasst, denn so konnte es nicht weitergehen. Wie in Trance wandelte ich apathisch an die Rezeption und bekam die Worte, die ich sagen wollte, kaum hervor. Ich wusste nicht, wie und wo ich anfangen sollte, bis ich schließlich in Tränen ausbrach und nach einem Taxi verlangte.

»Kein Problem. Zehn Minuten.«

Jawohl, genau! Ich war so stolz auf mich gewesen, dass ich jeden Meter zu Fuß gegangen war, und jetzt das! Das ging absolut gegen meine Prinzipien, aber ich sah keinen anderen

Ausweg. Vor 10 Uhr wäre ich heute nicht mehr losgekommen, und 35 km waren schlichtweg eine zu große Tagesetappe für mich. Erst morgen anzukommen war keine Alternative, da es mir ein großes Bedürfnis war, Marion wiederzutreffen. In meinem Zustand brauchte ich so sehr einen lieben Menschen.

In der Bar wartete ich auf den Taxifahrer. Meine Entscheidung schlug mir derart auf den Magen, dass ich das Frühstück dankend ablehnte. Eine Morgenmahlzeit hatte ich mir unter diesen Umständen sowieso nicht verdient. Bis zum letzten Moment haderte ich mit mir, ob ich die richtige Entscheidung getroffen hatte, bis der Taxifahrer dann in Windeseile meinen Rucksack im Kofferraum verstaute und ich auf der Rückbank Platz nahm. Ich zeigte ihm die Nachricht von Marion mit dem Namen ihrer Herberge. »Dort soll es bitte hingehen!«

Ich schämte mich abgrundtief, nun mit meiner Pilgerausrüstung in einem Pkw zu sitzen. Bestimmt dachte der Fahrer, dass ich auch so eine Luxuspilgerin war, die sich, wenn sie mal keine Lust hatte, einfach ein Taxi kommen ließ. Er hatte pro Kilometer einen Euro mit mir vereinbart, und er fuhr sehr zügig. Das waren schnell verdiente 35 €, aber die Autofahrt kam mir dennoch wie eine Ewigkeit vor. Ich hatte gedacht, dass ich es genießen würde, mal wieder in einem Auto zu sitzen und bequem von A nach B zu kommen, aber das Gegenteil war der Fall. Mir wurde sogar schlecht, wenn ich aus dem Fenster schaute. Jetzt bloß nicht in den Fußraum brechen!

Es war 11 Uhr, als er mich dann direkt vor der Herberge in Fisterra absetzte. Ich gab ihm seine 35 € und noch etwas Trinkgeld und hoffte, dass mich niemand aus dem Taxi hatte aussteigen sehen. Marion erreichte ich nicht. Ich ging davon aus, dass sie gerade kein WLAN hatte, also ging ich erst einmal in das gegenüberliegende Café.

Die beiden Besitzerinnen waren Deutsche, die bereits selbst mehrfach auf dem Jakobsweg unterwegs gewesen waren. Erst vor Kurzem waren sie ausgewandert, um hier in Fisterra ihren Traum von einem gemütlichen Café im alten Stil wahrwerden zu lassen. Gestresste Leute, die bloß schnell einen Kaffee to go wollten, waren hier an der falschen Adresse. Hier tickten die Uhren anders, und man nahm sich Zeit – für alles. Das kam mir wie gerufen, da ich nicht wusste, wie lange ich auf Marion würde warten müssen. Sie richteten mir den leckersten Obstsalat meines Lebens an.

Auch bemerkten sie, dass ich nicht so glücklich zu sein schien, wie man es am Ende der Welt erwarten würde, und fragten nach. Ich berichtete ihnen von meinem schweren Entschluss, mit dem Taxi zu fahren. Ihre Reaktion war unglaublich. Sie sprachen mir Mut zu und fanden, dass es wohl die richtige Entscheidung für mich gewesen war. Und dass man, um einen lieben Menschen wiederzusehen, eben manchmal über seinen Schatten springen musste und ich mit der Taxifahrt wahrscheinlich mehr über mich hinausgewachsen war, als wenn ich mich die 35 km zu Fuß hierher gequält hätte. Wieder heulte ich. Einerseits war ich so enttäuscht von mir, andererseits begriff ich in diesem Moment, dass eine Niederlage nicht immer etwas Schlechtes sein muss. Immerhin würde ich Marion wiedersehen.

Nachdem ich fast eine halbe Stunde mit den Besitzerinnen gesprochen hatte, setzte ich mich allein mit meinem Obstsalat raus vor das Café und genoss ihn in vollen Zügen. Die vielen frisch aufgeschnittenen Früchte waren mit Zimtstaub und Mandelsplittern garniert, ein kulinarischer Hochgenuss für meinen von Salami und Bier betäubten Gaumen. Es war, als sagte das köstliche Obst zu mir: »Kopf hoch! Ich gebe dir Kraft.«

Nach einer weiteren Stunde beschloss ich dann, auch ohne Marion zuvor getroffen zu haben, ein Bett in der Herberge zu reservieren. Es gab zwei Säle mit jeweils 14 Schlafplätzen, darunter auch zwei Einzelbetten. Natürlich wählte ich ein solches. Kein lästiges Hinaufklettern oder Kopf-Anhauen mehr, wenn man unten schlief. Ich legte mein Gepäck ab und verließ die Herberge wieder, da ich die Zeit nutzen und mir die Stadt ein wenig ansehen wollte. Kurzerhand betrat ich als Erstes einen Supermarkt, denn meine Haarkur war noch immer alle, und heute war wieder Haarwaschtag. Wieder fand ich keine Reisegröße, und mir blieb nichts anderes übrig, als mir eine Pflegespülung in einer 1-Liter-Flasche zu kaufen! Unglaublich, dass ich jetzt mit einem Liter Pflegespülung im Rucksack rumlaufen würde.

An der Kasse strahlte mich der junge Mann vor mir an, doch ich erkannte ihn nicht, bis er seine Sonnenbrille abnahm. »Du bist der Typ aus Ciriñuela!«, rief ich laut lachend. Wieder kamen wir darauf zu sprechen, dass er und sein Kumpel damals betrunken genug gewesen waren, um in diesem Erdloch zu nächtigen, das so schlimm nach Kanalisation und Verwesung gerochen hatte. Er grinste und rechtfertigte sich, dass sie Geld hatten sparen müssen. »Auf einer Parkbank zu schlafen, wäre billiger und gesünder gewesen«, konterte ich. Sie seien zu müde gewesen, um weiterzulaufen und sich eine zu suchen, meinte er. Erneut erklärte ich ihm, dass das keine wirklich überzeugenden Argumente seien. Lieber hätte ich mich volltrunken neben einen dampfenden Gullideckel direkt auf die Straße gelegt. Wir amüsierten uns köstlich, und ich bemerkte, dass ich mein Lachen wiedergefunden hatte.

Anschließend schilderte er, wie unfreundlich und psychisch auffällig dieser gruselige Hospitalero gewesen war. Er hatte sie wohl am nächsten Morgen alle ohne Frühstück aus der Herberge verscheucht. Ich musste wieder an das Gesicht von Dirk denken und prustete erneut drauflos. Wir waren zwar fix und alle gewesen, wären aber freiwillig noch 20 km weitergelaufen.

Als wir den Supermarkt verließen, trafen wir unvermittelt auf Marion, die gerade mit einer anderen Deutschen unterwegs war. Marion! Ich drückte sie ganz fest. Mein Gott, was war ich froh, sie endlich wiederzuhaben! Nun waren wir zu viert und verbrachten den noch jungen Tag gemeinsam. Der Ciriñuela-Typ hieß Derrick und kam aus Kanada, der Name von Marions Freundin lautete Beatrice. Wir flanierten am Hafen herum und gönnten uns ein reichhaltiges Menü. Außerdem beschlossen wir, an diesem sonnig heißen Tag noch baden zu gehen. Das stand sowieso ganz oben auf meiner To-do-Liste. Seit sieben Wochen schleppte ich meinen Bikini mit mir herum, und heute würde er endlich mal wieder zum Einsatz kommen.

Derrick und ich holten zuvor noch das Zertifikat für Fisterra ab, was gerade einmal fünf Minuten dauerte, aber das Blatt Papier bedeutete mir diesmal nichts. Schließlich wusste ich, dass ich ein Drittel der Strecke nicht zu Fuß absolviert hatte.

Während Marion und Beatrice bereits in Richtung Strand liefen, begleitete mich Derrick zu meiner Herberge. Ich musste noch meine Badetasche packen. Im Nachbarbett erkannte ich plötzlich Dennis! Er konnte es kaum fassen, mich hier wiederzutreffen, da er glaubte, mich weit hinter sich gelassen zu haben. Und auch Sherry, die immer mit Inka und Jogi unterwegs gewesen war, hatte sich in diesem Schlafsaal einquartiert. Ich hatte schon Hoffnung, die beiden könnten auch hier sein, aber sie war allein. Ich bat sie, den beiden liebe Grüße aus Fisterra von mir auszurichten und ihnen zu sagen, dass ich nicht im Krankenhaus gelandet war. Es war verrückt. So viele bekannte Gesichter. Ich wusste gar nicht, mit wem ich mich zuerst unterhalten sollte. Es schien, als sei irgendein Bann gebrochen worden, nachdem ich mich überwunden hatte und in dieses Taxi gestiegen war. Von Einsamkeit keine Spur mehr!

Irgendwann konnte ich mich dann doch loseisen und begab mich mit Derrick auf die Suche nach dem Strandabschnitt, von dem Marion und Beatrice gesprochen hatten. Wir liefen an der Küste entlang über Holzstege und Wendeltreppen, bis es irgendwann nicht mehr weiterging und wir vor einem gigantischen

Steinbruch standen. Steine über Steine. Große und unglaublich viele Steine! Hier waren wir wohl falsch. Im Leben nicht wäre Marion da hinübergekraxelt. Ich wollte schon wieder zurücklaufen, doch Derrick war felsenfest davon überzeugt, dass dies der richtige Weg war, und rief ganz laut nach Marion. Und tatsächlich kam ein Antwortschrei. Na toll. Jetzt blieb mir nichts anderes übrig, als mit meinen Flip-Flops in halsbrecherischer Weise über das versammelte Geröll zu klettern. Das Ganze mutierte zu einem Schauspiel vom Allerfeinsten. Aufgrund meiner lädierten und geschundenen Füße hatte ich jegliches Gefühl für Balance verloren. Ungelenk stürzte ich mich von Felsen zu Felsen, und der schmächtige Derrick musste immer wieder meine Hand halten und mich hochziehen oder auffangen.

Endlich in der Bucht angekommen, trafen wir auf Beatrice und Marion, und dann führte ich das Erste der drei Rituale durch: ein erfrischendes Bad am Ende der Welt. Kalt war gar kein Ausdruck für das Wasser des Atlantiks. Das Meer war türkisblau und kristallklar und die Sonne schien mir bei über fünfunddreißig Grad auf den Buckel, während meine unteren Gliedmaßen im Ozean in Sekundenbruchteilen taub wurden. Ich zählte bis drei, hielt die Luft an und tauchte für eine Sekunde ab. So, das war's! Auftrag erledigt, und jetzt nichts wie raus hier und in der Sonne aufwärmen.

Ich schlief von Derricks Geplapper auf meinem Handtuch ein, und als ich erwachte, redete er noch immer wie ein Wasserfall. Schlimmer als ein Waschweib. Es war mit der Zeit recht anstrengend, dennoch musste ich schmunzeln. Wusste Derrick eigentlich, dass Marion nicht viel Englisch verstand?

Doch trotz der Sprachbarriere war sie irgendwann ebenfalls genervt, und wir kletterten zurück. Und natürlich rutschte ich in einer Felsspalte ab und zog mir zu allem Überfluss noch diverse Schürfwunden an Fußsohlen und Knien zu. In der Herberge duschte ich ausgiebig, entfernte alle Sandkörnchen aus meinen Wunden und wusch mir ewig die Haare. Dabei versuchte ich, so viel wie nur möglich von der Pflegespülung zu verschwenden, schließlich wollte ich nicht einen ganzen Liter davon mit nach Muxía schleppen.

Meine Haare fühlten sich hinterher an, als hätten Seidenraupen auf meinem Kopf Goldfäden gesponnen. Mit Nacktschnecken-Glanz in der Haarpracht hängte ich draußen vor der Herberge in einer schmalen Gasse meine Wäsche zum Trocknen auf. Von Weitem erspähte ich eine kleine Gruppe von Männern. Einer von ihnen starrte mich an, während er vorbeilief, um dann mit erstauntem Gesicht wieder zurückzukommen. Durch die Gassen Fisterras schallten fast zeitgleich die Namen »Karolin!« und »Scott!«. Ungläubig fielen wir einander in die Arme und freuten uns riesig, einander wiederzusehen. Scott, der rasende Englischlehrer, hatte geglaubt, mich mit meiner eiternden Blase in Frómista das letzte Mal gesehen zu haben. Er war überzeugt gewesen, ich hätte angesichts all meiner Pein abgebrochen. Umso glücklicher war er, mich wiederzutreffen. Mir war gar nicht bewusst gewesen, dass er mir so sehr ans Herz gewachsen war. Direkt vermisst hatte ich ihn zwar nicht, und dennoch standen mir jetzt Freudentränen in den Augen.

Das war die Camino-Familie, von der immer alle sprachen. Es war ein ständiges Kommen und Gehen, und doch spürte man immer wieder dieses unglaubliche Zusammengehörigkeitsgefühl. Scott erzählte, dass auch Al, der Texaner, und Richard aus Südafrika hier seien. Abermals war ich den Tränen nahe. Ich war die letzten 35 km voller Zweifel mit dem Taxi gefahren und wurde nun reich dafür belohnt, über meinen eigenen Schatten gesprungen zu sein. Wir vereinbarten ein Date mit allen für den folgenden Abend um 19 Uhr im Fischrestaurant am Hafen.

Doch jetzt lief ich erst mal mit Marion zum knapp 2 km entfernten Leuchtturm, um den berühmten Sonnenuntergang am Kap Finisterre zu bestaunen und damit das zweite Ritual zu erfüllen. Das dritte Ritual hätte darin bestanden, etwas am Leuchtturm zu verbrennen, aber ich wurde eindringlich davor gewarnt, das zu tun, da es offiziell verboten war und eine saftige Geldbuße darauf stand. Auch hätte ich mich von nichts trennen können, da mein Rucksackinhalt ja bereits auf ein Minimum reduziert war. Hätte ich jetzt tatsächlich beschlossen, eine meiner letzten Hosen zu verbrennen, hätte ich irgendwann im Schlafanzug weiterlaufen müssen. Am liebsten hätte ich ja meinen Regenponcho abgefackelt. Der sah unglaublich mitgenommen aus und war bestimmt von oben bis unten mit Keimkulturen und Bakterien besudelt. Beim Verbrennen wären vermutlich alle Möwen im Umkreis von 15 km bewusstlos vom Himmel gefallen. Aber nein. Der Poncho wäre viel zu groß gewesen, und Latex roch im Feuer sicher gar nicht gut. Und ich brauchte ihn ja auch noch, solange ich in Herbergen schlief.

Am 0,0-km-Meilenstein direkt am Kap traf ich auch den jungen Italiener und Felix wieder. Es war der helle Wahnsinn! In Santiago war ich kaum jemandem begegnet, und hier traf ich plötzlich wieder Hinz und Kunz. Ganz klar: Für mich war der Jakobsweg definitiv nicht in Santiago zu Ende gewesen. Ich fühlte mich wieder glücklich, ausgelassen und befreit von meinem Kummer.

Marion und ich setzten uns auf eine Steinmauer mit Blick Richtung Westen. Es fühlte sich fast an wie in einem Open-Air-Kino. Das Panorama und der Moment waren nahezu perfekt, hätte uns nicht eine alte Hexe hinter uns schnippisch dazu aufgefordert, auf der Mauer weiter nach rechts zu rutschen, da wir ihr die Sicht versperrten. *Rutsch du doch mit deinem Stuhl weiter nach links oder mir am besten gleich den Buckel runter, wenn's dich stört!*, schoss es mir durch den Kopf, aber Marion zuliebe biss ich mir auf die Zunge, auch wenn sie mindestens genauso empört über diese Dreistigkeit zu sein schien wie ich.

Irgendwann gesellte sich auch Felix noch zu uns, und wortlos bestaunten wir den glutroten Feuerball am Horizont.

Zusammen liefen wir dann in der Dunkelheit zurück in die Hafenstadt, und vor unserer Herberge zückte Felix für jeden von uns ein Dosenbier. Bis spät in die Nacht tranken wir noch in geselliger Runde und hatten uns viel zu erzählen. Marion verabschiedete sich schließlich und ging zu Bett. Auch Felix war bereits auf dem Sprung. Er hatte bis zu seiner Herberge noch ein paar Meter zurückzulegen. Doch kaum hatte er mir Gute Nacht gesagt, da trat aus dem Schatten eine zwielichtige Gestalt hervor, die nur darauf zu warten schien, dass Felix mich allein ließ. Der Typ schlenderte an mir vorbei und sprach mich unverblümt an. Das war mir ganz und gar nicht geheuer. *Oh Felix,* dachte ich mir, *bitte bleib hier.* Als hätte er meine Gedanken gehört, blieb er an der nächsten Ecke gut sichtbar stehen und tat so, als würde er etwas auf seinem Handy tippen. Für diese aufmerksame Geste war ich ihm unglaublich dankbar, stürzte rasch den letzten Rest meines Biers hinunter und verschwand mit einem flüchtigen Winken in meiner Herberge.

14 254 Schritte
10,9 km
453 kcal
28,6 g Fett

08.06.

Fisterra

Ich schlief, bis es nicht mehr ging. Hier am Ende der Welt tickten die Pilgeruhren völlig anders, da die meisten schon am Ziel waren. Als ich meine Wäsche von draußen reinholen wollte, stellte ich fest, dass sie von oben bis unten mit Möwenkot tapeziert war. Verfluchtes Federvieh. Das konnte ich gleich noch mal in die Waschmaschine werfen. Marion und ich frühstückten in aller Seelenruhe in dem niedlichen Café direkt gegenüber, ließen uns kulinarisch verwöhnen und führten Gespräche, die der Seele wohltaten. Zum Baden war es heute zu trüb und kalt, also gingen wir durch die Läden bummeln. Mit den bunten Fetzen hier konnte ich allerdings recht wenig anfangen. Modegeschmack schien am Ende der Welt offenbar überbewertet zu sein. Zu gern hätte ich mir mal wieder einen richtigen Büstenhalter gegönnt, aber es gab weit und breit keinen. Wer weiß, womit die Frauen sich hier ihre Brüste hochschnallten.

Gegen 16 Uhr setzten wir uns in ein Restaurant, um ein letztes Mal Zeit miteinander zu verbringen, bevor Marion die Heimreise antrat. Ihr Bus fuhr um 18.30 Uhr. Ich empfand

Wehmut, als ich an den Abschied dachte. Marion hatte die Ruhe weg, und wir blieben bis kurz vor 18 Uhr sitzen, schließlich musste sie nur noch ein paar letzte Dinge zusammenpacken. Dann liefen wir durch die schmalen Gassen, als plötzlich wie aus dem Nichts ein kleiner Wasserfall vom Himmel auf Marion plätscherte. Erst dachten wir, jemand hätte einen Eimer Wasser aus dem Fenster gekippt, aber als sich die Flüssigkeit auf Marion als weiß entpuppte, prustete ich los. Ich bekam kaum noch Luft, und als sie das Ganze auch noch nüchtern in ihrem österreichischen Dialekt mit »Jetz hod mi a no so a Vochl ogschissn« kommentierte, war es endgültig um mich geschehen. Ich krümmte mich vor Lachen. Inzwischen wurde die Zeit doch noch knapp, aber ich war außerstande sofort weiterzugehen.

Nachdem ich ganz Fisterra akustisch an meiner Schadenfreude hatte teilhaben lassen, liefen wir in Windeseile zurück, und Marion duschte und wusch sich noch schnell die Haare. Umziehen inklusive. Als Entschuldigung für mein unkontrolliertes Gelächter bot ich ihr meine Pflegespülung an. Meine arme Marion. Das hatte sie doch gar nicht verdient. Aber urkomisch war es trotzdem. Und ich hatte mal gehört, dass ein Vogelschiss auf dem Kopf Glück bringen soll. Der Erfinder dieser Weisheit hat bestimmt versucht, sich irgendetwas schönzureden.

Als Marion fertig war, hatte ich immer noch Tränen in den Augen und begleitete sie zum Bus. Ich drückte sie, so fest ich nur konnte. Ich würde sie schrecklich vermissen, und ich war glücklich, in ihr einen so wundervollen Menschen kennengelernt zu haben.

Zum Glück blieb mir kaum Zeit, über diesen Abschied zu trauern, da ich mich in einer halben Stunde mit Scott und den anderen verabredet hatte. In meiner Herberge traf ich dann noch auf die vier schrillen jungen Leute, deren Gepäcktransport in Vega de Valcarce in die Hose gegangen war. In Fisterra schien es nur diese eine Herberge zu geben, so viele Menschen wie man hier wiedertraf. Auch Don schrieb mir, dass er und Mario dort genächtigt hatten.

Am Hafen sah ich bereits den Texaner Al am vereinbarten Treffpunkt warten. Wir nahmen an einem Tisch im Restaurant Platz, und zufällig flanierte Felix an uns vorbei. Eigentlich wollte er noch mal zum Leuchtturm wandern, doch wir konnten ihn überzeugen, bei uns zu bleiben. Bald trafen dann auch Richard und Scott am Fischrestaurant ein. Wir hatten einander wahnsinnig viel zu erzählen und viel zu lachen. Scott bemerkte mehrfach, wie positiv ich jetzt auf mein Umfeld wirkte. Er stellte fest, dass ich gar nicht mehr aufhören konnte zu strahlen und zu grinsen, während er aus seinem Tagebuch zitierte, in dem er mich »the angry German girl« genannt hatte. Und er hatte recht. Ich fühlte mich wieder richtig gut. Für mich war bereits alles erreicht. Jetzt ging ich sogar über meine Grenzen hinaus und konnte nur noch an mir selbst wachsen.

Wir genossen ein delikates Pilgermenü in großer Runde. Ich gab meine Anekdote zum Stichwort »estoy caliente« zum Besten, und Al und Scott, deren Muttersprache Spanisch war, brüllten vor Lachen das gesamte Restaurant zusammen und schlugen mit den Fäusten auf den Tisch, sodass selbst die Hummer im Aquarium vibrierten. Al wäre fast seine Paella aus dem Mund gefallen, und Scott klärte mich unter Tränen auf, dass ich nicht nur gesagt hatte, ich sei heiß, sondern geil. Quasi geil auf den Barkeeper. Und prompt schämte ich mich ein zweites Mal in Grund und Boden. Das war der Superlativ von peinlich. Unvorstellbar, was die wohl damals von mir gedacht hatten in der Bar. »Die Deutschen wieder … Als Sextouristin auf dem Jakobsweg.« Oder so etwas in der Art.

Später am Abend gesellten sich noch weitere Freunde von Scott an unseren Tisch, und wir hatten gemeinsam jede Menge Spaß. Draußen stürmte und regnete es mittlerweile unwetterartig, aber das tat der grandiosen Stimmung keinen Abbruch. Am Ende waren wir fast alle betrunken und verabschiedeten uns voneinander – für immer. Wobei ich mit diesem endgültigen Abschied besser zurechtkam als mit der andauernden Hoffnung, Leute wiederzusehen, und der Tatsache, ihnen dann aber doch nicht mehr zu begegnen, ohne Lebewohl gesagt zu haben.

Felix und Richard begleiteten mich noch bis zur Tür meiner Unterkunft. Mit Richard würde ich morgen um 7.30 Uhr nach Muxía starten. Felix wollte noch einen Tag länger bleiben, und für alle anderen war die Reise hier und heute zu Ende. Der Abend war jedenfalls legendär und erinnerte mich an die glücklichen Stunden in Ventosa, Astorga und Santiago. Ich saß noch eine Weile allein in der Küche und grübelte. Ich hatte Angst vor dem, was vielleicht noch kommen würde – oder nicht. Heute hatte es so viele Abschiede von Menschen gegeben, die mir ans Herz gewachsen waren. Fast alle von ihnen hatte ich unverhofft wiedergetroffen. Dafür war ich dem Universum unendlich dankbar. Nur ein paar Menschen hatte ich nicht wirklich Lebewohl sagen können.

8 353 Schritte
6,4 km
181 kcal
9,9 g Fett

09.06.

Von Fisterra nach Muxía

32 km

Am frühen Morgen machte ich mich leise im Dunkeln aus dem Staub und packte meine Sachen in der Küche zusammen. Meine Wäsche war in der feuchten Meeresluft und aufgrund des Unwetters am Abend kaum getrocknet. Es fehlte nicht viel, und ich hätte sie noch auswringen können. Ganz große Klasse. Mein Rucksack war so schwer wie nie zuvor! Die kleine Kupferhexe auf dem Stein, die fast noch nasse Wäsche, die einen Großteil des Übergewichts ausmachte, und natürlich nicht zu vergessen der Liter Pflegespülung.

Auf Richard war Verlass; pünktlich um 7.30 Uhr stand er vor der Tür meiner Herberge. Er war heute besonders guter Dinge und sprühte förmlich vor Lebensfreude und Energie – im Gegensatz zu mir. Ich hatte in den vergangenen Tagen ein Wechselbad der Gefühle erlebt. Von himmelhochjauchzend bis zu Tode betrübt. Heute war ich eher melancholisch gestimmt und war dem überschäumenden Redefluss von Richard kaum gewachsen. Eigentlich wollte ich nur schweigend die

Landschaften an mir vorüberziehen lassen und all die letzten Tage noch mal Revue passieren lassen, aber mein Laufgenosse war in seinem Frohsinn und heiterem Optimismus kaum zu bändigen. Er erzählte mir von Personen, die ich nicht kannte, und ihren magischen Erlebnissen, und jede seiner Geschichten beendete er mit der Phrase: »That's the camino!«

Eine Frau fand ihr verloren geglaubtes Tuch wieder. »That's the camino!«

Ein Mann hatte Schmerzen im Fuß und fand Schmerztabletten am Wegrand. »That's the camino!«

Ich rülpste. »That's the camino!« Ja klar. Wenn der Typ allen Ernstes irgendwelche Pillen von der Straße aufhob und einnahm, war er schlichtweg von allen guten Geistern verlassen.

Richard war heute irgendwie »over the top«. Das war mir ein bisschen zu viel an überschüssiger Energie und zu viel der Schönrednerei, wenn ich dabei an meine Füße dachte, die noch immer zu einem Großteil taub waren. Oder an den dicken Riss an meiner Ferse, der tagtäglich bei jedem Schritt unverändert stark schmerzte, egal, wie viele Schmerzmittel ich schluckte. Selbst meine Tagesdosis von mittlerweile sechs Tabletten konnte kaum noch Abhilfe schaffen.

An einem Donativo-Stand konnte man sich Obst und Kaffee nehmen, aber im Gegensatz zu Richard verspürte ich noch keinen Appetit und verabschiedete mich für eine Weile von ihm. Diese Gelegenheit musste ich nutzen. Ich verkabelte mich wieder mit Musik und schaffte es, ganze fünf Minuten entspannt voranzuschreiten, bis ich plötzlich zwei riesige, schwarze Hunde und einen Schäferhund am Wegrand lauern sah. Sie waren nicht angeleint und schienen zu dem verlassen wirkenden Grundstück in der Nähe zu gehören. Mit klopfendem Herzen änderte ich sogleich die Himmelsrichtung, lief schleunigst einige Hundert Meter zurück, setzte mich an eine Bushaltestelle und wartete auf vorbeikommende Pilger, denen ich mich zur Sicherheit anschließen konnte. Hätte ich das Pfefferspray doch behalten sollen? Ich bezweifelte allerdings, ob ich es für den Fall der Fälle wirklich eingesetzt hätte.

Es dauerte zum Glück nicht lang, da kam ein junger Mann dahergelaufen. Ich zögerte zunächst, ihn anzusprechen, weil das vielleicht auch als Anmache missverstanden werden konnte, aber die Angst vor den Hunden und davor, dass Richard jederzeit wieder um die Ecke kommen könnte, überwog schließlich. Ich schilderte ihm kurz mein Problem, und für ihn war es in Ordnung, wenn ich ein Stück mit ihm ging. Sein Name war Damian, und er war genauso alt wie ich. Er kam aus der Schweiz, und seine Muttersprache war Französisch. Die drei angsteinflößenden Hunde passierten wir mühelos. Sie taten überhaupt nichts. Zwar beobachteten sie uns die ganze Zeit, rührten sich aber nicht vom Fleck. Wäre ich allein gelaufen, hätten sie wahrscheinlich meine Angst gerochen und mich zweifellos in Stücke gerissen.

Ich lief weiterhin mit Damian, obwohl ich das eigentlich nur für ein paar Meter vorgesehen hatte. Im Prinzip war er sehr nett, aber ich hatte ihm nichts zu erzählen. Er mir dafür umso mehr. Auch liebe ich es ja, wenn man mir unerwünschte Ratschläge erteilt. Dass man Trekkingsandalen beispielsweise ohne Socken trägt. 20 km vorm Ziel brauchte er mir mit so was nun wirklich nicht mehr zu kommen, aber meine diesbezüglichen Andeutungen fasste er wohl als sarkastischen Humor auf. Wieder falsch.

Auf der Strecke nach Muxía kamen uns unzählige Pilger entgegen, die jetzt nach Fisterra liefen, aber keinen davon kannte ich. Die Sonne war drückend heiß, wenn es keinen Schatten gab. Und jetzt musste ich auch noch eine Pause einlegen, weil ich bemerkte, wie eine neue Blase gedieh. Während ich sie inspizierte und versorgte, stand Damian neben mir, beobachtete mich mit spöttischem Grinsen und klärte mich abermals über das fehlerhafte Verhältnis meiner Schuhe und Socken auf. Kein guter Augenblick! Ein kluger Mann sollte wissen, wann er den Mund zu halten hat.

Ich hatte es mal wieder nur noch satt. Ich fragte mich, weshalb ich mir das alles eigentlich noch antat. Wozu das Ganze? Ich hatte doch schon alles erreicht und darüber hinaus noch mehr. Damian sprach vom sogenannten Lauffieber, doch auch diesbezüglich widersprach ich ihm zickig. Als ob mich dieser Bursche kennen würde. Seit Pamplona schon flehten mich sämtliche Körperteile inständig an. Das linke Knie: »Mach Pause!« Die Blasen an den Füßen: »Hör auf!« Die Achillessehne: »Nimm den Bus!« Und jetzt noch der Riss an der Ferse: »Fahr endlich heim, oder kauf dir wenigstens eine Fußraspel!« Nichts mit Lauffieber. Nichts wünschte ich mir sehnlicher, als endlich kein Pilger mehr zu sein. Mittlerweile hatte ich es auch satt, wie einer auszusehen. Die wenige Kleidung, die ich noch besaß, war abgenutzt, verblichen und ausgeleiert. Seit fast zwei Monaten konnte ich nur noch zwischen zwei Outfits wählen, und keines davon beinhaltete einen richtigen BH! Ich schwor mir eisern, wenn ich irgendwann endlich ankäme, niemals wieder zu pilgern, keinen Schritt mehr zu viel zu tätigen und als Tourist nur noch Taxi oder Bus zu nutzen. Ein Schmerzmittelentzug täte mir obendrein auch ganz gut.

Nach circa 15 km fanden wir heraus, dass es auf der gesamten Strecke nur eine Möglichkeit gab, etwas zu essen, und das war genau nach der Hälfte des Weges. Um zum Restaurant zu gelangen, musste man allerdings dreihundert Meter vom Pfad abweichen. Wir stärkten uns im Rahmen einer längeren Pause mit Essen und ich auch mal wieder mit Tabletten. Hoffentlich die letzten. Nach einer geschlagenen Stunde hieß es dann unter Schmerzen weiterlaufen, in dem Wissen, dass gerade einmal die Hälfte der Etappe geschafft war. Ich hatte keinen Bock mehr, weil ich auch keinen Sinn mehr in meiner selbst gewählten

Folter sah. Hätte ich eine Bushaltestelle gesichtet, wäre ich wahrscheinlich die Erste gewesen, die sich ein Ticket gekauft hätte. Doch seit Ewigkeiten befanden wir uns in der Pampa. Abgeschieden von der Zivilisation und fern von asphaltierten Straßen. Zwischen Meer, Geäst und steinigen Pisten hätte mich auch kein Taxifahrer aufgabeln können.

Alles schien wieder einmal ausweglos, bis mir plötzlich ein Pilger entgegenkam, dessen Gesicht ich kannte. Es war Simon von der Gang! Mit Italienisch und schlechtem Englisch versuchte er, mir verständlich zu machen, dass Noah hinter ihm sei. Ich lachte, und wir gingen weiter. Jetzt kam mir Taylor entgegen. Ganz aufgeregt berichtete sie, dass ich gleich Noah begegnen würde. Ich dankte auch ihr für die Auskunft. Und nun tauchte auch noch Marc auf. Auch er winkte wie wild, deutete hinter sich und meinte, dass Noah gleich käme. Das war mir jetzt fast schon ein wenig peinlich. Ja, ich hatte nun begriffen, dass mir Noah jeden Augenblick begegnen würde. Was Damian in diesem Moment dachte, war mir herzlich egal.

Ich richtete meine Haare, wischte mir die Mascara um die Augenlider weg, zog meinen Lippenstift nach und zupfte mein Oberteil zurecht. Das nannte ich Typveränderung in 120 Sekunden. Jetzt schritt ich tatsächlich etwas zaghafter voran. Er konnte hinter jeder Ecke kommen. Und da war er plötzlich! Noah! Er war völlig aus dem Häuschen, mich wiederzusehen. Wir umarmten uns, als hätten wir jahrelang nichts voneinander gehört. Im Gegensatz zu mir hatte er ja nicht gewusst, dass wir uns gleich treffen würden. Es war kaum zu fassen. Seit O Cebreiro waren wir uns jeden Tag bis Santiago irgendwo begegnet. Wenn das kein Schicksal war, wusste ich es auch nicht.

Während wir uns angeregt unterhielten, musterte mich seine Wegbegleiterin mit zusammengekniffenen Augen. Ebenfalls Deutsche, aber mit Dreadlocks. Wahrscheinlich war sie ein Öko und hielt mich für eine Tussi. Sie wirkte etwas eifersüchtig, aber das kümmerte mich herzlich wenig. Noah und ich tauschten schnell noch Nummern aus. Ein zweites Mal würden wir das nicht vergessen. Er gestand mir, wie sehr er es bereut hatte, nicht gleich danach gefragt zu haben, und dass er befürchtet hatte, mich nie wiederzusehen. Mir ging es ähnlich. Seine Gang und er hatten kurzfristig entschieden, zuerst Muxía anzusteuern. Am Morgen in Santiago war er gegen 12 Uhr an meiner Herberge gewesen und hatte nach mir gefragt, aber da war ich bereits aufgebrochen gewesen. Und ich hatte befürchtet, ich sei für ihn aus den Augen, aus dem Sinn.

Noah, seine Gang und sein Ökomädchen liefen jetzt nach Fisterra und planten, dort drei Tage zu bleiben. Das passte hervorragend zu meinen Plänen. Noah und ich verabredeten, dass wir uns in drei Tagen in Santiago wiedersehen würden. Ich gab ihm noch den Rat mit auf den Weg, im nächsten Restaurant Halt zu machen, damit er bis Fisterra nicht verhungerte. An dem Kerl war ja kaum etwas dran, außer dem Bart.

Frohen Mutes setzte ich meinen Weg fort. Ich fühlte mich beflügelt und beschwingt, und auf einmal machte alles wieder einen Sinn. Bis vor zehn Minuten hatte ich noch gedacht, ich sei übergeschnappt, mir diese freiwillige Etappe auch noch anzutun, und jetzt wusste ich, dass nichts im Leben ohne Grund geschieht. So oft war ich kurz davor gewesen aufzugeben, doch irgendetwas hatte mich immer auf dem Weg gehalten. »That's the camino«, fiel mir dazu nur ein.

Nach dieser schicksalhaften Begegnung hatte ich nun endgültig mit meinem Jakobsweg abgeschlossen. Meine Reise war vollkommen und beendet. Sowohl körperlich als auch geistig und seelisch. Jetzt war es so weit: Ich war zufrieden. Nun gab ich noch einmal richtig Gas, um endlich anzukommen und alles von mir abschütteln zu können. Als Erstes hängte ich Damian ab. Das war schon längst überfällig. Als ich anschließend durch einen Waldabschnitt lief, sah ich am Rand des kleinen Pfades Richard auf dem Boden hocken. Er fragte mich, ob ich etwas Essbares für ihn in meinem Rucksack hätte, aber ich musste leider verneinen. Er hatte nicht gewusst, dass das letzte Restaurant das einzige hier war, war ohne Rast weitergelaufen und hatte nun enormen Kohldampf. Wie viele Menschen auf dem Weg von Fisterra nach Muxía wohl schon verhungert waren?, fragte ich mich. »That's the camino!« Es lag mir auf der Zunge, aber ich bin ja kein Unmensch. Ich gab ihm mein restliches Wasser und motivierte ihn zum Weiterlaufen.

Auf den letzten Metern startete ich wieder richtig durch, und es war ein Leichtes für mich, alle anderen hinter mir zu lassen. Jetzt bloß keine Zeit und Kraft für Gespräche vergeuden. Ich wollte einfach nur noch ankommen. In wenigen Stunden würde ich nur noch eine Touristin sein, die in Hotelzimmern nächtigt und Bus fährt. Auf mich warteten noch ein paar sehr steile Abstiege, aber dann kam das Ortseingangsschild von Muxía in Sicht, und das war genug Lohn für all die Pein. Endlich! Der Ozean erwartete mich mit seinen türkisblauen Wellen, und ich nahm nichts als das Meeresrauschen wahr. Ich war am Ziel, und mein Weg war abgeschlossen. Und zwar so richtig! In Santiago hatte ich meine innere Zufriedenheit noch nicht gefunden gehabt, doch jetzt konnte ich endlich aus tiefster Überzeugung sagen, dass ich angekommen war.

Mein Weg war hiermit beendet, für Körper und Geist, und dementsprechend sinnentleert bewegte ich mich durch die Gassen des kleinen Städtchens auf der Suche nach einem Einzelzimmer. Doch alle Herbergen, in denen ich anfragte, hatten nur noch Betten in großen Schlafsälen übrig. Ohne mich! Ich blieb hartnäckig und quälte mich in Richtung Hafen. Zwar war ich innerlich reich und erfüllt, fühlte mich jedoch nicht sonderlich wohl hier in Muxía. Vielleicht auch weil ich wusste, dass ich hier erneut einsam sein würde. Ich setzte mich in ein Café an die Bar und fragte nach einem Einzelzimmer, der Pilgerurkunde und einem Bier. Mir wurde erklärt, dass man das Zertifikat im Touristenbüro am anderen Ende der Stadt bekomme. Ironie des Schicksals. Die Kellnerin rief netterweise diverse Hotels an, um mir dann jedoch mitteilen zu müssen, dass bereits alles ausgebucht sei. Etwas deprimiert nippte ich an meinem Bier und beobachtete das Treiben der Stadt aus dem Café heraus.

Ohne jeden Zweifel war es wunderschön hier. Kleine, niedliche Strandcafés auf der Promenade am Hafen, das glitzernde Meer, die weichen Sandstrände. Perfekt für einen Pauschalurlaub, aber nicht für ein einsames Pilgerherz. Es war überlaufen von Touristen und so gar nicht mein Ding. Jetzt saß ich hier zwischen all den Urlaubern mit ihren übergroßen Sonnenbrillen und stylishen Sommerkleidchen, während ich eine Kniebandage über meiner bereits ausgedienten Laufhose trug und dank des engen Sport-BHs noch immer zwei Körbchengrößen weniger hatte. Sie tranken Weißweinschorle mit Cocktailschirmchen und ich einen halben Liter Bier aus einem Krug. Ich fühlte mich einfach nicht wohl und sehnte mich nach der schönen Zeit in Fisterra zurück. Hier war ich wieder genauso einsam wie nach Santiago. Ein einziges Auf und Ab der Gefühle.

Ich leerte mein Glas, und als ich meinen Rucksack schulterte, wurde ich von all den Modepüppchen ringsherum gemustert und begafft. *Ja, ich trage Socken in Sandalen!* Ich begab mich auf die Suche nach der Touristeninformation. 2 km später wurde ich fündig, und mir wurde das vierte und letzte Blatt Papier ausgehändigt. Was für eine Wohltat für meine Seele. Ich kramte all meine gesammelten Werke hervor und ließ mich mit vier Urkunden und zwei Stempelpässen von einem Anwesenden für alle Ewigkeit ablichten.

Ich sah nicht nur fertig aus, ich war es auch. Eine nette Spanierin, die hier arbeitete, verschaffte mir das vermutlich letzte verfügbare Einzelzimmer in Muxía. Natürlich wieder am anderen Ende der Stadt. Sonst hätte es ja keinen Spaß gemacht. Glücklicherweise war dieser Ort nicht sehr groß.

Nachdem ich mich die letzten Meter dorthin geschleppt hatte, checkte ich für einen Preis von 35 € ein, und als ich meine Zimmertür öffnete, war ich komplett sprachlos. Ein riesiges Doppelbett, ein eigenes Badezimmer – und erst das Fenster! Dieser Ausblick! So was hatte ich noch nie! Dafür hätte ich als Pauschalurlauber locker fünfzig Prozent Aufpreis hinlegen müssen. Das Hotel war nur eine Straße vom Meer entfernt und das Fenster so groß und niedrig angebracht, dass man liegend vom Bett aus auf den Ozean blicken konnte.

Heute würde ich bei geöffnetem Fenster schlafen. Aber vorher genoss ich die Annehmlichkeiten meiner Unterkunft in vollen Zügen. Während meine komplette verschwitzte, müffelnde, noch immer feuchte und mit einem Hauch Möwenkot beschmierte Dreckwäsche im Waschsalon versorgt wurde, konnte ich nach Herzenslust duschen. Ich wusch mir die Haare mit zwei gewaltigen Klecksen Pflegespülung, während im Hintergrund lautstark Musik lief. Unter anderem ein Song, den ich das erste Mal in dem Souvenirladen in Santiago gehört hatte, als ich mit Donald die kleine Kupferhexe kaufte.

Später flanierte ich durch die Stadt und aß ein paar kleine Snacks. Wohl fühlte ich mich in diesem Urlaubsparadies noch immer nicht, aber das war okay, da ich für die nächsten Tage große Pläne hatte. Vorm Hotel verarztete ich ein letztes Mal all meine offenen Stellen und Wunden an den Fußsohlen.

Mithilfe des WLAN machte ich dann ein riesiges Shoppingcenter in Santiago ausfindig und glich die Öffnungszeiten der Mall mit diversen Busverbindungen ab. Nicht mehr lange, und ich würde mich wieder wie ein richtiger Mensch einkleiden können. Ich fasste den Entschluss, den 7-Uhr-Bus zu nehmen, da der nächste erst um 14 Uhr fuhr und das nicht zu meinen Plänen gepasst hätte. Ich hatte mir in den Kopf gesetzt, nach Portugal zu fahren! Richtig – zu Donald. Seit Santiago war kein Tag vergangen, an dem ich nicht an ihn gedacht hatte oder mit ihm schrieb. Ich musste herausfinden, was das mit ihm war. Was hatte ich schon großartig zu verlieren? Mein Luxuszimmer konnte ich auf diese Weise zwar nicht sehr lang genießen, dafür aber bald zu neuen Ufern aufbrechen und die Einsamkeit hinter mir lassen.

Ich duschte noch ein weiteres Mal, tanzte zu lauter Musik durch mein Zimmer und entrümpelte meinen Rucksack nun endgültig. Nie wieder Verbandsmaterial! Keine Schmerzmedikamente mehr! Überhaupt keine Medikamente mehr! Nie wieder Massenunterkünfte! Und endlich konnte auch mein abgenutzter Regenponcho entsorgt werden.

Ich ging zu Bett, lauschte dem Meer und betrachtete den Mond, der sich im Atlantik spiegelte. Ich war traurig, dass mein Abenteuer vorbei war, aber andererseits konnte mein Körper ab sofort wieder aufatmen. Ich war mit mir und meinen Gedanken allein, fühlte mich jedoch trotz der traumhaften Unterbringung einsam und verloren. Und da hatten wir es wieder. Was nützten einem all die materiellen Güter, wenn man nicht das Glück hatte, sie mit anderen teilen zu können?

Ich war fest entschlossen, meine Reise fortzusetzen, wenn auch nicht zu Fuß. Egal, ob hier in Spanien, Portugal oder zu Hause. Das ganze Leben ist eine Reise und ein Abenteuer. Wir selbst schreiben unsere Geschichten, und wir sollten dabei öfter mal mit einem Buntstift über den Rand hinausmalen!

42 905 Schritte
33 km
1 448 kcal
103,6 g Fett

10.06.

Von Muxía über Santiago nach Porto

Am Morgen lief alles reibunglos. Wehmütig verließ ich das schöne Ambiente und war bereit, in einen neuen Lebensabschnitt zu starten. Die Trekkingsandalen verstaute ich tief unten im Rucksack und lief von jetzt an nur noch in Flip-Flops, damit die restlichen offenen Wunden an der Luft abheilen konnten. An der Bushaltestelle war ich verblüfft, wie viele Leute um diese Uhrzeit zurück nach Santiago fahren wollten. Zum Glück kam ein riesiger Reisebus angefahren. Nachdem sie die Tickets beim Busfahrer gekauft hatten, stürzten sich die Menschen auf die freien Sitzplätze. Ich konnte sogar noch einen Fensterplatz ergattern, während andere die knapp zweistündige Fahrt auf dem Boden sitzend verbringen mussten. Aber lieber so, als auf den nächsten Bus warten zu müssen.

Neben mir saß ein Mann mittleren Alters. Er wirkte ziemlich verwildert, hatte längeres Haar und dichten Bartwuchs und trug ungepflegte Kleidung. Er vernahm wohl mein deutliches Magenknurren und spendierte mir ein paar Schokokekse, die ich dankend annahm. Wir unterhielten uns eine Weile, und er erzählte, dass er zu Hause in Österreich all sein Hab und Gut verkauft habe, da er mit seinem luxuriösen Lebensstil nicht glücklich gewesen war und keine wirkliche Erfüllung gefunden hatte. Wie ein erfolgreicher Geschäftsmann sah er auf den ersten Blick nicht gerade aus. Nebenbei erwähnte er, dass er auf dem gesamten Jakobsweg seine Wäsche nur viermal gewaschen habe. Das kam schon eher hin. Er war ausgesprochen nett und hatte sicher viel Interessantes zu erzählen, doch leider raffte mich mein Schlafmangel dahin, und ich erwachte erst wieder, als wir in Santiago ankamen.

Am Omnibusbahnhof stieg ich die Treppe hinauf, um zu den Ticketschaltern für die Weiterfahrt zu gelangen. Plötzlich versperrte mir ein junger Mann den Weg und belästigte mich. Er wollte Geld. Vermutlich für Drogen. Das ließ zumindest sein zerrissenes Auftreten erahnen. Er faselte etwas Unverständliches von Missverständnissen auf den Toiletten. Der Typ bereitete mir Unbehagen, ließ mich aber einfach nicht vorbei. Schließlich nahte Rettung in Gestalt eines riesigen, recht hageren Mannes, der ihm eine klare Ansage machte und ihn verscheuchte. Ich ging mit ihm weiter, und er meinte trocken, dass man solchen Gestalten keinerlei Aufmerksamkeit schenken dürfe.

Wir unterhielten uns eine Weile, bis er mir im Gesprächsverlauf mit einem Mal offenbarte, dass er ein Superstar sei, und fragte, ob ich ihn erkannt hätte. Nein, das hatte ich nicht. Und tat es auch nicht, nachdem ich ihn gegoogelt hatte. Die Liste der internationalen Filmpreise war immens, er hatte sogar mehrfache Nominierungen für den Oscar und den Golden Globe. Auch waren mir einige seiner Filme geläufig, aber war er das wirklich? Ich hielt die strahlenden Bilder vom roten Teppich neben sein Gesicht und schüttelte immer wieder den Kopf. Er meinte, sein derzeitiges heruntergewirtschaftetes Äußeres diene lediglich der Tarnung vor den Paparazzi. Mit diesem abgeranzten Outfit war ihm das auch einmalig gelungen.

Noch heute grüble ich, ob er es nun war oder nicht. Ich hätte seinen Ausweis verlangen sollen, aber wer bin ich schon? Die Polizei? Das wäre irgendwie albern gewesen. Ich ließ mich von freundlichen Passanten mit ihm fotografieren und kündigte an, dass ich der Sache auf den Grund gehen würde. Beim Abschied meinte er noch zu mir: »Ach übrigens … Der Mann, der neben dir im Bus saß, war ein ganz berühmter Promifriseur aus Österreich.« Ach was? Und ich war einfach eingeschlafen. Das war ganz schön viel Input für einen Vormittag.

Schnurstracks machte ich mich nun auf den Weg zum Shoppingcenter und stürzte mich als Erstes in die Unterwäsche-Abteilung. Über 200 € ließ ich in diversen Modegeschäften. Auch ein neues Paar weiße Turnschuhe gönnte ich mir in den letzten fünf Minuten. Sie waren zwar zwei Nummern zu klein, aber total schön, deshalb mussten sie mit. Zur Feier des Tages sprühte ich mich noch in einer Drogerie mit dem teuersten Duft ein, den sie hatten, und musste mich anschließend beeilen, um meinen Bus zu bekommen.

Ich erreichte ihn gerade noch so. Voller Vorfreude auf ein mir bislang noch unbekanntes Land stieg ich ein und sah meinen letzten Urlaubstagen frohgemut entgegen.

Nach knapp drei Stunden Fahrt kam ich in der zweitgrößten Stadt Portugals an und freute mich darauf, Donald wiederzutreffen. Er hatte mir versprochen, mich vom Omnibusbahnhof abzuholen; allerdings war er noch nicht da, also setzte ich mich aufgestylt in den dortigen Kiosk und probierte zum ersten Mal portugiesisches Bier, während die Zeit verstrich. Wahrlich kein Gaumenschmaus. Die Portugiesen hatten offenbar keinerlei Gespür fürs Bierbrauen.

Nach knapp drei Stunden Wartezeit in unerträglicher Hitze traf Donald dann endlich am Treffpunkt ein und erzählte mir, dass er sich mehrfach verlaufen und die falschen Bahnhöfe angesteuert habe. Die Zeit, die uns noch blieb, war zu kostbar, um ihm ernsthaft böse zu sein. Wir hatten knapp zwei Tage, bevor ich wieder nach Santiago zurückfuhr und sein Rückflug nach Kanada ging. Wir liefen durch die Innenstadt, um eine Übernachtungsmöglichkeit ausfindig zu machen, und ich musste mir eingestehen, dass die hübschen Treter ein echter Fehlkauf und so gar nicht für meine lädierten Füße geeignet waren. Sie drückten bei jedem Schritt, und ich rieb mir weitere Blasen ohne Ende.

Fast alle Unterkünfte waren ausgebucht. Nur eines der überteuerten Hotels hatte noch ein Doppelzimmer frei. Donald bezahlte großzügig, und zum Dank lud ich ihn zu einem feinen Dinner ein. Wir verbrachten fröhliche Stunden miteinander und freuten uns über unser Wiedersehen. Es war der portugiesische Nationalfeiertag, und am Abend schlenderten wir noch durch die Gassen und genossen die Freiheit und Unbeschwertheit.

11.06.

Porto

Zum heutigen Tag gibt es nicht viel zu berichten. Gemeinsam genossen wir einen herrlichen Urlaubstag in trauter Zweisamkeit und waren einfach nur Touristen.

In der Sommerhitze flanierten wir durch die Stadt und besichtigten unter anderem die bekannte Brücke. Am Abend genossen wir einen atemberaubenden Sonnenuntergang. Auch wechselten wir für die letzte Nacht in ein preiswerteres Hotel, und direkt dort gegenüber konnte ich mir das beste Sushi meines Lebens einverleiben. Donald gab mir recht, dass das portugiesische Bier einfach nur schlecht war, nahezu ungenießbar. Es erinnerte an abgelaufenen Hustensaft, und tatsächlich ließ ich ein komplett gefülltes Glas für schlappe 10 € auf dem Tisch stehen. »Das können wir Ihnen auch zum Mitnehmen umfüllen.« »Nee, danke. Geht schon.«

Donald wirkte den ganzen Tag über bekümmert und konnte sich kaum auf unser Zusammensein konzentrieren. Er hatte Angst, in sein altes Leben zurückzukehren, und vor lauter Sorge um die Zukunft konnte er die Gegenwart gar nicht mehr wertschätzen. Das tat mir sehr leid. Immer wieder versuchte ich, ihn auf andere Gedanken zu bringen, und ermunterte ihn, sich auf die schönen Momente im Hier und Jetzt zu besinnen.

12.06.

Von Porto nach Santiago

Der Morgen gestaltete sich relativ komplikationslos. Donald begleitete mich zum Bahnhof und verabschiedete sich von mir. Ich kann meine Gefühle nicht genau beschreiben, doch erneut ging ein Teil meines Herzens mit ihm fort. Im Bus versuchte ich, mich abzulenken, und freute mich bereits darauf, Noah in Santiago wieder zu begegnen, auch wenn es mir davor graute, einen Schlafplatz in der Pilgermetropole zu suchen.

Dort angekommen, irrte ich lange umher. Alle Herbergen waren voll und die letzten freien Hotelzimmer völlig überteuert. Verzweifelt und verschwitzt klapperte ich an diesem extrem heißen Tag die Gassen ab und läutete an sämtlichen Klingelschildern, die mit der Aufschrift Hostel oder Pension gekennzeichnet waren. Irgendwann hatte ich tatsächlich Glück. Mitten im Zentrum öffnete mir ein älterer Herr die Tür und meinte, dass er noch ein Doppelzimmer für 20 € habe. Er warnte mich vor, dass sich das Zimmer unter dem Dach befinde. Ich dachte mir nichts dabei und zückte gleich meinen Geldbeutel, doch er lehnte ab. Ich sollte erst nach meinem Aufenthalt bezahlen. Er führte mich die unendlich vielen knarrenden Stufen bis ins vierte Obergeschoss hinauf. Auf dem Dachboden musste man sich ducken und bücken, um nicht bereits mit 1,70 m Körpergröße überall anzustoßen.

Das Zimmer hatte in etwa die Größe eines Schuhkartons und bestand aus zwei winzigen Einzelbetten. Alles war auf das absolute Minimum reduziert. Ich fühlte mich wie Schneewittchen bei den sieben Zwergen. Saß man auf der Toilette, konnte man sich bereits die Hände waschen. Die Dachschrägen waren mit alten Holzdielen verkleidet und offenbar ein wahres Paradies für Weberknechte. In diesem Raum hatte es an die fünfundvierzig Grad, doch das Fenster blieb nicht geöffnet, sondern fiel immer wieder zu. Ich legte eine Schweigeminute für alle Menschen dieser Erde ein, die in Dachgeschossen wohnen. Es war kaum zu ertragen, und ich musste schleunigst wieder raus an die frische Luft.

Die vierunddreißig Grad draußen fühlten sich im Vergleich zu dort oben direkt angenehm an. Ich nahm mit Noah Kontakt auf, der zufällig gleich um die Ecke in einem Restaurant saß. Wir quatschten eine Weile – nur wir zwei. Das war schön. Ich erzählte ihm von meinem Albtraum im vierten Obergeschoss, und er meinte, dass er in einem Apartment untergebracht sei und noch ein Zimmer für mich übrighabe. Das war meine Rettung! Wir zögerten nicht lang und holten meinen Rucksack aus der Dachkammer heraus. Als er die Miniatur-Holzsauna zu Gesicht bekam, musste er grinsen. Zum Glück hatte ich noch nicht gezahlt, und wieder ergab alles einen Sinn … Ich schob den Zimmerschlüssel durch den Türspalt zur Rezeption durch, da dort niemand mehr anwesend war, und verließ diese Bonsai-Behausung ein für alle Mal.

Noah führte mich in seine Ferienwohnung, die ebenfalls mitten im Zentrum lag, und ich wusste sogleich die hohen Decken zu schätzen. Es gab sogar eine Küche hier. Wir machten uns frisch, gingen dann gemeinsam essen und zogen bis spät in die Nacht um die Häuser. Irgendwo spendierte uns ein Barkeeper eine schmackhafte Zigarre, die wir uns teilten. Das Leben als Tourist kann so entspannt sein.

13.06.

Santiago

Noah und ich frühstückten mit Simon, der uns Gesellschaft leistete, in dem Café direkt gegenüber vom »Last Stamp«. Von nun an waren wir ein Dreiergespann. Mit Simon wurde ich nach wie vor nicht so richtig warm, denn mit seiner obercoolen und abgeklärten Art konnte ich nichts anfangen. Aber zu dritt amüsierten wir uns prächtig. Wir aßen alle reichlich Knoblauch und tranken Kräuterschnäpse im Wechsel mit Rotwein und Bier. Noah kaufte eine Schachtel Zigaretten, die er mit mir teilte.

Eine lustige Kanadierin gesellte sich zu uns an den Tisch, und dann kam auch noch Felix um die Ecke geschlendert. Ich freute mich, ihn wiederzusehen. Er war so unbeschwert und liebenswert. In Muxía hatten wir uns knapp verpasst. Wir lachten noch bis in die frühen Abendstunden hinein.

Felix verabschiedete sich von uns, da sein Rückflug noch heute Abend ging. Simon verloren wir irgendwann aus den Augen, sodass ich irgendwann wieder mit Noah allein durch die Gassen von Santiago flanierte. Wir genossen ein Dinner zu zweit, und vor der Kathedrale ließen wir uns von den Straßenmusikern begeistern und beobachteten das bunte Treiben um uns herum. Die ankommenden Pilger zu sehen war schon beeindruckend. Jeder ging seinen eigenen Weg und hatte seine eigene Geschichte zu erzählen, und doch strahlten sie beim Anblick der Kathedrale alle auf die gleiche Weise. Santiago hatte schon etwas Magisches an sich. Überall Massen von Menschen, die überglücklich waren, endlich ihr Ziel erreicht zu haben. Und das tagtäglich. Einer von ihnen hatte sogar seinen Esel und seinen Hund dabei.

Wir kamen noch mit vier jungen Franzosen ins Gespräch, die seit sieben Monaten mit dem Fahrrad quer durch Europa und Nordafrika fuhren. Das war bemerkenswert und ich war schwer beeindruckt. Sie sahen allesamt aus wie Rübezahl höchstpersönlich. Die Bärte verdeckten die Hälse, ihre Haare waren lang und ungekämmt, und die Kleidung war verdreckt, teilweise sogar zerrissen. Ihre Fahrräder hatten sie mit den einfachsten Mitteln aufgepeppt, wie etwa mit einem Einkaufskorb oder Klettverschlüssen an den Pedalen. Sie waren definitiv absolute Hingucker. Am faszinierendsten jedoch war, dass das Äußere für sie überhaupt keine Rolle mehr spielte. Es umgab sie eine fesselnde Aura von Zufriedenheit und Glückseligkeit, die mich in ihren Bann zog. Direkt vor der Kathedrale breiteten sie Decken aus und luden uns ein, ihnen Gesellschaft zu leisten. Sie besaßen weniger als nichts und gaben dennoch alles, was sie hatten. Besitz spielte für sie ebenfalls keine Rolle mehr. Sie öffneten eine Chipstüte und eine Plastikflasche mit warmem Rotwein und gossen diesen in ihre perlenverzierten Becher aus Marokko. Was für ein einfaches und doch so wundervolles Picknick mitten auf der Plaza.

Jetzt meldete sich mein Magen zu Wort. Oh, mir ging es auf einmal gar nicht mehr gut. Das Essen und der viele Alkohol, den ich durcheinandergetrunken hatte. Bereits vor Stunden war ich auf Wasser umgestiegen, aber ich spürte, wie der Inhalt meines Magens dennoch heftig rebellierte. Ich blickte mich um, wo ich mich am besten erleichtern könnte, aber an jeder Ecke liefen Polizisten Streife. Von Minute zu Minute wurde es schlimmer.

Das blieb auch von den Franzosen nicht unbemerkt. Sie mixten mir eine fragwürdige Heiltinktur aus Tropfen, Pulver und Wasser zusammen. Was auch immer das war, es schmeckte scheußlich, aber in der Not frisst der Teufel eben Fliegen. Nach der Einnahme des Gesundheitselixiers wurde mir bitterkalt, und einer der Franzosen gab mir seinen löchrigen Wollpulli zum Überziehen. Sie waren so unglaublich aufmerksam und fürsorglich. Zum Glück, denn Noah hatte meinen Zustand nicht wirklich bemerkt. An meiner Übelkeit änderte sich jedoch leider nichts, und sie meinten, dass der Teufel eben rausmüsse. Ja, aber wo konnte ich ihn denn hier rauslassen?

Mir fiel das Luxushotel bei der Kathedrale ein, das schon einmal meine Rettung gewesen war, aber es hatte bereits geschlossen, da es weit nach Mitternacht war. Einer der Franzosen sagte zu mir, dass er das schon regeln werde. Er begleitete mich zum Hoteleingang und wechselte ein paar hastige Worte mit dem Türsteher, die ich nicht verstand, da ich mich darauf konzentrierte, den Teufel nicht direkt vor der Kathedrale rauszulassen. Der Hotelangestellte öffnete mir tatsächlich die Tür und ließ mich eintreten. Ich hatte keine Zeit, mich zu bedanken, sondern flitzte zu den Toiletten. Das zweite Mal, dass ich die heiligen Gemäuer des Hotels entweihte. Erleichtert ging ich nach etwa einer halben Stunde wieder hinaus an die frische Luft, wo der Franzose noch immer auf mich wartete. Von Noah keine Spur. Er scherzte und schwatzte vermutlich angeregt mit den anderen.

Bald darauf verabschiedete ich mich von allen und bedankte mich noch einmal herzlich. Noah wollte weiter durch die Bars ziehen, und ich ließ mich dazu überreden, obwohl es mir noch immer nicht sonderlich prächtig ging. Als er dann noch in meiner Gegenwart anfing, mit anderen Frauen zu flirten, die vermutlich einen besseren Atem als ich hatten, wurde ich es leid. Noah war ein Womanizer, und jetzt konnte er mich mal kreuzweise. Kein Wunder, dass mich sein Ökomädchen damals so eifersüchtig angestarrt hatte. Wer weiß, was er ihr schon alles versprochen hatte.

In tiefster Nacht trottete ich allein in die Ferienwohnung zurück und legte mich voller Wehmut ins Bett. Mein Flieger ging in wenigen Stunden, und ich hatte keine Lust, nach Hause zurückzukehren. Was ich davon hielt, hatte ich bereits der Hoteltoilette anschaulich erzählt: Ich hatte einen so eindrucksvollen, wunderbaren letzten Tag hier erlebt, und es kotzte mich buchstäblich an, dass meine Reise nun endgültig vorbei war.

14.06.

Von Santiago in die Heimat

Gegen 4 Uhr traf dann endlich auch Noah im Apartment ein, als ich mich bereits abreisefertig machte. Der Abschied fiel nicht leicht. Wir umarmten uns und wünschten einander Lebewohl. Anschließend suchte ich mir im Dunkel der Nacht ein Taxi, was gar nicht so einfach war. Am Flughafen vertilgte ich ein pappiges Sandwich für schlappe zwölf Euro. Alles in allem gestaltete sich die Rückreise als wahrer Horrortrip. In Madrid hatte ich einen fünfstündigen Aufenthalt, bevor es weiter nach München ging. Dort wartete ich weitere vier Stunden, bis der Bus Richtung Nürnberg abfuhr. Und auch in Nürnberg gab es kein nahtloses Umsteigen, denn ich musste mitten in der Nacht weitere vier Stunden ausharren. Ich verbrachte auf der Heimreise mehr Zeit mit Warten als mit Fliegen und Fahren, nämlich ganze dreizehn Stunden an Flughäfen und Bushaltestellen. Ein leibhaftiger Albtraum.

Ich wusste, dass ich zu Hause nichts zu erwarten hatte außer einer leerstehenden, verstaubten Wohnung. Meine Eltern waren im Urlaub, und auch sonst war niemand darüber informiert, dass ich zurückkehren würde, da ich das genaue Datum bis vor ein paar Tagen selbst noch nicht gewusst hatte. Meine Freude hielt sich also in Grenzen. Ich dachte dauernd daran, dass ich gleich am nächsten Tag wieder zum Frühdienst musste und sofort wieder der Alltag einkehren würde.

Zu Hause angekommen, entdeckte ich sogleich meine verdreckten Wanderboots, die mir meine Eltern in den Flur gestellt hatten. Ich sah sie an und musste lachen. Anfangs noch so hoch in den Himmel gelobt, später dann völlig verteufelt. Das nenne ich Ironie! Meinen Rucksack leerte ich bereits im Treppenhaus. Unter gar keinen Umständen kam mir dieses verwanzte Ding ungewaschen in meine Wohnung. Die Panik vor unsichtbaren Wanzeneiern war zu groß.

Nachdem ich etwas Ordnung ins Chaos gebracht und meinen Goldhamster endlich wieder durchgeknuddelt hatte, sprühte ich mich von Kopf bis Fuß mit Parfüm ein. Was für eine Wohltat! Und wer hätte gedacht, dass ich die erste große Wiedersehensfreude mit meiner elektrischen Zahnbürste feiern würde?

Abschließend kann ich sagen, dass ich wahrhaftig über mich hinausgewachsen bin. 1000 km zu Fuß allein durch ein fremdes Land allein mit meinem Rucksack haben mich einiges gelehrt. Mit einem unerschütterlichen Willen kann ich alles erreichen und brauche eigentlich doch so wenig zum Leben und Überleben. Der Körper kann alles schaffen. Es ist lediglich der Geist, der überzeugt werden muss. Und nichts geschieht ohne Grund. Ich sagte mir selbstbewusst, dass, wenn jemand an mir zweifelte, dies nicht meine Grenzen waren, sondern im Grunde seine.

Ich schmiedete bereits Pläne, Donald in Kanada zu besuchen und mir eine weitere Auszeit für einen längeren Aufenthalt in Australien zu nehmen.

Das ganze Leben ist eine Reise, und ab sofort werde ich öfter meine Komfortzone verlassen und dabei nicht mehr auf andere warten.

Aber es stimmt, was Marie von Ebner-Eschenbach einst sagte: Am Ziel der Wünsche wird man eines vermissen: das Wandern zum Ziel.

Mein Opa wäre bestimmt stolz auf mich gewesen.

Epilog

Wir schreiben mittlerweile das Jahr 2020. Ich blicke auf die vergangenen drei Jahre zurück und schwelge in Erinnerungen.

Nach der Rückkehr von meiner Pilgerreise holte mich der Alltag schneller ein, als mir lieb war. Bevor ich dem alten Trott wieder ganz verfiel, rief ich mir ins Gedächtnis, was ich auf meiner Reise gelernt hatte. Ich hatte immer die Möglichkeit, meine Geschichte selbst zu schreiben und selbst über meine Zukunft zu bestimmen, auch wenn das manchmal bedeutete, dass ich mich der Angst vor dem Neuen und Unbekannten stellen musste. So brachte ich letztes Jahr den Mut auf, mich beruflich weiterzuentwickeln und auf eine Intensivstation versetzen zu lassen – und endlich einen Paragliding-Tandemsprung zu wagen. In einer weiteren beruflichen Auszeit verwirklichte ich einen lang gehegten Traum und lebte und arbeitete für fünf Monate in Australien. Auch dort habe ich in völlig Fremden gute Freunde gefunden. Allerdings vermisste ich Donald so sehr, dass ich kurz vor Weihnachten meine Flüge umbuchte und nach gerade einmal vier Wochen Sydney hinter mir ließ und nach Kanada flog.

Seit unserer gemeinsamen Zeit auf dem Jakobsweg schrieben und telefonierten wir fast täglich miteinander, führten ein halbes Jahr lang eine Fernbeziehung und besuchten uns gegenseitig in unseren Heimatländern. An unseren Geburtstagen kam Donald nach Deutschland, und meinen Resturlaub von 2017 verbrachte ich in einem Van in den endlosen Wäldern von Ontario. Von da an war uns klar, dass eine Fernbeziehung bei dieser Distanz keine dauerhafte Lösung mehr sein konnte.

Wir waren unglaublich glücklich, einander jeden Tag zu haben, und planten, gemeinsam in Kanada zu leben, doch es war dort so bitterkalt und das Leben so furchtbar teuer, dass wir uns entschieden, gemeinsam nach Deutschland zu gehen.

Bevor für mich wieder der Ernst des Lebens in Form meiner Arbeit beginnen sollte, beschlossen Donald und ich, gemeinsam den portugiesischen Jakobsweg zu gehen. Diesen kann man innerhalb von zwei Wochen absolvieren. Wie der Zufall es wollte, begegneten wir dort sogar Kim und hatten jede Menge Spaß miteinander – als wären wir uns erst gestern das letzte Mal begegnet. Es war wunderbar, sie wiederzutreffen.

Die Landschaft an diesem Küstenweg war malerisch, und die Pilgerherbergen glichen oftmals luxuriösen Domizilen. Leider gibt es auf dem portugiesischen Jakobsweg nicht so viele Herbergen, sodass wir als Paar mehrfach in einer Pension einchecken mussten. Auch auf dem Weg selbst kamen wir als Pärchen deutlich seltener ins Gespräch mit anderen Pilgern. Das war der eher enttäuschende Aspekt dieser zweiten Pilgerreise, und aus diesem Grund würden wir allen empfehlen, sich unbedingt allein auf solch ein Abenteuer zu begeben.

Anfangs hatte ich wieder arg mit Blasen und Schwielen an den Füßen zu kämpfen, bis ich ein Experiment wagte und mir zwei Paar Socken übereinander anzog. Und was soll ich sagen? Es grenzte an ein Wunder! Von da an bekam ich nie wieder eine Blase, und zum Schluss liefen wir sogar die letzten fünfundfünfzig Kilometer zum Kap Finisterre in einem Stück durch. Schade, dass ich diese Erkenntnis erst nach über tausend Kilometern Fußmarsch gewann. Es war Donald ein dringendes Bedürfnis, mit mir gemeinsam ans »Ende der Welt« zu laufen, da er es im vorigen Jahr versäumt und das sehr bereut hatte. Diesmal zelebrierten wir auch tatsächlich alle drei Rituale.

Seit anderthalb Jahren lebt Donald nun mit mir in Deutschland. Natürlich war es nicht immer einfach für ihn, sein gesamtes bisheriges Leben hinter sich zu lassen, aber wir haben uns, und das ist es, was zählt. Gemeinsam möchten wir uns unsere Träume erfüllen – so skurril sie auch sein mögen, wie zum Beispiel eine Übernachtung in der Geisterstadt Tschernobyl. Mittlerweile sind wir verlobt, haben sogar einen Hund – und jede Menge Zukunftspläne.

Die vergangenen Jahre waren ereignisreich, aber dieses Gefühl von unendlicher Freiheit und grenzenloser Unabhängigkeit habe ich nie wieder so intensiv erlebt wie damals allein auf dem Jakobsweg. Es zahlt sich aus, seine Komfortzone zu verlassen und über seinen Schatten zu springen. Dieses Buch ist der beste Beweis dafür, dass selbst die kühnsten Träume wahr werden können.

An dieser Stelle möchte ich mich auch bei Ihnen bedanken, dass Sie meine Geschichte bis hierher gelesen und mich auf meiner Reise begleitet haben. Ich wünsche mir, dass ich mit meinen Erlebnissen so viele Menschen wie möglich inspirieren kann, den Mut aufzubringen, etwas zu verändern oder ihren Traum wahr werden zu lassen.

Danksagung

Großer Dank geht an meine Eltern, die mich trotz aller Zweifel und Sorgen diese Reise machen ließen und immer unterstützten. Dabei besonders hervorheben möchte ich meinen Papa, der mir stets mit Rat und Tat zur Seite stand, sowohl bei den Vorbereitungen und während des gesamten Weges als auch danach. Ohne ihn wäre dieses Buch nicht zustande gekommen. Dank auch an meine Freunde, die mich immer wieder zum Weiterlaufen motivierten und mir Mut machten. Danke an meine Nachbarsfamilie, die sich während meiner Abwesenheit um meinen Goldhamster gekümmert hat. Auch meinen Kolleginnen und Kollegen aus der Kardiologie möchte ich auf diesem Weg Danke sagen, dass sie mir diese Auszeit von acht Wochen ermöglicht haben, denn nur in einem guten Team kann so etwas funktionieren.

Ein lieber Gruss geht an meine wichtigsten Wegbegleiter:

David (der Busfahrer), Marion, Marie, Kim, Dirk, Eric, Felix, Daniela, Shania, Donald, Mario, Noah, Scott

Meine persönlichen Best-of-/ Worst-of-Listen

Die größten Schnarcher auf dem Camino:

1. Der dicke Engländer in Airexe
2. Es tut mir leid, aber Kim
3. Die Koreaner in Torres del Río

Die schlimmsten Laufetappen:

1. Die Pyrenäen
2. Über O Cebreiro
3. Der Weg nach Burgos
4. Die zwei 18-km-Etappen durch die Meseta

Die schönste Wegstrecke war für mich die Etappe nach der Ortschaft Rabé de las Calzadas.

Die schlimmsten Duscherlebnisse:

1. Portomarín (kochend heiß)
2. Foncebadón (eiskalt)
3. Astorga (kaum ein Tropfen Wasser)

Herbergen, die die meisten Wünsche offen ließen:

1. Die Kloake von Ciriñuela
2. Das Loch in San Juan de Ortega
3. Der blaue Albtraum von Larrasoaña

Herbergen zum Wohlfühlen:

1. Aguíada (die Hängematten und die Kätzchen)
2. Frómista (wie eine Wohnung)
3. Fonfría (die komfortablen Duschkabinen)
4. Ventosa (der Garten Eden)
5. Ponferrada (das hochmoderne Bad im Zimmer)

Die schönsten Städte:

1. Fisterra
2. Santiago
3. Muxía

Die nützlichsten Utensilien:

1. Regenponcho (aber als Bettlaken)
2. Schmerzmittel
3. Silikon-Ohrstöpsel
4. Kniebandage
5. Tape

Die nutzlosesten Utensilien:

1. Das Döschen Salz
2. Pfefferspray
3. Elektrische Reisezahnbürste
4. Reiseführer (auch wenn ich die Einzige ohne war)

Meine ultimative Packliste (als Empfehlung oder Inspiration zu verstehen):

Grundausstattung:

- das A und O: der Pilgerpass (berechtigt dazu, in Pilgerherbergen zu nächtigen). Meinen bestellte ich bereits im Voraus bei der Fränkischen St. Jakobus-Gesellschaft in Würzburg und erhielt das nützliche blaue Blatt Papier dazu.

- Rucksack (35 + 10 l, also von 35 auf 45 l erweiterbar)

- Schlafsack

- Mikrofaser-Handtuch

- zwei zugeschnittene, absolut robuste Müllsäcke, um Rucksackinhalt und Schlafsack vor Nässe zu schützen

- stabiler Regenponcho als Bettlaken

- formbare Ohrstöpsel aus Silikon

- Regenschutz für den Rucksack

- ein Paar leichte Flip-Flops (zum Ausgehen und Duschen)

- Trekkingsandalen mit Klettverschluss

- Handy + Ladekabel (damit hat man Wecker, Uhr, Kalender, Kamera, Taschenlampe, GPS, Telefon und Internet)

- Portemonnaie mit Personalausweis, Geldkarte, Gesundheitskarte, Bargeld

- jeweils zwei Sicherheitskopien von allen Pässen (versteckt an verschiedenen Stellen im Rucksack)

- Tagebuch + zwei Stifte

- zwei Packungen Papiertaschentücher

- Kopfhörer

- Stoffbeutel als Ausgehtasche

- Ersatztüten

- ein kleiner Talisman oder ein Stein

- ggf. Hornhautraspel

Kleidung:

- eine 3-in-1-Jacke: wasserdichte Außenjacke, herausnehmbare warme Innenjacke, jeweils einzeln oder zusammen tragbar

- zwei Sport-BHs

- ein Shirt mit eingearbeitetem Sport-BH

- ein Funktionsshirt (aus schnell trocknendem Material)

- ein Oberteil zum Ausgehen

- eine lange dünne Sporthose

- eine lange dicke Sporthose

- eine kurze Hose zum Ausgehen und Wandern

- ausreichend Unterhosen

- ausreichend Wandersocken ohne Nähte (kurz und lang)

- Bikini/Badehose

- ein Multifunktionstuch (als Stirnband, Kopftuch oder Schal nutzbar)

Weniger ist manchmal mehr. Wer jedoch mit noch weniger auszukommen glaubt, wird zu tun haben, mit dem Waschen hinterherzukommen.

Kosmetik:

- Handzahnbürste mit Bürstenkopfschutz

- Zahnpasta

- Duschbad

- fettige Creme, Salbe oder Öl zur Hautpflege

- Sonnencreme LSF 50

- Shampoo

- ggf. ausreichend Haarkuren oder -spülungen

- Rasierklinge

- Kamm

- ggf. Haargummis

- Handwaschmittel

- zwei bis vier Wäscheklammern

- Kosmetiktäschchen (ggf. Schminkutensilien: Kajalstift, Wimperntusche, Dip-Eyeliner, zwei fettende Lippenstifte mit LSF, Make-up, Augen-Make-up-Entferner, Wattepads, Wattestäbchen; in jedem Fall Nagelnecessaire: Pinzette, Nagelschere, Nagelfeile) = 200g

Alle Kosmetikartikel natürlich in Reisegröße kaufen oder nach Möglichkeit in ein kleines Gefäß umfüllen. Bis auf Haarkuren und -spülungen lässt sich alles auf dem Weg nachkaufen.

Arzneimittel:

- individuelle Medikation nach ärztlicher Verordnung

- ausreichend Schmerzmittel!!!

- Nasenspray

- Magnesiumbrausetabletten

- Antiallergikum

- ggf. ein Diuretikum (entwässerndes Medikament)

- Blasenpflaster in verschiedenen Größen

- normale Pflaster in verschiedenen Größen

- sterile Pflaster in verschiedenen Größen

- Tape

- Sicherheitsnadeln und ein Feuerzeug oder sterile Kanülen, falls Blasen aufgestochen werden müssen

- Desinfektionsmittel (ein Wund- und Schleimhautantiseptikum kann für alle Verletzungen verwendet werden und brennt nicht)

- Kühlendes Gel gegen Insektenstiche (beruhigt auch bei Hautausschlägen)

- Wundgel

- Kniebandage

- ggf. Herpespflaster

Apotheken gibt es auf dem Weg zum Glück wie Sand am Meer. Rezeptfreie Arznei lässt sich problemlos nachkaufen. Rezeptpflichtige Medikamente sollten ausreichend mitgenommen werden.

Printed in Germany
by Amazon Distribution
GmbH, Leipzig

19128199R00226